KB201479

1년 1독 365일 성경통독
꿀송이 보약큐티

아프리카 노록수 선교사와 함께하는
1년 1독 365일 성경통독

꿀 송 이 **보약큐티** 제3권

- **초판 1쇄 인쇄** 2021년 6월 5일
- **초판 1쇄 발행** 2021년 6월 10일

- **지은이** 노록수
- **펴낸이** 조유선
- **펴낸곳** 누가출판사
- **등록번호** 제315-2013-000030호
- **등록일자** 2013. 5. 7.
- **주소** 서울특별시 공항대로 59다길 276 (염창동)
- **전화** 02-826-8802 **팩스** 02-6455-8805
- **이메일** sunvision1@hanmail.net

- 정가 17,000원
- ISBN 979-11-85677-60-6 03230

아프리카 노록수 선교사와 함께하는
1년 1독 365일 성경통독

꿀송이
보약큐티

● 제3권 ●
7월/8월/9월

노록수 지음

출판사
누가

주님을 사랑하는 성도라면 누구나 경건하게 살기를 열망한다. 그러나 현실은 종종 실패로 끝날 때가 많다. 경건생활의 기본 재료는 기도와 말씀이다. 성경은 기도와 말씀으로 거룩해진다고 가르친다. 말씀이 없는 기도는 중언부언하기 쉽다. 말씀과 함께하는 기도는 힘이 있고 능력이 있다.

미국의 전도자 무디는 성경을 가까이 하면 죄가 내게서 멀어지고 죄가 내게 가까이 오면 성경이 내게서 멀어진다고 하였다. 그래서 무디는 매일 어디를 가던지 새벽에 일어나 혼자 성경공부를 습관적으로 하였다고 한다.

오늘날 교회를 오래 다니면서도 1년에 성경 1독도 못하는 교인들이 부지기수다. 그래서 누구나 1년에 성경 1독을 할 수 있는 성경 안내자가 되기로 필자는 결심했다. 아프리카의 마다가스카르와 남아공을 중심으로 선교활동을 해온지도 벌써 26년이 되어간다. 선교사가 선교는 안하고 무슨 성경읽기 운동이냐고 의아해하실 분들도 계시겠지만 성경을 연구하고 성경을 가까이하는 일이 결코 선교와 무관한 것이 아니다. 내 영혼이 강건할 때 선교현장에서 능력 있는 역사가 일어나기 때문이다.

요즘은 유튜브 시대라 많은 사람들이 유튜브 보는 일에 시간을 사용한다. 그래서 필자도 유튜브 채널을 만들어 2년 전부터 매일 "노록수 선교사의 꿀송이 보약큐티"라는 콘텐츠를 올려왔다. 아무리 몸이 피곤하고 아파도 이 일은 하루도 거르지 않고 성경 묵상을 유튜브에 올렸다. 그렇게 충성하도록 이끌어 주신 하나님 아버지의 은혜가 감사하다.

이 일을 섬기면서 가장 기쁘고 보람 있던 순간은 유튜브를 통해 함께 1년 1독 성경 읽기에 구독자로 동참하면서 자신의 영혼이 너무나 은혜롭게 채워져

고맙다는 인사를 받았을 때이다. 그분들 때문에 항상 사명감이 불타오른다. 이 말세를 함께 살아가는 천국가는 순례자들에게 성경 읽기 운동을 통해 그들의 영혼이 곤핍하지 않고 심령에 생수가 촉촉히 흘러넘치는 역사를 일으키는 데 작은 도움이라도 된다면 얼마나 감사한 일인가!

그래서 3천여 명의 열렬 유튜브 구독자들을 위해 작은 선물을 준비한 것이 바로 이 꿀송이 보약큐티 노트이다. 날마다 성경을 읽고 함께 공부하면서 그날 받은 영감이나 소감, 그리고 암송하고픈 말씀이나 자신의 기도문을 날마다 적어간다면 후일에 이 경건노트가 자신만의 독특한 주석책이 되어 성경을 이해하는 데 유용한 보물이 될 것이다.

1년치를 한 권의 책에 다 수록하기에는 분량이 너무 많아 3개월씩 4권의 책을 만들기로 했다. 한 해를 주님과 함께 (여주)동행하며 성경 속에 푹 잠겨 하루하루를 살아보자. 아멘.

저자 노록수

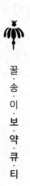

꿀·송·이·보·약·큐·티

이 책의 사용법

1. 먼저 하나님께 나의 눈을 열어 주의 기이한 법을 오늘도 깨닫게 해 달라고 기도한다.

2. 매일 이 책과 성경을 함께 지참하여 경건일기처럼 기록하는 습관을 가진다.

3. 먼저 그날의 묵상자료를 참고삼아 읽는다.

4. 유튜브 "노록수 선교사 꿀송이 보약큐티"에 나오는 그날의 말씀 나눔을 시청한다.

5. 말씀을 배우는 중 새롭게 깨달은 것이나 항상 기억하고 싶은 중요한 포인트가 있으면 이 경건노트에 기록한다.

6. 개인적으로 그날의 주어진 분량의 성경을 읽고 묵상한다.

7. 마지막으로 그날의 말씀에 근거하여 자신의 기도문을 작성해 보고 소리내어 읽으며 기도한다.

● 묵상 자료 ●

1. 나의 마음을 지키는 비결

"모든 지킬 만한 것 중에 더욱 네 마음을 지키라 생명의 근원이 이에서 남이니라"
잠 4:23

삶과 죽음은 사람의 마음과 관련된다. 성경은 마음이 죄에 물들면 그 결과는 사망이라고 증언한다. 마음이 욕심에 의해 정복되면 죄악을 범하게 되고 욕심이 마음을 사로잡으면 결국 죄가 장성하여 사망을 낳는다.

그렇다면 어떻게 내 마음을 지킬 수 있을까? 성경은 가장 부패한 것은 사람의 마음이라 했으니 부패한 마음을 혹시 지킨다 하더라도 그 부패함은 사라지지 않는다. 하나님은 우리가 마음을 지키는 문제에 있어서 먼저 하나님과 언약 관계를 맺은 마음을 전제한다. 즉, 하나님을 경외하는 지혜로운 마음이 생긴 후에 바로 그 여호와를 경외하는 마음을 지키라는 것이다.

잠언 4장을 보면 마음을 지키는 것은 노선을 지키는 것과 연관되는 것을 쉽게 발견할 수 있다.

"의인의 길은 돋는 햇살 같아서 크게 빛나 한낮의 광명에 이르거니와 악인의 어둠 같아서 그가 걸려 넘어져도 그것이 무엇인지 깨닫지 못하느니라" 잠 4:18~19

즉, 길과 관련한다. 어떤 길을 택할 것인지는 마음을 지키는 문제와 직접적으로 연관되어 있다. 곁길로 가지 않고 바른 길로 가는 것이 마음을 지키는 것에 엄청난 영향을 미친다.

"네 발이 행할 길을 평탄하게 하며 네 모든 길을 든든히 하라 좌로나 우로나 치우치지 말고 네 발을 악에서 떠나게 하라" 잠 4:26~27

그리고 옳은 길에서 떠나지 않으려면 바라보는 목표가 옳은 것이어야 한다. 정확한 선한 목적이 있어야 바른 길을 걸을 수 있다. 성경 전반에 걸쳐 그 목적은 우리 주 예수 그리스도와 깊은 사랑의 관계, 믿음의 관계, 순종의 관계, 연합의 관계를 유지하는 것이다.

"네 눈은 바로 보며 네 눈꺼풀은 네 앞을 곧게 살펴라" 잠 4:25

결론적으로 마음을 지키는 비결은 주 예수 그리스도와의 연합을 유지하는 것이다. 그리고 목표가 뚜렷한 상태로 인생의 길을 걷는 것이다. 인생의 길을 가는 중에 특히 눈과 귀, 사람과의 교제를 대단히 주의하여 다른 길로 마음을 빼앗기지 않도록 조심해야 한다. 텔레비전, 유튜브, 읽는 책, 사람과의 대화, 만남, 거짓, 욕심을 주의해야 한다. 이 모든 것은 육체의 정욕과 안목의 정욕과 이생의 자랑으로부터 온다. 다른 말로 하면 우상 숭배이다. 내 마음 속에 우상이 있을 때 바른 길을 벗어나 마음이 부패하여지는 것이다.

잠언은 바른 길을 걷는 자들의 미래를 훤하게 약속하고 있다. 반면 악인이 걷는 노선은 급작스러운 멸망이 예고되어 있다. 갑자기 멸망하여 다시는 일어서지 못하는 것이 악인의 길의 특징이다.

오늘도 잠언을 통해 마음을 지키고자 다짐한다. 뚜렷한 삶의 목표를 가지고 주 예수 그리스도만을 구세주와 왕으로 삼으며 마음을 정결하게 지키고자 한다. 무엇보다 이 세대를 본받지 않기 위해 내 눈과 귀를 통해 들어오는 것들을 엄중하게 점검해야 한다. 성령의 충만을 위해 계속 기도하고 성경을 가까이하여야 한다. 나아가 신앙의 공동체의 지체들과 믿음을 격려하고 교제하며 서로 위하여 기도하는 것이 마음을 지키는 큰 비결이다. 아멘.

오늘의 본문 성경을 읽으시고 깨달은 점이나 기억하고 싶은 점 혹은 기도문을 기록합니다.

잠 7장~8장

● 묵상 자료 ●

1. 부끄러움을 모르는 사람

잠언 7:13에는 음녀에 대해 언급하는 중 이 여자가 부끄러움을 모르는 얼굴로 말한다고 한다.

"그 여인이 그를 붙잡고 그에게 입 맞추며 부끄러움을 모르는 얼굴로 그에게 말하되" 잠 7:13

죄인 된 인간들에게 하나님이 요구하시는 것은 '상한심령'과 '회개하며 돌이키는 것'이다. 그러기 위해서는 부끄러운 마음을 가져야 한다. 그러나 부끄러움이 없이 얼굴에 철판을 깐 자들은 회개하지 않는다.

대체로 부끄러움을 모르는 자들은 다음의 세 가지 부류의 사람들이다.

첫째로, 철이 없는 영아들은 부끄러움을 모른다. 그들은 오줌을 싸도 똥을 싸도 부끄러워하지 않는다. 당연히 엄마가 치워 주기 때문이다. 벌거벗겨 사람들 앞에서 목욕을 시켜도 신나서 물장난하기에 바쁘지 전혀 자신의 나신이 부끄럽지 않다. 왜? 어리기 때문이다. 똑같다. 교회에서도 죄를 짓고도 회개치 않고 부끄럼을 모르고 예배에 참석하고 찬송 부르는 자들이 많다. 왜? 신앙의 철이 들지 않았기 때문이다. 하나님에 대한 의식이 약하다.

고린도 교회가 서로 싸우고 분열할 때 사도 바울은 너희가 그리스도 안에서 어린아이들 같다고 질타했다. 다툼이 있을 때 항상 자신을 돌아보고 자신에게서 문제를 발견하고 반성하는 자들은 성숙한 자들이지만 나는 아무 잘못이 없는데 상대가 문제라고만 생각하는 자들은 아직 철없는 영아들이다.

둘째로, 직업이 창녀인 여자들은 부끄러움이 없다. 얼굴에 철판을 깔고 영업을 한다. 거짓 웃음과 교태로 돈을 위해 선한 것을 다 악으로 바꾸어 버린다. 교회 안에서 만일 회개치 않는 사람들이 있다면 그들은 교회를 자신의 이익을 위해서 다니거나 교회를 이용하기 위해서 다니는 자들에 불과하다. 주님의 참된 신부들이 아니다. 은혜 중에 회개의 은혜가 큰 은혜이다. 회개도 은혜가 없으면 가룟 유다처럼 잘 안 된다.

셋째로, 술취한 자들이 부끄러움을 모른다. 이들은 떠들고 울고 웃고 타인을 의식하지 않는다. 아무데서나 방뇨를 한다. 부끄러운 의식을 술이 거세해 버린 것이다. 교회에서 부끄러움을 모르는 신자들은 세상에 취해 있는 자들이다. 세속에 깊이 취해 버리면 설교를 들어도 귀에 들어오지 않고 지루하기만 하다.

이와 반대로 세상 술은 부끄러움을 없애버리지만 성령에 취하면 죄에 민감해지며 부끄러움을 일어나게 하고 결국 울며 회개하게 만든다. 성령 충만한 사람들은 죄에 민감하다.

우리에게는 죄에 대한 회개가 있는가? 죄를 부끄러워하는가?

● 오늘의 말씀에 대한 나의 묵상 ●

오늘의 본문 성경을 읽으시고 깨달은 점이나 기억하고 싶은 점 혹은 기도문을 기록합니다.

....

....

....

....

....

....

....

....

잠 9장~11장

묵상 자료

1. 두 여인의 초대

잠언에서 인생 길을 가는 동안 우리가 만날 수밖에 없는 두 여인을 소개한다. 그 두 여인은 지혜라고 불리는 여인과 음녀 또는 미련한 계집, 탕녀로 불리는 여인이다. 이 두 여인은 각각 음식을 차려 놓고 길을 가는 청년들을 부르며 자기 집으로 들어오라고 부른다.

잠언은 지혜와 어리석음을 여인으로 각각 의인화하여 그 여인들의 초청과 그리고 인생의 길을 가는 청년들의 선택을 그려준다. 인생 길을 걷는 청년이 서로 다른 이 두 여인의 초청 사이에서 선택을 하고 있으며 그 선택의 결과를 말해주고 있다. 잠언 9:1에 지혜 여인의 집이 소개되고 있다. 그 집은 일곱 기둥으로 세워진 집이다. 일곱이라는 숫자는 상징으로서 완전을 의미한다. 따라서 일곱 기둥의 집이란 흔들림이 없는 안전한 집, 완전한 만족을 주는 참된 안식처를 뜻하는 것이다. 2절에는 지혜 여인이 차려 놓은 잔치 상이 보인다. 고기와 포도주가 풍성하게 놓인 잔칫상이다. 잔칫상을 차려 놓은 지혜 여인은 성중 높은 곳에 올라가 지나가는 사람을 부르며 외친다.

14절을 보면 미련한 탕녀도 성중 높은 곳에 올라가 자기와 함께 식사를 하자고 부르짖고 있다. 이 내용을 정확히 이해하려면 고대 중동 사회의 문화를 참고할 필요가 있다. 고대 중동 지역에는 성중 높은 곳에 그 지역 신이 있었다. 그리고 그 신을 섬기는 여인들이 어떤 축제를 맞이하는 때가 되면 시장으로 나와서 자신들이 섬기는 신을 자랑하며 초대한다. 이러한 배경 속에서 지혜 여인도 부르짖고 음녀도 부르짖고 있는 것이다. 즉, 지혜 여인은 여호와 하나님을 참신으로 모실 것을 간절히 부탁하며 호소하는 것이요, 어리석은 음녀 계집은 바알과 아스다롯 등을 예배하는 이방 여인들로서 우상신을 믿으라고 호객 행위를 하고 있는 것이다.

　잠언 9:13~18을 보면 미련한 여자도 높은 곳에서 떠들며 길을 가는 행객을 부른다. 이 악하고 간사한 미련한 여인은 음식을 차려 놓지도 않고 거짓말을 하고 있다. 이 여자의 집은 기둥도 없다. 언제 무너질지 모른다. 지혜 여인은 정성껏 진실한 잔치를 마련하여 진정한 잔치를 제공하였으나, 이 미련한 계집은 도적질한 음식으로, 또한 독이 든 썩은 음식으로 손님을 초대한다. 그리고 자기에게로 들어오는 손님을 사망으로 인도한다. 악한 계집은 다음과 같이 거짓을 선동한다.

"도둑질한 물이 달고 몰래 먹는 떡이 맛이 있다 하는도다" 잠 9:17

　이는 거짓으로 사람을 기만하는 사탄의 음성이다. 함께 누군가를 속이며 불의를 행하자는 제안이다. 그런데 놀랍게도 어리석은 자들과 교만하고 거만한 자들은 그 음녀의 음성을 듣고 따라간다. 그리고 그 여인과 죄를 범한다. 세상 신들을 섬긴다. 그리고 그 결과는 18절의 말씀처럼 "오직 그 어리석은 자는 죽은 자들이 거기 있는 것과 그의 객들이 스올 깊은 곳에 있는 것을 알지 못하느니라"하는 스올이다.

　"스올"은 히브리 단어로서 신약의 헬라어 "게헨나"와 같은 뜻이다. 스올 또는 게헨나는 불신자들이 가는 고통의 장소이다. 끝없는 고통의 처소를 의미하는데 지옥을 지칭한다.

　지혜 여인이 어리석은 탕녀를 보니 그 미련한 계집은 수없이 많은 영혼들을 그녀의 엉덩이에 깔고 앉아 있다. 그 창녀의 집을 들여다보니 그 집안에는 온갖 해골과 뼈들과 함께 썩은 시체들로 가득하다. 이 악한 계집은 그 시체들을 엉덩이 아래에 살짝 숨겨 놓은 것이다. 즉, 그 탕녀에게 빠지는 자들마다 잡아먹힌 것이다. 그런 줄도 모르고 많은 거만한 자들이 그 미련한 계집에게 들어간다. 그리고 그 문에 들어가는 순간, 그들은 다시는 빠져나올 수 없는 스올에 떨어진다.

그리스도인들이여!

영적인 음행을 주의하자. 이단을 주의하자. 사탄 숭배를 하는 광란의 음악들과 접신을 돕는 뉴에이지 운동 및 온갖 종류의 신사도 운동을 철저하게 경계하자. 더럽고 음란한 세속 음악과 영상을 멀리하자. 거짓교회인 로마 가톨릭 교회와 종교통합운동을 대항하기 바란다. 마리아 숭배 및 교황 숭배를 멀리하기 바란다. 로마 가톨릭은 큰 음녀로서 인류 역사상 지금까지 참된 성도들의 피를 가장 많이 흘림으로 복음의 가장 큰 원수로 입증되었다.

또한 동성연애를 죄가 아니라고 주장하는 거짓 교회들과 종교 다원화를 외치는 거짓 선지자들을 멀리하기 바란다. 이는 지혜 여인을 노골적으로 대항하는 미련하고 악하고 교만하고 거만한 탕녀의 음성이기 때문이다. 놀라운 것은 영적 음행은 반드시 육적인 음행과 병행한다는 사실이다. 영적으로 음행하는 많은 교단들이 동성애를 지지하게 되는 것은 그리 이상한 현상이 아니다. 이는 영적 음행은 곧바로 육적인 음행과 연결되기 때문이다.

이 세상이 성적으로 음란한 것은 그 만큼 이 시대가 영적으로 음란하다는 증거이다. 앞으로 이 세상은 더욱 음란하여질 것이고, 음행은 더욱 많아지고 음행의 수법이나 질도 끝없이 악하여질 것이다. 온 세상이 인터넷으로 하나되면서 가장 번성하는 사업은 음란 사업이며, 바벨탑처럼 인권이라는 슬로건 하에 세상이 하나가 되면서 더욱 강렬하여지는 욕구는 변태와 음행과 이혼과 간음이다. 그리고 영적으로는 기독교 통합이라는 가면 아래 복음을 제거하고 결국 거대한 종교 통합으로 나아가는 마지막 영적 미혹이 온 세상에 가득하게 될 것이다.

오늘의 본문 성경을 읽으시고 깨달은 점이나 기억하고 싶은 점 혹은 기도문을 기록합니다.

....

....

....

....

....

....

....

....

....

....

....

....

....

....

....

....

....

....

....

....

....

....

....

....

....

잠 12장~14장

● 묵상 자료 ●

1. 사람은 입술의 열매와 자기 손으로 행한대로 자기가 받는다(잠 12:14)

"사람은 입의 열매로 말미암아 복록에 족하며 그 손이 행하는대로 자기가 받는니라" 잠 12:14

이 말씀을 쉽게 말하면 사람들은 자기 입술의 열매대로 채워지며 자신의 선한 행위를 따라 복을 받는다는 뜻이다. 그래서 우리는 말을 복되게 하고 손으로 선을 행하기에 힘써야 한다. 잠언 3:27에도 이렇게 권면하고 있다.

"네 손이 선을 베풀 힘이 있거든 마땅히 받을 자에게 베풀기를 아끼지 말며 네게 있거든 이웃에게 이르기를 갔다가 다시 오라 내일 주겠노라 하지 말라" 잠 3:27~28

이 말씀에 "베풀 힘이 있거든"이라고 말하고 있다. 이는 베풀 힘이 있을 때도 있고 없을 때도 있다는 뜻이다. 누군가에게 베풀 힘을 우리에게 주시는 분은 하나님이시다. 우리는 선을 베풀기 위해 내가 받은 힘이 무엇인지 알아야 하고, 또한 누구에게 그 힘을 사용해야 하는지 알아야 한다. 사실, 우리는 각각 남들보다 나은 어떤 힘이 있다. 따라서 선을 베풀 수 없는 사람은 이 세상에 아무도 없다. 그 이유는 어떤 면이든 내가 남에게 줄 수 있는 것이 있기 때문이다. 아무튼 27절은 주님 주신 능력이 있을 때 그 기회를 놓치지 말고 마땅히 받을 자에게 베풀라는 뜻이다. 28절은 힘이 있는 자는 마땅히 받을 자에게 베풀어야 할 뿐만 아니라, 기회가 있을 때 베풀어야 한다고 말한다. 마땅히 선을 행할 기회를 놓치게 되는 가장 주된 요인은 미루는 것이다. 지금은 아니지만 다음에 하겠다는 것이다.

특히 그리스도인들에게는 성령께서 선을 강권하실 때가 있다. 우리의 양심을 찌르시며 어떤 착한 일을 요구하실 때가 있다. 복음을 전하고 싶은 마음을 강하게 주시거나 특정인을 구제하고 싶은 마음을 강하게 주신다. 또는 교회를 재물이나 재능으로 섬기고자 하는 마음을 주시기도 한다. 그때 기회를 놓치지 말고 선을 베풀어야 한다. 선을 행할 때는 타이밍이 대단히 중요하다. 어떤 사람에게 너무나 작은 도움이라도 무한하게 큰 가치가 되는 때가 있다. 하지만 그때가 지나면 더 이상 그 누구의 도움도 큰 의미가 되지 않는다. 가장 필요한 때 받는 도움은 꿀처럼 달고 생수처럼 시원하지만, 기회가 지나간 후에 돕겠다는 것은 아무런 의미가 없고 또한 가치도 사라지게 되는 것이다.

"누가 이 세상의 재물을 가지고 형제의 궁핍함을 보고도 도와줄 마음을 닫으면 하나님의 사랑이 어찌 그 속에 거하겠느냐 자녀들아 우리가 말과 혀로만 사랑하지 말고 행함과 진실함으로 하자" 요일 3:17~18

"그러므로 우리는 기회 있는 대로 모든 이에게 착한 일을 하되 더욱 믿음의 가정들에게 할지니라" 갈 6:10

"지혜 있는 자는 궁창의 빛과 같이 빛날 것이요 많은 사람을 옳은 데로 돌아오게 한 자는 별과 같이 영원토록 빛나리라" 단 12:2~3

그러므로 선을 행할 힘이 있고 기회가 주어질 때, 특히 마땅히 우리의 선대를 받아야 할 사람이 나타났을 때 우리는 그리스도를 사랑하고 존경하는 마음으로 즉각적으로 실행해야 한다. 주저함이 없이 즐거움으로 그리스도 안에서 하나님을 의식하며 기꺼이 행하여야 하는 것이다. 그러한 자들은 하늘의 별과 같이 빛날 것이다. 아멘.

오늘의 본문 성경을 읽으시고 깨달은 점이나 기억하고 싶은 점 혹은 기도문을 기록합니다.

7월 5일

1년 1독 365일 성경통독, 꿀송이 보약큐티

잠 15장~17장

● 묵상 자료 ●

1. 뇌물 예찬?

잠언 17:8을 읽으면 뇌물을 예찬하는 듯한 뉘앙스를 풍긴다.

"뇌물은 그 임자가 보기에 보석 같은즉 그가 어디로 향하든지 형통하게 하느
니라" 잠 17:8

이 말은 뇌물을 쓰는 자가 성공한다는 뜻의 뉘앙스를 풍긴다. 표면상 이 잠
언은 뇌물에 대해서 긍정적으로 말하는 것 같다. 실제로 세상에서 뇌물은 많
은 기회를 제공해주고 문제를 해결해 주는 역할을 한다. 그래서 잠언의 다른
부분에서도 이런 뇌물의 속성에 대해서, "은밀한 선물은 노를 쉬게 하고 품 안
의 뇌물은 맹렬한 분을 그치게 하느니라"(잠 21:14)고 말하고 있다.

그러나 본문을 주의 깊게 살펴보면 좀 다른 느낌을 줄 수도 있다. 본문의 주
인의 눈이란 '뇌물을 주는 주인의 눈에'라는 말이다. 이것이 이 본문을 이해하
는 열쇠가 될 수 있다. 그래서 이 본문에서 가르치는 뇌물의 기능은 보편적인
사실이나 진리가 아니라 뇌물 공여자의 판단이자 견해라는 것이다. 그의 생각
에는 뇌물이 '보석'이라는 것이다. 그의 판단에는 뇌물이 모든 닫힌 문을 열어
주는 '마법의 돌'이 된다는 것이다. 그리고 본문은 이 단어를 제일 앞에 내세워
서 그것을 강조하고 있다. 그러니까 뇌물을 바치는 자의 의견이나 관점을 우
리는 이 잠언이 주는 일반적인 교훈으로 삼아서는 안될 것이다.

고신대학의 구약 학자 신득일 교수님은 여기서 뇌물이 '마법의 돌'이라는
은유로 쓰인 것은 경멸적인 의미가 있어 보인다고 하였다. 아마도 저자는 그

뇌물을 중시한 것을 조소하면서 그 표현을 썼을 것이라는 것이다. 우리가 아는 대로 성경에서 말하는 '형통'이나 '성공'은 하나님의 법을 따라서 신실하고 공의롭게 살아갈 때 주어지는 것이지 사람을 뇌물로 매수해서 일을 성취하려 해서는 안 되는 것이다. 그리고 잠언을 읽으면서 때로는 반어법적인 표현이 있으므로 그 의미를 잘 파악해야지 문자대로 받아들여서는 성경의 의도를 왜곡할 수가 있으니 주의해야 한다. 예를 들어 남의 말을 하는 것은 별식과 같이 맛있다고 잠언이 이야기한다고 해서 문자 그대로 "아~ , 맛있는 별식 한번 먹어보자" 하면서 남의 흉을 보는 것을 성경이 장려하는 듯이 받아들인다면 이는 크게 잘못된 것이다.

보증을 서는 것도 마찬가지다. 성경 전체의 사상은 하나님 사랑 이웃 사랑이다. 집안의 형님이 있는데 사업하다가 사업에 실패하여 힘이 있는 나에게 찾아와 보증을 서 달라고 도움을 청할 때 성경 잠언을 인용하면서 성경에 하지 말라고 했으니 나는 도와줄 수 없다고 하면 그리스도인으로서 잘한 일인가? 형제가 어려운 일을 당할 때 내 일처럼 도와야 한다. 나에게 도울 힘이 있거든 마땅히 도와야 한다. 성경을 문자적으로 해석하는 위험성을 우리는 경계해야 한다는 것이다.

최근에 한 여자 집사님이 나에게 개인적인 연락을 하여 "선교 사명이 있는데 남편이 가기 싫어하니 나 혼자라도 노록수 선교사님이 있는 아프리카로 가면 어떻겠느냐"고 내게 물어왔다. 나는 "안됩니다"하고 딱 잘라 말했다. 그랬더니 그 여성 성도가 성경을 인용하였다. "예수님은 네 부모, 처자라도 부인하지 않으면 내 제자가 되지 못하리라고 하였는데 왜 안 되냐"는 것이다.

이렇듯 성경을 문자적으로 해석하거나 전체 사상을 무시하고 자기 편리한 대로 인용하면 잘못되기가 쉽다. 이단들도 다 성경을 잘못 해석하여 이단이 된다. 그러므로 성경을 읽을 때 좋은 교사의 지도가 있어야 하고 겸손한 마음과 바른 신학적 바탕이 있어야 한다.

오늘의 본문 성경을 읽으시고 깨달은 점이나 기억하고 싶은 점 혹은 기도문을 기록합니다.

1년 1독 365일 성경통독, 꿀송이 보약큐티
잠 18장~20장

●◦ 묵상 자료 ◦●

1. 말은 뿌린 대로 그 열매를 맺는다

말이 인생을 만든다. 내 인생은 나의 말 때문에 행복해지기도 하고 불행해지기도 한다. 부정적인 말, 불평의 말, 원망의 말, 미움의 말, 짜증의 말들이 자신을 불행하게 만들고 삶을 실패하게 만든다. 그러나 하나님이 기뻐하시는 믿음의 말, 감사의 말, 위로의 말, 격려의 말을 하고 살면 인생이 풍성해진다.

■ 하나님은 사람들이 말한 대로 이루어 주신다는 약속을 믿자

오늘 우리들이 함께 본 잠언은 지혜의 왕 솔로몬이 계시를 받아 인생의 복은 지혜로운 말에 달렸다고 교훈하고 있다. 솔로몬 왕은 아들 르호보암과 백성들을 염두에 두고 사람의 말이 인생의 성패를 결정한다고 교훈하고 있는 것이다.

잠언 18:20에 보면 자신이 말한 대로 자신의 인생이 배가 고프게 되거나, 배가 부르게 된다고 한다. 그러므로 부요한 인생을 살고 싶다면 항상 긍정적이고 감사하며 소망의 말을 하라는 것이다.

21절에는 죽고 사는 것이 혀의 힘에 달렸으며, 혀가 말한 대로 혀의 열매를 먹게 된다고 강조하고 있다. 하나님은 말대로 열매를 맺게 하신다. 축복의 말, 덕스러운 말, 승리의 말을 많이 해서 그 열매를 누리는 자가 지혜로운 자이다.

민수기 14:28에, 여호와의 말씀에 내 삶을 두고 맹세하노라 너희 말이 내 귀에 들린 대로 내가 너희에게 행하리라고 하셨다. 우리들도 우리의 말이 불행과 행복을 결정하고, 하나님께서 내 말을 들으시고 인생의 열매를 주심을 믿고 혀를 조심스럽게 잘 사용해야 한다. 이스라엘 백성이 40년을 광야에서 뺑뺑이 돌며 고통스런 삶을 산 것은 그들의 원망스러운 말이 하나님의 귀에 들렸기 때문임을 우리는 잊지 말아야 한다.

■ 하나님은 성도들이 부정적인 말, 실패의 말을 버리기를 원하신다

어떤 사람들은 교회를 다니면서도 항상 한숨과 불평이 습관이 되어 그것을 버리지 못하는 자들이 있다. 솔로몬은 자신의 아들들과 백성들에게 부정적인 말과 실패의 말이 가난과 질병을 불러옴으로 명심하고 그러한 언어를 버리라고 권면했다. 우리들의 생활이 아무리 힘들고 어려워도 부정적인 말, 실패의 말을 삼가하고 믿음의 말을 성령의 도움으로 선포하므로 복되고 행복한 인생을 살아야겠다. 아멘.

"주님!
저에게 지혜를 주셔서 항상 불평과 원망대신 복된 언어를 구사할 수 있게 은혜 베풀어 주소서. 예수님의 이름으로 기도합니다." 아멘.

● 오늘의 말씀에 대한 나의 묵상 ●

오늘의 본문 성경을 읽으시고 깨달은 점이나 기억하고 싶은 점 혹은 기도문을 기록합니다.

....

....

....

....

....

....

....

....

1년 1독 365 일 성경통독, 꿀송이 보약큐티
잠 21장~23장

● 묵 상 자 료 ●

1. 지혜보다 더 중요한 것

"세상에서 가장 귀한 것은 지혜다. 그러나 지혜보다 더 귀한 것은 하나님을 신뢰하는 믿음이다." 이런 생각을 가지고 잠언 21장을 읽어야 한다. 잠언은 초반부에 우리에게 세상에서 가장 귀한 것이 지혜라고 가르쳐 주었다. 지혜는 우편 손에 장수가 있고 좌편 손에 부귀가 있으므로 지혜를 얻는 것은 은, 금을 얻는 것보다 낫고 그 이익은 정금보다 낫고 귀하기는 진주보다 낫다고 하였다 (잠 3:14~16).

잠언 21장의 본문도, "지혜로운 자는 용사의 성에 올라가서 그 성이 의지하는 방벽을 허느니라"(잠 21:22)라고 말함으로 지혜는 힘보다 강하다는 것을 말해 주고 있다. 여기 "용사의 성"이란 힘으로 정복할 수 없는 견고한 성을 표현해 주는 말이다. 이런 성을 누가 정복할 수 있겠는가? 힘만으로는 정복하기 어려운 성일 것이다. 그러나 이런 성일지라도 지혜로운 자는 그 성을 정복할 수 있다고 본문은 말하고 있다. 이처럼 지혜는 물질보다도 명예보다도 귀하고 그리고 용사의 힘보다도 강하다. 그러므로 지혜는 세상에서 정말 가치 있고 귀한 것이다.

그러나 본문은 이런 지혜보다 더 귀한 것이 있다고 말해 주고 있다.

"지혜로도, 명철로도, 모략으로도 여호와를 당하지 못하느니라"(잠 21:30) 말씀에서 "여호와를 당하지 못한다"는 말은 여호와와 겨루어 이길 수 없다는 말이다. 그러므로 지혜가 세상에 가장 귀하고 강한 것이지만 지혜보다 더 귀하고 강한 것은 하나님을 의뢰하고 있는 우리의 믿음이다.

하나님은 창조주 되시며 만유의 주재(主宰)자이시다. 따라서 모든 지혜와 판단과 일의 성사(成事)는 하나님께로부터 나온다. 그러므로 뛰어난 지혜자가 자신의 지혜로 무엇을 성취하려고 할지라도 하나님께서 그것을 허락지 않으신다면 그 일은 성사될 수 없다. 이처럼 모든 것이 하나님께 의존되어 있기 때문에 잠언은 우리에게 "여호와를 경외하는 것이 지식의 근본"이라고 말한 것이다.

특별히 잠언 21:1은 하나님께서 만유의 주되심이 우리에게 어떤 의미인지 잘 말해 주고 있다.

"왕의 마음이 여호와의 손에 있음이여 마치 봇물과 같아서 그가 임의로 인도하시느니라"

세상에서 "왕"이라는 직책은 자신이 원하는 것이면 무엇이나 할 수 있는 직책이다. 그래서 고대 왕국에서는 왕의 말은 법이 가지고 있는 권위에 준(準)하는 권위를 가졌던 것이다. 그러므로 왕이 명하면 누구도 그 명을 거역할 수 없었다. 본문은 이처럼 권세를 가지고 있는 왕일지라도 "그 마음이 여호와의 손에 있다"라고 말한다. 이 말은 하나님은 왕이라도 자신의 뜻에 따라 임의로 인도하실 수 있다는 말이다. 이것은 마치 농부가 물을 자신이 원하는 이랑 어디곳이든지 임의로 돌릴 수 있는 것과도 같다. 따라서 지혜로도, 명철로도, 모략으로도 여호와를 당할 수 없는 것이다. 이와 같은 사실은 비록 우리에게 지혜가 없을지라도 지혜의 근원 되시는 하나님께 나아가 구할 때 지혜로운 사람들이 스스로 자신의 삶을 경영하는 것보다 더 지혜로운 삶을 살 수 있다는 것을 말해 준다.

이처럼 우리가 스스로 지혜로운 자가 되는 것보다 하나님의 주권을 믿는 믿음을 가지고 그분의 인도하심을 받으며 산다면 그것이 더욱 지혜롭게 살 수 있는 길이 될 것이다. 이렇게 살고자 하는 자에게 기도는 세상에서 가장 지혜롭게 살 수 있도록 이끌어 주는 은혜의 수단이다. 실제로 "하나님의 하나님 되심(Lordship)"에 대한 믿음이 기도로 표현된다면 기도하는 사람이야 말로 하나님을 믿는 믿음 안에 사는 사람이고 또한 기도하는 사람은 언제나 지혜로운 삶을 살 것이다. 아멘.

오늘의 본문 성경을 읽으시고 깨달은 점이나 기억하고 싶은 점 혹은 기도문을 기록합니다.

....

....

....

....

....

....

....

....

....

....

....

....

....

....

....

....

....

....

....

....

....

....

잠 24장~26장

1. 추수하는 날에 얼음냉수 같은 자

잠언 25:13을 보면 "충성된 사자는 그를 보낸 이에게 마치 추수하는 날에 얼음 냉수 같아서 능히 그 주인의 마음을 시원케 하느니라"고 하였다.

여기서 "추수하는 날"이란 팔레스틴 지방에서 보리 수확이 시작되는 4월 중순부터 밀 추수가 시작되는 6월 초 이후의 기간을 가리키며, 이때는 매우 더운 계절이다. 또한 "얼음 냉수"에 해당하는 원문은 본래 '눈의 차가움'이란 뜻으로 일반적으로 북쪽 헬몬산으로부터 흘러내려오는 눈이 녹은 물이다.

이 더운 계절에, 그것도 곡식을 추수하느라 힘겨운 노동을 하여 숨이 막히고 목이 마를 때 눈이 녹은 차가운 물을 마신다면 정말 속까지 시원할 것이다. 따라서 솔로몬은 지금 충성된 사자가 어려운 일을 마치고 돌아와 '모든 일이 잘 해결되었습니다'라는 보고를 할 때 이를 들은 왕이나 주인의 기쁨을 본 절의 묘사를 통해 표현하고 있다. 그리고 실제로 솔로몬 자신이 일국의 왕으로서 수많은 신하와 대사들을 파견했을 것임을 감안하면 이는 자신의 생생한 경험을 이야기한 것이라고 할 수 있다.

우리는 성경 속에서도 이처럼 충성된 사자의 예들을 많이 발견할 수 있다. 예컨대 엘리에셀은 아브라함이 백 세되어 얻은 아들의 신부감을 찾아오라는 사명을 받고 떠났을 때 기도하는 자세로 임함으로써 리브가라는 훌륭한 신부감을 데리고 돌아왔다. 그리고 이때 아브라함의 기쁨이 바로 이와 같았을 것이다(창 24장).

그런가 하면 모세는 이스라엘 백성을 애굽에서 인도해 내라는 사명을 받고 떠나 이를 훌륭히 완수했다. 때문에 그가 이스라엘 백성을 이끌고 시내산에 섰을 때 바로 그곳에서 모세를 보내셨던 하나님의 기쁨 또한 바로 이와 같았을 것이다. 그리고 이러한 예들은 여호수아와 사무엘, 다윗과 엘리야, 다윗의 30용사, 이사야와 예레미야 등 하나님의 충성된 종들을 통해 무수히 발견할 수 있고 신약 시대에 그 절정을 이룬다고 할 수 있다. 이는 하나님께서 창세전부터 계획하셨던 구원의 계획이 그리스도와 그 종들을 통해 온전히 이루어졌기 때문이다. 그리하여 그리스도께서 십자가를 통해 구원을 위한 모든 일을 이루시고(요 19:30), 하나님께로 올라가셨을 때 또한 사도 바울이 이방을 위한 그릇으로 택함받아 온 땅에 복음을 편만이 전하였다고 보고 드렸을 때(롬 15:19) 하나님의 기쁨이 바로 이와 같았을 것이다.

하나님께서 그리스도께는 가장 높은 자리를(빌 2:9~11), 엘리야와 같은 종에게는 불병거를 보내어 하늘로 올리시는 축복을(왕하 2:11), 사도 바울과 같은 종에게는 의의 면류관(딤후 4:8)을 예비해 놓으신 것처럼 하나님의 마음을 시원케 하는 자들에게 말할 수 없는 칭찬과 상급을 베푸실 것이다.

우리들은 하나님의 뜻을 이루기 위하여 부름을 받았고 보냄을 받은 자들이다. 하나님께서 부르신 목적과 의도를 바르게 깨달아 사명을 잘 수행하여 우리들의 주인인 하나님의 마음을 시원케 해 드리는 자들이 되어야 한다.

의무적으로 일을 처리하는 데에서 그치는 것이 아니라 주인의 마음(의도)까지도 읽어 주인이 원하는 그 이상으로 일을 처리하는 지혜로운 종이 되어야 하며, 더 나아가 주인이 신뢰할 수 있는 종이 되어야 함을 교훈하고 있다.

오늘의 본문 성경을 읽으시고 깨달은 점이나 기억하고 싶은 점 혹은 기도문을 기록합니다.

7월 9일

1년 1독 365일 성경통독, 꿀송이 보약큐티

잠 27장~31장

● 묵상 자료 ●

1. 음녀의 자취

"내가 심히 기이히 여기고도 깨닫지 못하는 것 서넛이 있나니 곧 공중에 날아 다니는 독수리의 자취와 반석 위로 기어 다니는 뱀의 자취와 바다로 지나다니는 배의 자취와 남자가 여자와 함께 한 자취며 음녀의 자취도 그러하니라. 그가 먹고 그의 입을 씻음 같이 말하기를 내가 악을 행하지 아니하였다 하느니라" 잠 30:18~20

잠언 30장은 아굴이 지은 잠언이다. 아굴은 잘 알려져 있지 않은 무명의 현자이다. 솔로몬 시대에 살았던 사람으로 추정되며 자기 제자 이디엘과 우갈에게 들려주는 말이 잠언 30장이다. 그는 자신을 짐승에 견주며 하나님 앞에 어리석은 자라고 겸손하게 고백하며 잠언을 시작한다. 그가 본문에 기이히 여기는 것이 몇가지 있다고 하면서 동물들 얘기를 하다가 갑자기 사람에게 방향을 바꾸어 음녀의 자취가 배가 물위로 지나간 자취와 같다고 하면서 음행을 하고도 시치미 떼고 죄지은 적이 없다고 거짓말 하는 음녀의 거짓을 고발하고 있다. 하나님의 심판대 앞에 서면 우리의 모든 거짓이 다 벌거벗은 것처럼 드러나게 될 것이다. 우리의 음란과 우리의 거짓됨과 우리의 악행이 다 드러나 심판 받게 되어질 것이니 이 잠언의 음녀처럼 남이 안 보았다고 죄를 숨기며 살 것이 아니라 예수님의 십자가 앞에 나아가 우리의 죄를 고백하고 그 피로 씻음 받아야 할 것이다.

몇해 전 한국에는 서지현 검사의 성추행 폭로 이후로 미투 운동이 확산되었다. 법을 집행하는 기관에서 일하는 최고의 엘리트들의 세계도 이렇게 썩고 음란하게 타락되어 있다는 사실이 큰 충격이었다. 한국 사회는 지금 음행으로 썩지 않은 곳이 없다고 한다. 『서른, 잔치는 끝났다』는 시집으로 유명한 최영미 시인도 언젠가 방송에 직접 나와 한국 문단에 만연한 성추행 사실을 만천하에 고발했다. 그녀가 쓴 "괴물"이란 시를 읽어 보면 자신이 당한 적나라한 성추행 경험이 그대로 적혀 있다. 2017년 〈황해 문화〉지 겨울호에 실린 '괴물' 전문이다.

괴물
 -최영미-

En선생 옆에 앉지 말라고
문단 초년생인 내게 K시인이 충고했다
젊은 여자만 보면 만지거든
K의 충고를 깜박 잊고 En선생 옆에 앉았다가
Me too
동생에게 빌린 실크 정장 상의가 구겨졌다

몇 년 뒤, 어느 출판사 망년회에서
옆에 앉은 유부녀 편집자를 주무르는 En을 보고,
내가 소리쳤다
"이 교활한 늙은이야!"
감히 삼십 년 선배를 들이박고 나는 도망쳤다

En이 내게 맥주잔이라도 던지면
새로 산 검정색 조끼가 더러워질까 봐
코트자락 휘날리며 마포의 음식점을 나왔는데,

100권의 시집을 펴낸
"En은 수도꼭지야. 틀면 나오거든
그런데 그 물은 똥물이지 뭐니"
(우리끼리 있을 때) 그를 씹은 소설가 박 선생도
En의 몸집이 커져 괴물이 되자 입을 다물었다

자기들이 먹는 물이 똥물인지도 모르는
불쌍한 대중들

노털상 후보로 En의 이름이 거론될 때마다
En이 노털상을 받는 일이 정말 일어난다면,
이 나라를 떠나야지
이런 더러운 세상에서 살고 싶지 않아

괴물을 키운 뒤에 어떻게
괴물을 잡아야 하나

　우리가 현재 살고 있는 세상이 어떤 상태인지를 교회의 목회자들은 성도들에게 분명히 알려주고 경고를 해야 마땅하다. 현실을 직시하며 우리가 살아 가는 이 세상이 현재 얼마나 똥물처럼 오염되어 있는지를 제대로 알아야 우리 믿는 자들이 경각심을 갖고 신앙생활을 똑바로 하려 하지 않겠는가? 이 시에 EN으로 명명된 원로 시인은 노벨상 후보로 자주 거론되는 유명 시인이라고 하니 고은 시인을 두고 하는 말인 것이 자명하다. 이 시가 발표되고 고은 시인이 공식적으로 자신은 후배 문인들을 격려하는 차원에서 한 행위였는데 그것이 성추행이었다면 사과한다고 하였다. 배가 물 위를 지나간 자리가 안 보인다. 뱀이 바위를 스쳐가는 흔적도 안 보인다. 본인이 부인하면 음녀의 음행도 증명할 길이 없다. 그러나 하나님은 모든 것을 보셨고 알고 계시고 심판 날 공개적으로 드러낼 것이다. 어떤 분들은 교회에서 목사들에게 당한 일을 미투 운동으로 드러내면 희한한 이야기들이 다 폭로될 것이라고 하니 참으로 목사인 나로서는 부끄럽고 할 말을 잃어버렸다.

　한국의 젊은이 선교단체의 하나인 복음학교를 이끄시는 김용의 선교사님은 한국교회의 청년들이 거의 다 음행의 덫에 걸려 있다고 탄식하였다. 31살 늦은 나이로 군대에 갔다 온 우리 아들 하영이의 말을 들어 보니 군대에서 자신이 충격 받은 사실은 군인들 거의가 다 음행을 즐기고 있으며 그런 경험이 없는 자신

같은 경우는 거의 천연기념물처럼 여기고 신체에 무슨 이상이 있는 사람 취급하는데 질려버렸다고 한다. 예수 믿는 군인들은 다를 것 아니냐고 물었더니 별로 차이가 없다는 말에 나는 도저히 믿을 수가 없었다. 지금 세상은 음란으로 홍수를 이루고 있다. 여기에 크리스천들도 정신없이 함께 휩쓸려 들어가고 있다. 초등학교 학생들의 입에서도 씨~로 시작하는 욕설이 아무렇지도 않게 흘러나온다. 세상 갈 데까지 다 갔다.

주님은 말세가 되면 노아 홍수전과 같이 사람들이 시집가고 장가 가고 세속에 물들어 소돔, 고모라의 사람들 같이 될 것이라 예언하셨다. 이런 말세에 살고 있는 우리 그리스도인들은 날마다 이런 불법하고 음란한 환경들 속에서 살면서 괴롭기 한이 없다. 영화 한편 보고 싶어도 더러운 욕설이 너무 난무하여 보기가 무섭다. 이 시대에 영적으로 살아 남는 길은 성경 통독 운동밖에 없다는 확신을 가지고 이 일이라도 혼신의 힘을 다하여 섬기려 한다.

● 오늘의 말씀에 대한 나의 묵상 ●

오늘의 본문 성경을 읽으시고 깨달은 점이나 기억하고 싶은 점 혹은 기도문을 기록합니다.

전 1장~3장

○ 묵상 자료 ○

1. 헛되고 헛되며 헛되고 헛되니 모든 것이 헛되도다

이 세상에서 가장 부유했던 솔로몬이 인생의 좋은 것을 누리는 것은 헛되다고 말하고, 무소불위의 권력을 누리고 여러 업적을 남긴 그가 자기가 한 모든 것이 헛되다고 한다. 심지어 웃음을 미친 짓이라 하고 죽는 날이 출생하는 날보다 낫다고 하니 해도 해도 너무한 지독한 염세주의가 아닌가? 가장 지혜로운 왕으로 유명한 그가 아는 것이 병이고 공부하는 건 다 쓸 데 없다고 한다.

"내 아들아 또 이것들로부터 경계를 받으라. 많은 책들을 짓는 것은 끝이 없고 많이 공부하는 것은 몸을 피곤하게 하느니라" 전 12:12

몇 년 전 일본 삿뽀로에 존경하는 선배 선교사님이신 박영기 선교사님이 시무하시는 삿뽀로 성서교회에 가서 말씀을 나눌 기회가 있었는데, 선배님은 나를 데리고 삿뽀로에 있는 미우라 아야꼬 문학 박물관을 안내해 주셨다. 내가 고등학교 시절에 그녀의 자서전적인 책인 『이 질그릇에도』를 읽고 너무 감동받아 며칠간 밥맛을 잃을 정도였다. 그토록 강렬한 인상을 남겨준 미우라 아야꼬의 고향이 눈 많이 내리는 삿뽀로였던 것이다. 철저한 무신론자였던 그녀가 어떻게 그리스도인이 되었을까? 그것은 놀랍게도 전도서의 헛되고 헛된 허무주의 표현을 읽고 그녀가 성경에 끌리게 된 후부터이다. 당시에 그녀는 폐결핵을 앓으며 세상의 허무함에 깊이 잠겨 있을 때였다. 그러다 우연히 성경 전도서를 읽게 되었는데 솔로몬의 이런 극단적인 허무주의 표현들을 보고 가슴에 다가와 성경을 계속 읽던 중 그리스도를 발견하고 회심하게 된 것이다. 사실 전도서를 끝까지 읽어 보면 무조건 헛되다는 것을 말하는 책이 아님을 알게 된다. 하나님이 없는 인생, 하나님이 없는 지혜, 하나님이 없는 희락이 헛되다는 것이지 하나님을 경외하고 하나님의 말씀 안에 있는 인생은 복되다는 것이 진짜 결론이다.

"일의 결국을 다 들었으니 하나님을 경외하고 그의 명령들을 지킬지어다 이것이 모든 사람의 본분이니라 하나님은 모든 행위와 모든 은밀한 일을 선악 간에 심판하시리라" 전 12:12~14

모든 것이 헛되다는 말이 맞다. 거기에는 '하나님이 거기 없으면'이란 전제가 따른다. 좋은 대학을 가는 것, 좋은 직장을 얻는 것, 출세하는 것, 걸작을 남기는 것… . 이런 것에 최종 목표를 두는 사람은 불행하다. 그것이 달성되고 난 다음 사무치는 허무감, 허탈함을 감당할 길이 없다. 내 인생의 최우선 순위를 어디에 둘 것인가, 최종 목표는 무엇으로 할 것인가에 따라 참된 행복, 참된 성취감을 누릴 수 있다. 하나님의 영광을 위해 살고 예수님을 기쁘시게 하기 위해 산다면 인생은 정말 보람 있고 살만한 것이다.

얼마 전 나는 송솔나무 집사님을 남아프리카에서 만나 그의 플룻 연주와 간증을 들을 기회가 있었다. 너무 너무 은혜스러웠다. 세계적인 플루리스트로서 부와 명예를 다 누릴 수 있음에도 가장 낮은 곳을 찾아 다니며 영혼을 울리는 연주로 복음을 전하는 그는 드라마 〈허준〉, 〈이산〉, 〈동이〉의 메인 연주와 많은 영화음악을 작곡한 유명인이다. 그의 간증을 한번 들어 보자.

"저는 어렸을 때부터 부유한 환경에서 자랐습니다. 여름에 수영장에 가고 싶다고 하면 시내 최고급 호텔에 가서 식사를 하고 수영을 하곤 했습니다. 그러던 어느 날 갑자기 아버지가 누구와 싸우는 소리가 났고 부모님은 제게 무조건 전화를 받지 말라고 하셨습니다. 나중에 알고 보니 아버지 회사가 부도가 나서 빚쟁이들이 아버지를 찾는 전화였고, 누나와 나는 학교로 찾아올지도 모를 그들을 피해 다녀야 했습니다. 아버지는 나를 안으시며 '하나님, 이 아이를 잘 보호해 주십시오'라고 눈물로 기도하셨고, 어머니와 누나와 나는 다음 날 미국 이모네로 갑자기 떠났습니다. 1988년 2월 추운 겨울날, 저는 미국 JFK공항에 도착

했습니다. 우리를 데리러 온 이모부는 낡고 작은 차에 짐을 실었고 우리는 좁은 골목을 지나 아주 허름한 2층짜리 다세대 주택 앞에서 섰고, 그곳에서 11명이 1년을 살았습니다. 한국에서 전교 1등을 하던 누나는 바로 중학교에 들어갔지만 늘 꼴찌만 하던 저는 ABC도 몰랐기에 원래는 6학년에 올라가야 하는 나이에 4학년으로 몇 달 뒤 들어갔습니다. 무턱대고 아무 반이나 들어 갔는데 6학년 반으로 잘못 들어갔고, 끔찍한 저의 학교생활이 시작되었습니다. 키도 작고 나이도 어리고 운동도 못하는 동양 아이를 아이들은 괴롭혔고, 쉬는 시간이면 한대씩 툭툭 치고 지나갔습니다. 1달러 25센트의 점심 급식비를 아끼려 어머니는 도시락을 매일 싸주셨는데 아이들은 우유를 내 도시락에 붓기도 했고, 저는 너무 맞아서 귀가 찢어져 피가 나거나 사물함에 갇히기도 했습니다. 제가 학교에서 아이들의 비난과 놀림을 피할 곳은 오직 화장실이었습니다. 하루는 변기 위에 쭈그리고 앉아 하나님께 따지듯이 물었습니다.

"'하나님, 왜 내가 미국에 와서 이런 고통을 당해야 하나요? 누나는 똑똑하게 만들어 주셔서 엄마의 사랑을 받게 하시면서, 왜 저는 키도 작고 공부도 못해서 맨날 야단만 맞게 하시는 거냐고요!'

저는 울며 부르짖었습니다. 그때 성령님이 처음으로 제게 오시는게 느껴졌습니다.

'얘야~ 내가 여기 있잖아… 너와 늘 함께 있잖아~ 내가 너랑 친구해주면 되잖니?'

음성이 들리는데 서러워서 눈물이 쏟아졌습니다.

'사람들은 내 이름도 부르지 않아요. 누나의 동생이라고만 해요.. 나는 태어나지 말았어야 되는 것 아닌가요? 실수로 태어난 거 아니냐고요!' 그렇지 않단다. 나는 네 머리카락까지 세는 너의 하나님이란다. 내가 널 만들었단다'

저는 환청인지 뭔지 알 수 없었지만 하나님을 친구로 받아들이라는 말씀을 무작정 믿고 의지하고 싶었습니다. 순간 심장이 뜨거워지면서 마음 속 무언가 단단한 반석 같은 게 만들어지는 것 같았습니다. 그때 어디선가 플룻 소리가 들려왔습니다. 한국에서 몇 달 배운 게 전부였는데 미국에서 들으니 너무 반가워 그 소리를 따라 밴드부실에 갔습니다. 선생님은 나보고 플룻을 한번 불어보라고 하셨고, 저는 한국에서 도레미파솔라시도와 나비야 정도만 겨우 불었는데 불현듯 한번도 불어보지 않은 애국가의 멜로디가 생각이 나서 불었습니다. 나도 선생님도 놀랐습니다. 선생님은 그 플루트를 주시면서 밴드부에 매일 나오라고 하셨습니다. 그날부터 나는 정말 열심히 불었습니다. 나도 할 수 있는 무언가가 있다는 게 기뻤고, 무엇보다 누군가로부터 인정받았다는 게 더 좋았습니다. 어느날 어머니에게 말했습니다.

'나도 줄리어드 프리스쿨 시험을 치고 싶어요.'

어머니와 누나는 황당해하며 아무나 줄리어드를 가는 줄 아느냐 레슨비가 얼마나 비싼데 우리 형편에는 불가능하다며 혼을 내셨습니다. 정식 레슨 없이 시험 기회는 단 한번만 준다는 조건으로 겨우 허락을 맡은 저는 정말 열심히 연습을 했고, 시험 보는 날, 어머니는 일을 하셔야 했기에 혼자서 뉴저지에서 맨하튼까지 시험을 보러 갔습니다. 저는 쟁쟁한 아이들의 옷차림과 악기, 부모님들의 보살핌에 기가 죽었고 어차피 떨어질 거라고 생각해서 제스처까지 해가며 열심히 연주했습니다. 일주일 뒤 줄리어드에서 온 우편물을 먼저 잡아든 누나는 비웃으며 '야, 불합격 통지가 어떻게 일주일 만에 오니? 창피하지도 않니? 이제 엄마 속 좀 그만 썩이고 또 시험 치겠다는 소리 절대 하지마.' 경험이 많은 누나는 줄리어드에 붙으면 한 달이나 두 달 후에 연락이 오고, 떨어지면 2주일 뒤에 연락이 온다고 했기 때문에 저는 당연히 떨어진 줄 알았습니다. 그런데 갑자기 어머니의 통곡 소리가 들렸습니다. 저는 혹시 아버지한테 온 편지를 보고 우시는 줄 알고 가슴이 철렁했습니다. 그런데 어머니는 나를 보더니 갑자가 끌어안고 우셨습니다.

'얘야, 네가 줄리어드에 붙었어. 그것도 장학금을 받고…'

저는 그렇게 13세에 줄리어드 프리스쿨에 들어갔습니다. 하나님의 도우심이 아니면 도저히 불가능한 일이 일어난 것입니다. 저는 그 후부터 나를 나 되게 하신 하나님의 은혜에 보답하기 위해 살아왔습니다. 유명해진 뒤로 한번은 유럽 공연을 가서 2천만 원짜리 플룻을 잃어버리는 일을 당했습니다. 몹시 상심하고 있던 제게 주의 음성이 들렸습니다.

'네가 그때 잃어버린 플룻때문에 마음이 아프구나… 넌 그때 그보다 더 중요한 것을 잃어 버렸어. 바로 나에 대한 첫사랑이야…'

저는 그 음성을 듣고 몹시 울고 회개하며 다시 나를 열세 살에 기적으로 줄리어드에 입학시키신 하나님에 대한 첫사랑을 회복하려 애를 썼습니다."

송솔나무 집사님의 간증은 언제 들어도 은혜가 되고 눈물이 난다. 우리도 일의 결국을 다 들었으니 하나님을 경외하고 그의 명령들을 지키고 살자. 아멘.

● 오늘의 말씀에 대한 나의 묵상 ●

오늘의 본문 성경을 읽으시고 깨달은 점이나 기억하고 싶은 점 혹은 기도문을 기록합니다.

....

....

....

....

....

....

....

1년 1독 365일 성경통독, 꿀송이 보약큐티

전 4장~6장

● 묵상 자료 ●

1. 소유에 집착 말라!

해 아래 인생들은 대체적으로 소유에 집착하면서 살아가는 경향이 있다. 소유가 많아지면 그만큼 삶이 만족스럽고 평안할 것이라고 생각하기 때문에 세상 사람들은 조금이라도 소유를 더 늘리기 위해서 온갖 수고를 아끼지 않는다. 그런데 솔로몬은 전도서 5장에서 그것이 얼마나 부질없는 일인지를 잘 일깨워주고 있다.

1~7절의 말씀에는 해 아래 인생이 아무리 수고를 해도 하나님이 복을 주지 않으면 인생은 그 수고의 열매를 제대로 누릴 수 없음을 설명하고 있다.

8~9절의 말씀에는 해 아래 인생이 아무리 수고해도 그 열매를 누리지 못하는 또 다른 이유를 말한다. 사회구조 때문에 그렇다는 것이다. 해 아래 인생이 있는 곳에는 어디나 학대가 있고 착취가 있는데 그 때문에 인생이 수고해도 그 열매를 제대로 누릴 수 없다는 것이다.

10~17절에는 왜 인생들이 그토록 소유에 집착해서 살아가는지를 설명하는데 잘못된 확신 때문에 그렇다는 것이다. 세상 사람들은 돈이 많으면 만족을 누릴 수 있고, 문제를 해결할 수도 있고, 마음에 평안도 누릴 수 있고, 안전을 보장받을 수 있다고 생각을 한다는 것이다. 그러나 솔로몬은 본문을 통해서 그 모든 것이 잘못된 생각임을 일깨워주고 있다.

그러면서 솔로몬은 결론적으로 18~20절에서 소유에 집착하지 말고, 무엇을 먹든지, 무엇을 마시든지, 무엇을 하든지 간에 다 하나님의 은혜인 줄 알고서 그것을 누리라고 말씀하고 있다. 바로 그것이 선한 일이요, 아름다운 일이요, 또 하나님께서 우리에게 주신 인생의 분복임을 일깨워주고 있다.

대개 여성들이 일반적으로 갱년기가 되면 의외로 우울증에 시달리는 분들이 많다. 갑자기 인생에 허무해지고 의미가 없고 사는 재미가 없어지는 것이다. 남편도 재미없고 그토록 집착했던 자식들도 중요하지도 않고 그저 자살하고픈 충동이 밀려온다는 것이다.

이것은 그리스도인이라고 해서 예외일 수 없다. 내 감정이 내 맘대로 안되기 때문이다. 항상 말씀을 가까이하고 기도로 내 감정을 숨기지 않고 하나님께 아뢰어야 한다. 하나님과 친근한 관계를 유지하며 매일매일을 살아가는 것 그것이 지혜로운 전도자의 권면처럼 이 세상에서 낙을 누리고 사는 길이다. 아멘.

● 오늘의 말씀에 대한 나의 묵상 ●

오늘의 본문 성경을 읽으시고 깨달은 점이나 기억하고 싶은 점 혹은 기도문을 기록합니다.

전 7장~9장

1. 지나치게 의인이 되지 말라?

전도서 7:16은 많은 사람들에 의해서 오해를 받아왔다. 여기서 전도자가 일상생활에 필요한 '중용의 도'를 가르치고 있다는 것이다.

"지나치게 의인이 되지도 말며 지나치게 지혜자도 되지 말라"는 말은 '그냥 적당히 세상과 타협하면서 살아라'는 말로 들리기 쉽다. 즉, 불의를 보아도 그냥 넘어가고 알아도 모르는 것처럼 지나치는 것이 성경이 가르치는 지혜로운 처세술로 이해한다는 것이다. 그러나 이것은 전도자의 가르침이 아니다. 예수님도 "의에 주리고 목마른 자는 복이 있다"(마 5:6)고 하셨고, "그러므로 하늘에 계신 너희 아버지의 온전하심과 같이 너희도 온전하라"(마 5:48)고 하셨다.

전도자는 의로운 삶을 반대하지 않는다. 본문의 의미는 '자신이 의롭다고 주장하지 말고 스스로 지혜롭다고 주장하지 말라'는 뜻이다. 전도자는 바리새인과 같이 '자기 의'에 도취되거나 자신이 다 아는 것처럼 행동하는 것을 경고하고 있는 것이다. 세상에 죄를 전혀 범치 않은 의인이 없다고 한다(전 7:20). 전도자는 멸망과 죽음으로 인도하는 '자기 의'라는 위선과 교만의 잘못된 지혜를 정죄한다. 이것이 올바른 본문의 이해이다.

그런데 이 구절을 문맥 가운데서 해석하면 조금 다른 의미가 된다. 앞의 문맥에서 "자기의 의로움에도 불구하고 멸망하는 의인이 있고 자기의 악행에도 불구하고 장수하는 악인이 있다"(전 7:15)는 말은 하나님의 약속과 좀 다르다. 하나님은 이스라엘에게 의인의 장수를 약속하셨다. 그래서 일찍 죽는 자는 의롭지 않다는 생각을 하게 될 수도 있다. 그래서 더 (지나치게) 의로워야 한다고 생각하게 될 가능성이 있다. 그들은 장수를 보장받기 위해서 더 왕성하게 의를 추구해야 한다고 생각하게 되었다(Greidanus의 견해). 이것은 하나의 유혹이기 때문에 그런 지나친 의는 삼가야 한다는 것이 전도자의 경고다.

우리가 아무리 의로워도 하나님으로 하여금 우리 생명을 연장하시도록 할 수는 없다. 완전한 의의 목표는 우리가 도달할 수 없다. 우리가 더 의로움으로써 생명을 연장할 수도 없다. 20절에서도 그것이 불가능하다는 것을 전제하고 있다.

"선을 행하고 전혀 죄를 범하지 아니하는 의인은 세상에 없기 때문이로다" 전 7:20

생명을 연장하기 위해서 그리고 타인으로부터 의를 인정받기 위해서 완벽을 추구하는 것은 인간의 한계를 받아들이기를 거부하는 주제넘은 일이다. 이런 차원에서 본문은 지나치게 의인이 되지 말라고 한 것이다.

● 오늘의 말씀에 대한 나의 묵상 ●

오늘의 본문 성경을 읽으시고 깨달은 점이나 기억하고 싶은 점 혹은 기도문을 기록합니다.

....

....

....

....

....

....

....

....

....

....

전 10장~12장

● 묵상 자료 ●

1. 전도서 12장의 교훈

전도서 12장은 곤고한 날이 이르기 전에 너의 창조주를 기억하라고 한다. 여기서 "곤고한 날"은 노년에 맞게 되는 고통의 날을 말한다. 청년의 때를 즐거운 때라고 본다면 노년의 때는 괴로운 날이라는 것이다. 사는 낙이 없기 때문이다. 이하 노년을 묘사하는 여러 가지 비유의 이야기가 2절~6절까지 이어진다.

"해와 빛과 달과 별들이 어둡기 전에"는 두 가지 의미가 있다. 그것은 사람이 나이가 먹어감에 따라 시력도 약해져 모든 빛들이 희미하게 보인다는 것과 황혼기에 접어 들수록 삶의 기쁨이 쇠퇴해진다는 것이다. 두 가지 다 틀린 말은 아닐 것이다. 또한 "비 뒤에 구름이 다시 일어나기 전에"라는 말도 비슷한 비유로 삶의 즐거움이 연이어 쇠퇴해지기 전에 즉, 사람이 더 늙고 쇠약하기 전에 하나님을 기억하라는 말이다. "집을 지키는 자들이 떨 것이며"라는 말은 집을 인간의 몸으로 비유하여 볼 때 늙으면 사람의 기력이 약해져 손과 팔이 힘이 없이 떨게 되는 경우가 생긴다. 그런 현상을 빗대어 한 말로 노인 수전증이라고 보면 될 것 같다.

"힘 있는 자들이 구부러질 것이며"이란 말도 아무리 장사라고 하더라도 늙어지면 뼈가 약해져 허리 등이 굽는다는 뜻이다. "맷돌질하는 자들이 적으므로 그칠 것이며"란 말은 음식을 잘 섭취하지 못한다는 뜻으로 맷돌을 치아로 비유해 늙어지면 치아가 빠져 음식을 골고루 씹지 못해 소화 기능을 제대로 할 수 없다는 말이다. "창들로 내다보는 자가 어두워질 것이며"란 말은 시력이 약해져 사물을 제대로 식별하지 못 한다는 것이다. '길거리 문들이 닫혀질 것이며' 라는 말은 귀가 어두워 잘 듣지 못한다는 것이다.

"맷돌 소리가 적어질 것이며"라는 말은 음식을 씹는 소리가 적어 진다는 것으로 치아가 빠졌기 때문이다. "음악 하는 여자들은 다 쇠하여질 것이며"라는 말은 청각 기능에 약해져 노래 소리를 듣지 못한다는 뜻이다. "살구나무가 꽃이 필 것이며"라는 말은 노인들의 머리가 백발이 된다는 것이다. 살구나무는 아몬드 열매를 맺는 나무로 그 꽃은 봉우리 질 때는 분홍색이나 만개된 후에는 흰색으로 보인다고 한다. "메뚜기도 짐이 될 것이며"라는 말은 그렇게 하찮고 미미한 것이라도 노인이 되면 힘이 없어져 버겁다는 것이다.

"은 줄이 풀리고 금 그릇이 깨어지고. 항아리가 샘 곁에서 깨지고 바퀴가 우물 위에서 깨지고"라는 말은 노인들이 결국 죽음을 맞이한다는 뜻이다. 고대 근동 지방에서 보통 잘 사는 집에서는 금으로 등잔을 만들어 높은 곳에 은 줄로 매어 달았다고 한다. 집안 전체를 밝히기 위해서이다. 하지만 그 은 줄이 끊어지면 아무리 금으로 만든 등잔이라도 합금으로 만들었기 때문에 깨진다. 그렇게 아무리 고귀한 사람이라도 늙으면 죽는다는 의미이다. 또 그 사회에서는 깊은 우물 속에서 물을 길어 올릴 때 두레박을 바퀴에 연결하여 끌러 올렸다고 한다. 그것이 떨어지면 항아리와 함께 바퀴도 깨지듯이 그렇게 사람이 늙어가면 쇠약해져 죽음에 이르게 된다는 것이다.

청년의 때 창조주 하나님을 기억하라는 말은 진리 중의 진리이고 지혜 중의 지혜라고 할 수 있을 것이다. 해가 뜨면 반드시 지고 모든 것이 시작과 끝이 있다. 인생을 만약 크게 두 부류로 나눈다면 젊을 때와 늙을 때, 건강할 때와 건강하지 않을 때, 결혼하기 전과 결혼한 후 그리고 살 때와 죽을 때로 나눌 수 있다.

모든 것은 때가 있다. 씨를 심을 때와 거둘 때가 있고 꽃이 필 때도 있고 질 때도 있다. 전도자는, "육체가 다시 흙이 되기 전에, 영이 그것을 주신 하나님에게 돌아가기 전에 그분을 기억하라"고 했다. 흙에서 취해진 육신은 다시 흙으로, 하나님이 주신 영혼은 다시 하나님께로 돌아 간다. 아무리 위대한 사람이라도 이 운명을 거슬릴 수 없다. 어리석은 사람은 끝이 없는 것처럼 산다. 지혜로운 사람은 반드시 끝이 있다는 것을 기억하고 산다. 아멘.

오늘의 본문 성경을 읽으시고 깨달은 점이나 기억하고 싶은 점 혹은 기도문을 기록합니다.

아 1장~3장

◆ 묵상 자료 ◆

1. 내 사랑하는 자는 내게 속하였고 나는 그에게 속하였도다(아 2:16)

아가서는 사랑의 노래다. 솔로몬이 사랑하여 결혼한 술람미 여인과의 달콤한 러브 스토리이다. 술람미 여인이 애굽의 공주였는지 아니면 솔로몬이 가꾸던 포도원 지기의 딸이었는지는 사람마다 견해를 달리 한다. 이 사실적이면서도 극적인 연가에는 솔로몬 왕과 그가 사랑한 술람미 여인이 주인공으로 등장하고 조연들도 있는데 예루살렘의 딸들과 술람미 여인에게 포도원의 고된 일을 시켜 그녀를 검게 타게 한 오빠들(아 8:8~9)이 그들이다.

이 책을 우리는 쉽게 생각하거나 별로 은혜롭게 여기지 아니하고 무시하는 경향이 있다. 그러나 아가서를 대하는 유대인들의 자세는 전혀 다르다. 그들은 유월절 명절 때마다 아가서를 펼쳐서 공개적으로 읽는다. 이스라엘을 향한 하나님의 절절한 사랑이야기로 그들은 이 책을 거룩하게 받아들인다. 우리도 이번 기회에 시간이 좀 걸리더라도 아가서에 대해 깊이 있게 묵상하고 아가서에 나타난 그리스도와 우리의 사랑이 얼마나 깊고 오묘한 것인지 깨달아야 한다. 아가서를 해석할 때 지나치게 풍유적으로 해석하거나 문자적으로만 해석해서는 안 된다. 다음과 같은 몇 가지 원칙들을 가지고 아가서를 읽어야 한다.

1) 문자적으로 읽는다 - '유방'은 여성의 가슴을 가리키는 것이지 신약과 구약을 가리키는 것이 아니다. 모든 단어와 표현은 문자적으로 읽어야지, 내용이 관능적이라고 해서 지나친 상상력을 동원하며 원 의미를 비틀어서는 안 된다. 성경해석자의 일차적 목표는 '저자의 의도'이며, 솔로몬이 이 연애시를 썼을 때 원 의도는 일차적으로 문자적 원 의미일 것이다.

2) 문학성을 고려하여 읽는다 - 우리는 문자적으로 아가를 읽어야 함과 동시에, 또한 문학성을 고려하면서 이 책을 읽어야 한다. 시는 여러모로 은유와 직유 등을 포함하고 있으며, 병행이나 다른 장치들을 사용해서 아름다운 표현을 추구하고 있기 때문에 그것을 고려하여 읽어야 한다는 의미이다.

예를 들자면, 아가서 4:8의 "내 신부야 너는 레바논에서부터 나와 함께 하고 레바논에서부터 나와 함께 가자. 아마나와 스닐과 헤르몬 꼭대기에서 사자 굴과 표범 산에서 내려오너라"라는 말은 신부가 지금 '레바논'에 살고 있다는 의미가 아니라, 레바논, 아마나, 스닐, 헤르몬 꼭대기, 사자, 표범 등의 거리적으로 멀고 위협적인 것들에 둘러싸여 있다는 이미지를 사용하여 여자가 범접할 수 없는 곳에 있으며, 따라서 남자는 여성에게 신중하고 조심스럽게 마음을 열라고 요청하는 것이라고 해석해야 한다. 이러한 해석은 아가서가 '시(詩)'임을 염두에 두고 해석하는 방식이며 시를 읽는 자연스러운 해석방법이다.

3) 배경을 고려하여 읽는다 - 예를 들면 아가서 2:1의 "나는 샤론의 수선화요 골짜기의 백합화(나리꽃)로다"라는 여자의 말을 읽을 때는 당대 이스라엘에서 샤론의 수선화와 골짜기의 나리꽃이 어떤 의미를 지니고 있는지 알아야 한다. 급하게 읽으면 "음. 이 여자는 지금 자기가 예쁘다고 자랑을 하고 있군…." 하고 생각할지 모르지만 당대의 샤론은 비옥한 이스라엘의 북부 해안 평야였고 그곳에서는 수선화와 나리꽃이 수도 없이 흔하게 피고 지곤 했다고 한다. 따라서 지금 여자는 "나는 길거리의 나리꽃처럼 그저 흔한 여자일 뿐인걸요."라고 말하며 자기 연민에 빠져 있는 것이다. 그래야 아가서 2:2의 "여자들 중에 내 사랑은 가시나무 가운데 나리꽃 같도다"라는 말을 진심으로 이해할 수 있다. 남자는 이렇게 말하는 것이다. "여자여, 만일 당신이 흔하디 흔한 나리꽃이라고 말한다면, 당신 주변의 여자들은 그저 가시덤불에 불과할 뿐이에요."라는 의미인 것이다. 상황을 아는 것은 이렇게 원 의미를 파악하는 데 도움을 준다.

4) 그러나 하나님의 말씀으로 읽는다 - 이것이 가장 중요한 원칙이다. 교회에서 청년들과 성경공부를 하면서 남녀가 각각 이 아가서를 읽게 하면 오글거리고 민망하다는 불평을 들을 수 있다. 그럴 때마다 우리가 알아야 하는 사실

은 아가서가 단순한 사랑시가 아니라 '하나님의 성령으로 영감 된 하나님의 말씀'이라는 것이다. 하나님의 구원은 전인적(全人的)이다. 즉, 그분은 우리의 교회 생활과 기도, 예배에 관한 것만 구원하시는 것이 아니라 우리의 학교와 일터 가정과 연애까지 모든 것을 구원하신다. 하나님께서는 우리의 성(性)도 구원하신다. 왜냐하면 이 모든 것이 그분께서 지으셔서 우리에게 주신 것이며 또한 이 모든 것이 죄로 인해 왜곡되었기 때문이다. 우리는 세상의 미디어를 통해서 잘못된 결혼과 연애, 성에 대하여 배웠고 그것은 죄로 인해 오염된 개념들이다. 하나님은 그 분께서 구원하시는 백성들을 이러한 죄로부터 꺼내주시기 위해 '사랑의 지혜'를 주시기 원하셨다. 이것이 바로 아가서의 역할이다.

아가서에서 우리는 데이트하는 연인들을 만나고(1~2장), 그들은 갈등하기도 하고(5:2~8), 서로 애타기도 하며(3:1~5), 이윽고 결혼한다(3:6~11). 여기서 우리는 한 커플의 사랑시를 보며 결혼, 성, 데이트, 사랑에 대한 전반적인 지혜와 가르침을 얻을 수 있다. 성은 부정한 것이 아니다. 쾌락도 부정한 것이 아니다. 성과 쾌락을 지으신 분은 하나님 이시며 마귀는 그것을 만들지 못했다. 마귀가 하는 것은 성과 쾌락을 비틀고 왜곡하는 것이지 그것을 만든 것이 아니다. 따라서 우리는 이 모든 것을 누리고 기뻐하되 바르게 기뻐하고 바르게 누리는 법을 알아야 하는 것이다. 이렇게 바르게 연애와 결혼을 하는 것은 구속받은 자들의 마땅한 삶인 동시에, 죄로 오염되었기 때문에 구원을 받아야 하는 영역이기도 한 것이다.

아가서는 '구속받은 결혼 이야기'이다. 미국 유니온 신학교의 구약신학 교수였던 필리스 트리블(Phyllis Trible)은 창세기와 아가서를 비교하여 연구하였다. 두 성경본문 간의 여러 병행을 지적하는데, 몇 가지만 꼽아서 생각해 보자. 첫째, 두 본문 다 무대는 동산이다. 둘째, 에덴의 불순종은 죽음을 낳았지만 아가서에서 말하는 사랑은 죽음보다 강력하다(8:6). 셋째, 아담과 하와의 죄로 인해 발생한 성적인 수치심(창 3:10)은 아가서에 나타난 부부에게는 발견되지 않는다. 그들은 서로 성적으로 부끄러움 없이 하나된다. 무엇보다 창세기 3장의 커플과는 달리 이들의 욕망은 회심한 모습이다. 범죄의 결과로 아담과 하와는 서로를 지배하고 다스리려는 욕구를 가지게 되었는데 그러나 여기 이 구원받은 사랑스러운 커플이 무엇이라 말하는지 보라.

"내 사랑하는 자는 내게 속하였고 나는 그에게 속하였도다" 아 2:16

이들은 자신을 상대에게 내어 준다. 이들은 상대를 지배하려고 하지 않고 상대를 섬기려고 한다. 남편은 아내를 위해 죽기까지 자신을 내어주려고 하고, 아내는 남편을 사모하며 순복하고 기대한다. 이들의 결혼은 구원받은 자의 모습인 것이다. 그래서 필리스 트리블은 아가를 '구속받은 사랑의 노래'(Love's Lyrics Redeemed)라고 부른다. 이처럼 실로 우리의 연애와 결혼은 죄에서 구원을 받아야 한다. 죄악된 우리는 구원이 필요하며, 우리의 죄는 연애와 결혼에 엄청난 영향을 미치기 때문에 구원을 받아야 한다. 우리의 삶에서 우리를 가장 상처 입히는 것이 무엇인가? 바로 연애와 결혼이다! 이별과 이혼 뒤에는 우리의 죄가 있으며, 그것은 때로 주변 사람들까지도 엄청난 고통에 빠뜨리게 한다. 그래서 우리는 구원이 필요하다. 감사하게도 그리스도께서는 십자가에서 죽으심으로 우리의 죄를 대속하셨으며, 능히 우리를 악한 죄로부터 건지실 수 있다. 존 파이퍼의 말을 들어 보자.

"남편은 아내의 유익을 위하여 기꺼이 고난을 당하려는 자세를 취해야 합니다. 이런 자세는 외부의 침해로부터 아내를 보호하기 위해 어려움을 감수하는 것뿐 아니라, 심지어 아내로부터 받는 실망과 오해와 모욕을 견디는 것까지도 포함됩니다. 이러한 사랑이 가능한 이유는 그리스도께서 남편과 아내 모두를 위해 죽으셨기 때문입니다. 그들의 죄가 사해졌습니다. 남편과 아내 어느 쪽도 죄로 인해 서로에게 고통을 끼칠 필요가 없게 되었습니다. 그리스도께서 이미 그 고통을 짊어지셨습니다. 이제 우리는 용서받은 두 죄인으로서 악을 선으로 갚을 수 있게 되었습니다."

아가서는 이렇듯 '구속받은 자들의 결혼'을 묘사하는 사랑시이다. 이 시를 읽고 이해함으로 우리는 구속받은 연애와 결혼이 어떤 것인지 알 수 있으며, 또한 어떻게 연인과 배우자를 대해야 하는지를 볼 수 있다. 실로 이 책은 우리의 결혼을 "구원하는 지혜"(딤후 3:15)를 주는 것이다!

하지만 그리스도인들은 여기서 멈추지 않는다. 예수님께서는 성경이 "모세와 모든 선지자의 글로 시작하여 모든 성경에 쓴 바 자기에 관한 것"이라고 말씀하셨기 때문이다(눅 24:27). 즉, 모든 성경은 우리 구주 예수 그리스도에 관한 것이며, 모든 성경을 통하여 예수 그리스도는 밝히 드러나신다. 이는 아가서도 예외가 될 수 없다. 따라서 우리는 일차적으로 아가서를 사랑, 성, 결혼, 데이트에 대한 구원의 지혜로 받아들이지만, 더 나아가 이 시가 솔로몬보다 더 크신 분인 예수 그리스도의 사랑에 대한 이야기라고도 받아들여야 한다. 이것은 본문에 없는 의미를 끼워 넣는 알레고리적 해석과는 다르다. 오히려 신약성경의 빛 아래에서 아가서의 진정한 의미를 깨닫는 것이다. 그래서 우리는 문자적인 해석으로 시작하여 진정한 사랑의 근원이신 그리스도께로 나아가야 한다. 즉, 솔로몬으로 시작하여 솔로몬이 진정으로 예표하고 있는 원형이신 예수님께로 나아가는 것이다.

아가서는 우리를 더욱 잘 사랑하는 사람으로 만들어 줄 것이다. 술람미 여인은 솔로몬 왕을 수풀가운데 사과나무 같다고 말한다(아 2:3). 작은 잡목이 가득한 숲에서 사과나무는 눈에 확 띄었을 것이다. 이와 같이 사랑하는 사람은 항상 눈에 확 들어온다. 뜨거운 볕에 지친 여인이 사과나무 그늘에 앉아서 쉴 수도 있었다. 더불어 그 열매도 마음껏 먹을 수 있었다. 사과나무와 같은 솔로몬 왕과 함께 있는 것은 여인에게 쉼과 기쁨을 주었다. 여인이 솔로몬 왕을 얼마나 사랑하는지 병이 날 지경이었다. 그녀는 솔로몬 왕과 영원히 함께 하고 싶었다. 그래서 예루살렘의 딸들을 향해 내 사랑이 원하기 전에는 흔들지 말고 깨우지 말라고 부탁한다(아 2:7).

술람미 여인은 자신을 향한 왕의 사랑이 깃발과 같다고 표현했다(아 2:4). 깃발은 기쁨과 승리를 의미한다. 연인의 사랑은 그녀로 하여금 기쁨과 자랑이 되게 하였다. 솔로몬 왕과 여인의 사랑은 하나님과 성도, 만왕의 왕이신 예수님과 그분의 신부인 교회와의 사랑의 관계를 보여준다. 아멘.

오늘의 본문 성경을 읽으시고 깨달은 점이나 기억하고 싶은 점 혹은 기도문을 기록합니다.

7월 15일

1년 1독 365일 성경통독, 꿀송이 보약큐티

아 4장~8장

● 묵상 자료 ●

1. 사랑에 빠지면 나타나는 현상들

아가서를 읽어 보면 사랑에 빠진 연인들의 특징이 나타난다. 주님과 나와의 관계가 이런 사랑의 관계 속에 있는지 말씀의 거울로 스스로를 살펴보자.

1) 연인이 예뻐 보이고 서로의 매력에 푹 빠지게 된다

솔로몬은 게달의 장막처럼 검은 피부의 술람미 여인을 애굽의 준마라고 표현하면서 나의 사랑 나의 어여쁜 자라고 하며 갖은 미사여구를 다 동원하여 그녀의 눈과 뺨과 가슴과 모습들을 칭찬하기에 바쁘다. 이에 질세라 술람미 여인도 병이 날 정도로 연모한다 하면서 꿈에서도 그를 잊지 못하고 솔로몬의 매력에 푹 빠진 다. 인간은 사랑에 빠지면 상대의 모습이 다 좋아 보이고 매력적으로 보인다. 사랑은 서로에게 폭풍 칭찬을 하게 한다. 그러나 사랑이 식으면 서로 싸우고 약점만 눈에 보이기 시작한다. 사랑은 상대의 허물을 덮어 버리는 신비한 묘약이다. 나와 같은 죄인을 사랑하시는 주님은 나의 허다한 허물을 다 덮어주시고 동이 서에서 먼 것처럼 나의 죄과를 멀리 옮겨 주신다. 이렇게 귀하고 고마운 주님을 우리가 어찌 사랑하지 않을 수 있겠는가?

2) 세상이 아름답게 보이고 살맛이 난다

"나의 사랑 나의 어여쁜 자야 일어나서 함께 가자. 겨울도 지나고 비도 그쳤고 지면에는 꽃이 피고 새가 노래할 때가 이르렀는데 비둘기의 소리가 우리 땅에 들리는구나. 무화과 나무에는 푸른 열매가 익었고 포도나무는 꽃을 피워 향기를 토하는구나. 나의 사랑 나의 어여쁜 자야 일어나서 함께 가자" 아 2:10~13

사랑에 빠지니 모든 감각들이 살아난다. 꽃이 피어 아름다운 것을 시각적으로 인지하고 새가 우는 소리를 청각으로 듣는다. 무화과 열매를 미각적으로 파악하고 꽃향기를 후각으로 흠향한다.

그래서 가수 최백호는 애인과 너무 멀리 떨어져 있는 것을 한탄하면서 "새 봄이 오면 뭐 하노 그자? 우리는 너무 멀리 떨어져 있는데…"라고 노래 불렀다. 사랑하는 사람이 있기에 꽃피는 봄도 의미가 있는 것이며 인생도 살맛이 나는 것이다.

내가 가끔 선교지에서 흥얼거리는 가곡 중에 '망향'이라는 노래가 있다. 같은 동향 벌교 사람인 채동선 씨가 만든 노래라서 좋아한다기보다는 그 가사가 너무 맘에 다가와서 좋아하게 되었다.

"꽃피는 봄 사월 돌아오면 이 마음은 푸른 산 저 넘어 그 어느 산 모퉁길에 어여쁜 님 날 기다리는 듯 철따라 핀 진달래 산을 덮고 머언 부엉이 울음 끊이잖는 나의 옛 고향은 그 어디런가 나의 사랑은 그 어디멘가 날 사랑한다고 말해 주렴아 그대여 내 맘 속에 사는 이 그대여 그대가 있길래 봄도 있고 아득한 고향도 정들 것일레라."

우리에게는 예수님이 계시기에 인생 사는 즐거움이 있다. 살맛이 난다. 세상 사람 날 부러워 아니 하여도 나도 역시 그들이 부럽지 않다. 예수님의 신부 된 것 생각만 하면 할렐루야 찬송이 저절로 난다. 오늘도 함께 성경통독에 참여하는 모든 분들에게 봄 날의 새 같은 노래가 끊이지 않는 하루가 되기를 축원한다. 아멘.

오늘의 본문 성경을 읽으시고 깨달은 점이나 기억하고 싶은 점 혹은 기도문을 기록합니다.

사 1장~3장

● 묵상 자료 ●

1. 이사야서는 어떤 책인가?

　이사야부터 말라기까지 17권의 선지서가 이제 우리를 기다리고 있다. 이사야, 예레미야, 애가, 에스겔, 다니엘서를 대선지서라 하고 그 후의 12권의 책을 소선지서라 한다. 이는 책의 분량에 따라 분류한 것이다.

　이사야는 왕족 출신의 고위 관리로 높은 신분이었으나 하나님의 부르심을 받고 그의 전 생애를 주를 위해 아낌없이 헌신하였다. 때로는 3년 동안 나체로 다니며 애굽이 당할 수치를 온몸으로 퍼포먼스를 하였고 두 아들의 이름도 이스라엘의 역사의 패망과 남은자가 돌아올 것을 암시하는 이름을 지어 불렀다. 큰 아들의 이름은 스알야숩으로 남은자가 돌아오리라는 뜻이고 둘째 아들의 이름은 노략을 빨리 행함이라는 뜻이다. 둘째 아들의 이름대로 이 아들이 태어나 엄마, 아빠라고 부르기도 전에 북이스라엘은 앗수르에게 먹혀 노략당하고 패망하고 말았다. 이렇듯 그의 모든 일생은 하나님과 관련된 희생과 헌신의 연속이었고 나중에는 악한 왕 므낫세의 핍박을 받아 나무 톱으로 켜서 죽임을 당하였다. 이사야는 신약 성경에서 신명기, 시편과 더불어 가장 많이 인용되는 성경으로 구약의 복음서라는 별명을 가지고 있고 예수님의 처녀를 통한 탄생과 십자가의 고난이 생생하게 예언되어 있는 놀라운 성경이다. 주님은 공생애 초기에 안식일에 회당에 들어 가셔서 두루마리 구약성경을 건네받으시고 성경을 낭독하실 때에 이사야 61장을 펼치시고 읽으셨다.

　"주의 성령이 내게 임하셨으니 이는 가난한 자에게 복음을 전하게 하시려고 내게 기름을 부으시고 나를 보내사 포로 된 자에게 자유를 눈 먼 자에게 다시 보게 함을 전파하여 눌린 자를 자유롭게 하고 주의 은혜의 해를 전파하게 하려 하심이라"

눅 4:18~19

회당에 모인 유대인들이 왜 저 사람이 저 성경을 읽었지? 하고 의아해서 예수님을 주목하고 있는데 주님은 놀랍게도 '이 글이 오늘 너희 귀에 응하였느니라'고 선포하셨다. 이렇듯 이사야서는 예수님에 관한 예언으로 가득 차 있다. 그가 그토록 위대하게 쓰임 받았어도 자신의 당대에는 비참하게 희생하고 살다 갔다. 그런 이사야의 생애를 생각하면 주의 종으로 부름 받아 살면서 때로는 한국의 대형교회와 유명목사님들을 은근히 부러워했던 내 마음의 속물 근성을 하나님께 회개한다. 이사야는 크게 두 부분으로 나누어 지는데 1장~39장과 40장~66장이다. 전반부는 이스라엘과 열국의 죄를 지적하고 회개를 촉구하며 그들의 패망을 예언하는 것이 주 내용이고 후반부는 회복과 구원의 노래이다. 이사야의 어휘력과 이미지를 표현하는 웅변적 표현 능력의 탁월성은 이사야서를 읽는 독자들을 놀라게 한다.

2. 오라 우리가 서로 변론하자! (사 1장)

이사야 1:1을 보면, "유다 왕 웃시야와 요담과 아하스와 히스기야 시대에 아모스의 아들 이사야가 유다와 예루살렘에 대하여 본 이상이라"라고 적혀 있다.

이사야는 웃시야 시대부터 히스기야 시대까지 하나님이 주시는 이상(vison)을 보았다. 특별히 본문 말씀은 이사야가 아하스 왕 때에 본 묵시이다. 아하스 왕 때는 B.C 740년경으로 남 유다와 북이스라엘로 분열된 시대였다. 아하스는 20세에 남 유다의 왕이 되었는데 그는 역대하 20장에 보면 바알의 우상을 만들었고 이방사람들을 본받아 자녀들을 불에 태워 죽이기도 하였으며 산당과 작은 산과 모든 푸른 나무 아래에서 우상에게 제사를 드렸던 극도로 악한 왕이었다.

2절을 보면, "하늘이여 들으라. 땅이여 귀를 기울이라 여호와께서 말씀하시기를 내가 자식을 양육하였거늘 그들이 나를 거역하였도다"라고 한다. 이사야는 하늘과 땅을 향하여 외치고 있다. 이사야가 전하는 하나님의 말씀은 하늘과 땅도 아는 명명백백한 사실이다. 이사야가 전하는 말씀이 무엇인가? 하나님께 서는 유대인을 자식처럼 양육하였다. 부모의 사랑으로 양육하였다. 어머니는 자식을 잉태하기 위해서 입덧을 하고 해산의 수고를 한다. 그리고 똥오줌 받아 내며 키운다. 어려서는 젖을 먹인다. 아버지는 자녀를 경제적으로 자립하기까 지 보호하고 돌보아 준다. 하나님께서는 이런 절대적인 사랑으로 이스라엘을 양육하였다. 이스라엘이 애굽의 노예살이 할 때 그들을 인도하여 주셨고 하늘 에서 내리는 만나로 먹여주시며 바위에서 물을 내어 먹이셨다. 홍해가 갈라지 고 요단강이 갈라지는 이적을 보이셨다. 그리고는 가나안 족속을 쫓아내시고 가나안 땅을 선물로 주셨다. 세상 어느 나라도 하나님께 이와 같은 사랑을 받은 민족은 없다. 그런데도 그들은 그들의 하나님을 경외하지 않았다.

3절을 보자. "소는 그 임자를 알고 나귀는 주인의 구유를 알건마는 이스라엘 은 알지 못하고 나의 백성은 깨닫지 못하는도다."

이들은 소나 나귀만도 못하였다. 주인이 소와 나귀에게 먹을 것을 주고 잠자 리를 준다. 소는 길을 들이기 위해 코에 코뚜레를 끼우기도 한다. 논밭을 가는 일로 평생을 부려먹고 나중에는 잡아먹는다. 그래도 소는 주인의 말을 듣고 순 종한다. 주인을 알아보고 반가워한다. 반면에 다른 사람이 부리고자 하면 말을 듣지 않고 뿔로 받으려 한다. 나귀는 꾀가 많은 동물일지라도 주인을 알아본다. 그러나 이스라엘 백성들은 자신의 주인이요. 아버지와 같은 하나님을 알아보지 못하였다. 하나님을 떠나서 우상을 숭배하였다. 사람이 소나 나귀와 같은 짐승 만도 못한 자가 되었다.

8~9절을 보자. "딸 시온은 포도원의 망대 같이, 참외밭의 원두막같이, 에워 싸인 성읍같이 겨우 남았도다. 만군의 여호와께서 우리를 위하여 조금 남겨 두 지 아니하셨더면 우리가 소돔 같고 고모라 같았으리로다."

하나님은 이스라엘을 완전히 심판하지 않으시고 포도원의 망대처럼 참외밭 의 원두막처럼 조금 남겨 두셨다. 하나님은 이스라엘 백성에게 은혜로 남는 자 를 주셨다. 하나님이 이스라엘 백성을 다시 회복시키고자 하시는 소망을 가지 신 것이다. 하나님께서는 이스라엘의 남은 자를 통하여 메시아를 보내시고자 하셨고 그 메시아를 통하여 이스라엘과 세계만민을 구원하고자 하셨다. 하나님은 이스라엘을 사랑하셔서 징계하셨다. 이스라엘을 거룩한 나라, 제사장 나라로 쓰시기 위해서 징계하셨다. 하나님은 사랑하시는 자를 징계하신다. 사랑하시기 때문에 심하게 때리신다. 그러나 죽기까지는 때리지 않는다. 한국 교회도 많은 문제가 있다고 하지만 아직도 남은자들이 숨겨져 있다. 하나님은 이스라엘의 남은 자를 통하여 마침내 죄악 된 이스라엘을 구원할 그리스도를 보내셨다. 5, 6절을 보면, "온 머리는 병들었고 온 마음은 피곤하였으며 발바닥에서 머리까지 성한 곳이 없이 상한 것과 터진 것과 새로 맞은 흔적뿐이어늘 그것을 짜며 싸매며 기름으로 유하게 함을 받지 못하였도다."라고 하니 그들은 매를 맞아서 발바닥에서 머리까지 성한 곳이 없었다. 상한 것과 터진 것과 새로 맞은 흔적뿐이었다. 그들은 그것을 짜며 싸매며 기름으로 치료받지 못하였다.

이스라엘 백성이 종교생활을 하지 않는 것이 아니었다. 오히려 열심히 종교생활을 하였다. 말씀에 보면 이들은 무수한 제물을 바쳤다. 수양의 번제와 살진 짐승의 기름을 하나님께 드렸다. 수송아지나 어린 양이나 숫염소의 피를 드렸다. 그들은 월초와 안식일과 여러 부흥 성회로 자주 모였다. 그리고 손을 펴고 기도하였다. 많이 기도하였다. 이 정도면 신앙생활을 잘하는 것 같지 않은가? 그러나 하나님은 이들이 모여서 제사를 드리는 것이 아무 유익이 없다고 말씀하셨다. 그들의 제물을 기뻐하지 않는다고 하셨다. 오히려 그들의 제물을 가증히 여기셨다. 그들이 모이는 것이 무거운 짐이라고 하신다. 그들이 손을 펴서 기도할 때 하나님은 눈을 가리우신다. 그들이 부르짖어 기도하면 귀를 막으신다.

왜 그러셨는가? 그들이 죄를 짓고 회개하지 않았기 때문이다. 하나님과 그들 사이를 죄가 막고 있었다. 우리는 기도하기 전에 헌금을 드리기 전에 먼저 죄를 깨닫고 회개해야 한다. 그래야 하나님이 우리의 예배를 받으신다. 그들은 형식적인 신앙 생활을 하고 있었다. 그들이 보이러 온다. 마당만 밟을 뿐이라는 말을 통해서 알 수 있다. 그들은 행위는 있었지만 마음은 없었다. 신앙생활은 하나님 앞에서 하는 것인데 그들은 신앙생활을 사람들에게 보이기 위해서 하였다. 사람들이 뭐라고 할까 봐 예배에 나가고 사람들이 안 좋게 볼까 봐 헌금을 드렸다. 마음이 없는 신자들은 헛되이 하나님을 섬기는 자들이다. 하나님은 행위도 보시지만 더 중요한 것은 그 마음을 보시는 분이시다. 우리는 마음과 행위로 함께 예배를 드려야 한다. 말라기 1:7~9을 공동번역으로 보면 다음과 같다.

"너희는 제단 위에 더러운 빵을 바치면서도 이렇게 말하였다. 우리가 제단을 더럽히다니요, 당치도 않습니다. 그러면서도 속으로는 야훼의 제삿상쯤이야 아무려면 어떠냐고 하는구나. 눈이 먼 짐승을 제단에 바치면서도 잘못이 없다는 말이냐? 절뚝거리거나 병든 짐승을 바치면서도 잘못이 없다는 말이냐? 그런 것을 너희 고관에게 바쳐보아라. 나 만군의 야훼가 말한다. 그러고도 융숭한 대접을 받을 것 같으냐? 그 따위를 바치면서 긍휼을 빈다고 너희를 곱게 보아주겠느냐?"

말 1:7~9

18절을 보자. "여호와께서 말씀하시되 오라 우리가 서로 변론하자. 너희 죄가 주홍 같을 지라도 눈과 같이 희어질 것이요, 진홍 같이 붉을지라도 양털 같이 되리라."

하나님은 이스라엘 백성에게 우리가 서로 변론하자고 하신다. 변론하자는 말은 논리적으로 한번 따져 보자는 것이다. 과연 그들이 잘하고 있는지 따져 보자는 것이다. 과연 창조주 하나님을 사랑하고 이웃을 사랑했는지 따져 보자는 것이다. 그러면 하나님도 조목조목 말씀하시겠다고 하신다. 그들은 하나님과 일대일로 서서 자신의 죄를 생각해 보아야 한다. 하나님 앞에서 잘못된 죄를 회개해야 한다. 유대인들이 죄를 회개하기만 하면 하나님은 그들의 죄를 용서해 주셨다. 그들의 죄는 진홍 같고 주홍 같아서 잘 지워지지 않았다. 그러나 아무리 붉을지라도 하나님은 흰눈처럼 양털처럼 희게 해 주신다. 하나님은 우리의 죄를 깨끗이 씻어주신다. 자신의 아들의 보배로운 피로 우리의 죄를 씻어주신다. 우리가 회개하기만 하면 우리의 과거의 죄악을 기억도 하지 않으신다. 우리가 돌이켜 보면 지우고 싶은 과거가 있다. 그러나 우리의 힘으로 지울 수 없다. 아무리 목욕하고 면벽수도해도 지울 수 없다. 하지만 하나님은 우리 예수 그리스도의 피로 우리의 죄를 깨끗하게 지워주신다. 새로운 삶을 살게 도우신다. 아멘.

오늘의 본문 성경을 읽으시고 깨달은 점이나 기억하고 싶은 점 혹은 기도문을 기록합니다.

1년 1독 365일 성경통독, 꿀송이 보약큐티
사 4장~6장

1. 이사야가 본 하나님의 환상(사 6장)

이사야 6장에는 이사야가 하나님을 뵌 체험이 기록되어 있다. 보통의 우리는 하나님의 음성이라도 한번 들어보려고 지금도 많은 사람이 작정하고 기도원에서 간절히 주님을 부르기도 한다. 예수님께서는 주님의 부활하신 모습을 못 믿겠다던 도마에게 나타나셔서, "너는 나를 본고로 믿느냐 보지 못하고 믿는 자들은 복되도다"(요 20:29)라고 하셨다.

지금 우리도 바로 그 복된 사람들이다. 그러나 우리에게 하나님은 항상 숨어 계시지는 않는다. 하나님은 지금도 우리에게 말씀하길 원하시고 우리와 교제하시기를 원하신다. 하나님께서 오늘은 이사야 선지자의 눈을 통해 하나님의 모습을 성경 속에서 우리에게 보여주고 계신다. 이사야 6장에는 이사야 선지자가 직접 목격한 하나님의 모습이 그려져 있다. 하나님이 어떤 분인지 알 수 있는 소중한 말씀이다. 성경에는 수많은 사람들이 그들이 만나고 보았던 하나님에 대해 증언한다. 우리가 아버지라고 부르는 하나님은 허상이 아니시고 실재하시는 아버지이시다. 다른 사람에겐 친근히 모습을 드러내시는 하나님이 내게는 왠지 빗장을 걸어 놓으신 분으로 느껴질 때가 있다. 그러나 하나님은 언제든지 말씀 속에서 우리를 기다리며 그 영광의 모습을 보여주시기를 원하신다. 6:1에 보면 선지자는 높이 들린 보좌에 앉으신 하나님을 보았다고 증언한다.

그가 하나님의 영광을 보니 주님은 지극히 높은 보좌에 앉으셨고 그 옷자락이 성전에 가득했다고 한다. 죄인의 눈에는 하나님이 보이지 않지만 영의 눈을 열어주시면 바로 우리 위에 하나님이 계시고 그 영광의 옷자락이 보좌에 가득차 있는 것을 보게 되는 것이다. 성령님의 은혜로 영적인 눈과 감각이 열리면 높은 하늘로부터 이 땅의 구석 구석까지 내려와 덮고 있는 하나님의 영광이 느껴진다.

2절에 보면 하나님의 주위에는 스랍들이 모시고 섰다고 기록되어 있다. 천사들은 역할에 따라 다른 이름을 갖고 있다. 그런데 오늘 본문에 나온 스랍 천사의 모습이 우리 생각과 좀 다르다. 우리는 천사들의 날개가 다 둘이라고 생각하는데 스랍 천사들은 날개가 여섯 개 달렸다고 이사야 선지자는 증언한다. 사실 날개라고는 하지만 우리가 생각하는 조류의 날개 같은 모양하고는 다를 것이다. 천상의 세계가 이 땅의 세계와 다르기 때문에 사람들은 그냥 본 것을 이 땅에 있는 모양에 빗대어 말할 수밖에 없는 것이다. 이 생전 처음 보는 날개 여섯 달린 천사들이 2절에 보니 하나님 얼굴을 똑바로 쳐다보지 못하고 있다. 그들은 창조 된 때부터 지금까지 하나님을 모시고 서 있는데, 아직도 하나님을 똑바로 보지 못하고 두 개의 날개로 얼굴을 가리고 있다고 한다. 죄를 짓지 않은 천사일지라도 감히 바라보지 못하는 것이 하나님의 영광과 그 거룩함이다. 그러나 하나님의 형상으로 창조 되고 예수님의 피로 씻음 받은 우리는 천국에서 하나님 아버지의 얼굴을 감히 볼 수 있을 줄 믿는다. 할렐루야! 아멘!

6:3에 보면 천사들은 하나님께 대한 찬사도 감히 직접 말하지 못하고 저희끼리 주고받는 것을 본다. "아, 너무 거룩하시다. 거룩하시다. 거룩하시다." 천사들이 하나님을 뵐 때 마다 절로 이런 찬사가 터져 나온다는 것이다. 높은 지위에 있는 사람에게 "어쩜 그렇게 훌륭하십니까?"라고 아무나 말할 수 있는 게 아니다. 꽤 각별하고 친근한 사이에서나 칭찬도 찬사도 직접 할 수 있는 것이다. 우리가 하나님 앞에 기도할 때 '거룩하시고 멋지신 좋으신 우리 아버지' 하고 마음껏 부를 수 있는게 예사로운 일이 아니란 걸 아시겠는가? 이사야 43:21에 보면, "이 백성은 내가 나를 위하여 지었나니 나의 찬송을 부르게 하려 함이니라"고 말씀하신다. 우리는 하나님 앞에서 마음껏 찬송도 부르고 마음껏 감사의 말씀을 올릴 수 있는 특별한 존재들로 부름을 받았다는 것이다. 우리 자녀들이 우리 앞에서 노래도 부르고 재롱도 부리며 우리를 행복하게 했던 때가 있는 것처럼 하나님이 그런 기쁨을 느끼시려고 우리를 자녀로 삼으셨다는

말씀이다.

하나님의 영광과 마주 본 이사야 선지자가 어떻게 행동했나를 살펴보자. 우선 그는 죄를 깨닫게 되었다. 4절에 보면 천사들이 서로 경외함으로 하나님을 찬미할 때 성전의 문지방이 흔들렸고 하나님의 영광으로 인해 성전에 연기가 충만했다고 말씀한다. 하나님의 영광을 체험하고 느낀 사람들의 공통적인 특징은 먼저 자기의 죄를 깨닫고 두려워한다는 것이다. 본문 5절의 영어 성경의 표현을 보면 이사야 선지자가 "재앙이다, 난 이제 결딴났다"라고 울부짖었다고 되어 있다. 죄인의 자격으로 절대로 봐서는 안될 하나님을 얼떨결에 봐 버린 것을 한탄하는 말이다. 이사야 선지자는 이사야 64:6에 이렇게 고백한다.

"대저 우리는 다 부정한 자 같아서 우리의 의는 다 더러운 옷 같으며"

이렇듯 우리가 죄인이란 걸 깨닫는 것이 축복이다. 그렇다면 하나님의 공의 앞에 선 이 난감한 이사야의 죄 문제가 어떻게 해결되었을까? 6절에 보면 천사가 제단 위에 핀 숯을 가져다 이사야의 입에 대고 네 죄가 사해졌다고 말한다. 이 부분을 잘 보셔야 한다. 제단 위엔 지금 이사야의 죄를 대신한 제물이 타올라야 그의 죄가 사해지는 것인데 제물이 없으니 이사야는 하나님의 공의 앞에서 죽어야 한다. 그런데 희생 제물 없이 제단에서 타던 숯이 그의 죄를 사라지게 했다는 것이다. 이 성전 제단의 불은 인간의 죄와 악을 소멸하는 하나님의 공의의 불이다. 레위기 6:12을 보면 "단 위에 불은 항상 피워 꺼지지 않게 할지니라"고 명령하셨다. 그런데 레위기 1:8을 보면 이런 말씀이 나온다. 아론의 자손 제사장들은 그 뜬 각과 머리와 기름을 단 위 불 위에 있는 '나무'에 벌여 놓을 것이며 제단에 제물을 올려놓고 태울 때 놋그물에 제물을 그냥 놓는 것이 아니라 반드시 '나무'를 깔라고 하셨다. 이 말씀은 나무 위에 달려 희생제물이 되신 예수님을 상징하고 있는 것이다. 하나님의 심판의 불이 붙은 이 나무토막은 인간의 모든 죄를 짊어지고 심판을 당하신 우리 주님이시다. 그러므로 오늘 이사야의 죄를 제거한 핀 숯은 예수님을 상징하는 것이 명백하다. 오늘 이사야는 희생제물 없이 죄가 사해진 것에 엄청난 충격을 받는다. 우리가 레위기에서 살펴보았듯이 죄를 지은 자는 반드시 희생제물이 대신 죽어야 죄를 용서받는다.

희생제물 없이 죄가 사해진 것은 이사야가 그동안 알고 지켜온 율법으로 상상 못할 일이었다. 오늘 이사야가 이 경험을 통해 깨달은 것은 율법이 아닌 하나님의 은혜로 죄인이 구원받게 된다는 메시지인 것이다. 이사야는 하나님의 은혜로 죄인을 구원하러 오실 메시아의 탄생을 가장 많이 예언한 선지자다. 예수님이 내 죄를 대신해 모든 심판을 받으셨음을 믿는가? 그래서 우리가 하나님을 아버지라 부르며 오직 주님의 공로로 영원한 나라 천국의 영광을 상속받게 된 것을 믿는가?

두 번째로 하나님의 영광을 본 이사야는 하나님의 일군으로 자원한다. 하나님의 영광을 보고 죄를 사함 받은 이사야의 감격은 본문에서 자세히 설명하고 있지 않다. 그러나 율법의 요구대로 모든 것을 지켜야 했고 매일 속죄 제물이 필요했던 이사야에게 모든 죄가 일순간에 사해진 경험은 충격 그 자체였을 것이다. 그는 구원받은 감격에 얼떨떨하고 구름 위에 뜬 느낌이었을 것이다. 그때 "내가 또 주의 목소리를 들으니 주께서 이르시되 내가 누구를 보내며 누가 우리를 위하여 갈꼬?"(사 6:8)하는 하나님의 음성이 그에게 들린다.

하나님의 생각과 마음을 대변해 줄 사람을 찾는 주님의 음성에 그는 즉각 자원한다.

"그때에 내가 이르되 내가 여기 있나이다. 나를 보내소서 하였더니" 사 6:8

지금도 하나님의 사랑과 용서를 체험한 사람들이 하나님의 사명에 전적으로 순종하여 자원한다. 하나님께서 우리에게 사명을 주시는 방법이 참 다양하시다. 케냐 선교에 일생을 헌신한 한 선교사님의 얘기를 들은 적이 있다. 어릴 때 가족과 함께 미국으로 이민을 갔는데 어느 날 이웃 집 언니의 손에 이끌려 부흥회에 참석했다. 거기서 하필 언니가 선교사가 되겠다고 서원하며 강대상 앞으로 나갔는데 잡고 있던 언니 손을 놓지 못해서 얼떨결에 같이 딸려 나갔다고 한다. 청년이 된 어느 날 이민자 부흥회에 참석했다가 그 때 그 일이 생각나며 강한 하나님의 부르심을 느끼게 되었다. 그래서 "하나님, 저를 선교사로 보내시려면 성경책을 폈을 때 '두려워 말라 내가 너와 함께 함이라는' 이사야 41장 말씀을 주십시오"라고 기도했다고 한다. 그리고 성경을 딱 폈는데 바로 그 말씀이 딱 나오는 것이었다. 그래서 순종하고 신학교에 들어가 미국인 남편을 만나 케냐 선교사로 헌신하고 있다고 한다. 그가 처음 선교사로 파송 받을 때 크리스천 기자와의 인터뷰에서 "자매는 왜 아프리카와 같이 위험한 곳에 가려느냐"는 말에 이렇게 대답했다고 한다.

"형제님, 하나님의 뜻이 아닌 곳이 세상에서 가장 위험한 곳입니다."

우리가 하나님을 위해 헌신의 길을 가겠다는 결단과 마음이 있다면 하나님이 선한 목자가 되셔서 안전한 길로 인도해 주신다. 하나님 없이 가는 우리의 길이 제일 위태롭고 험난한 길임을 믿고 오직 하나님의 뜻을 따라 살아가는 우리가 되어야 한다. 이렇게 이사야 선지자는 자원하여 이스라엘 민족에게 보냄을 받았다.

이스라엘 백성들은 그러나 끊임없이 선지자를 보내 악을 버리고 하나님께 돌아오라 촉구하는 음성을 귀담아 순종하지 않고 불순종하다 멸망하고 만다. 11절의 말씀대로 강대국에 나라를 뺏기고 죽고 남은 자들은 먼 나라에 포로로 잡혀가는 신세가 되고 말았던 것이다. 그러나 그 가운데도 우리에게 소망이 있는 것은 13절의 말씀이다. 나무가 잘리고 남은 그루터기다. 납작하게 남아 있는 그루터기는 단단하게 밟혀져 나무로서의 생명이 끝난 것처럼 보인다. 그러나 이 그루터기에서 다시 싹이 날 것이라는 소망의 메지지가 하나님이 이사야를 통해 주시는 말씀이다. 전문 용어로 그루터기에서 자라 나온 싹을 맹아라고 말하는데 산불에 모든 나무가 타 죽은 다음이나 벌목 다음에 싹이 나 다시 숲을 이룬 것을 맹아림이라고 한다. 나무에 있는 대단한 재생의 생명력이다. 그런데 모든 나무가 다 맹아림을 이룰 수 있는 것은 아니라고 한다. 굴참나무, 신갈나무 같은 참나무과 식물들이 죽은 그루터기에서 강인한 새싹을 틔운다고 한다. 13절을 보면 "밤나무와 상수리나무가 베임을 당하여도 그 그루터기는 남아 있는 것 같이 거룩한 씨가 이 땅의 그루터기니라"(사 6:13)고 한다

밤나무와 상수리나무 둘 다 참나무과에 속한다. 대충이 없는 정확한 하나님의 말씀이다. 하나님을 싫어하고 불순종한 이스라엘은 파멸되어 포로로 끌려가고 밑둥만 남은 그루터기가 되었다. 그러나 그 그루터기에서 싹을 틔우는 거룩

한 씨가 있다고 13절에 말씀한다. 우리 인생이 때로 그루터기처럼 남은 것이 없어 보이지만 고목 같은 우리 인생에 새순을 키워 줄 거룩한 씨가 있다. 이 거룩한 씨는 우리에게 새 생명을 주신 우리 주 예수님이시다.

● 오늘의 말씀에 대한 나의 묵상 ●

오늘의 본문 성경을 읽으시고 깨달은 점이나 기억하고 싶은 점 혹은 기도문을 기록합니다.

사 7장~9장

1. 서로 다른 숫자들

이사야 선지자의 글은 구약의 복음서라 불리우리만큼 그 안에 예수 그리스도에 대한 예언이 풍부하다. 그 중 이사야 7:14 "그러므로 주께서 친히 징조를 너희에게 주실 것이라 보라 처녀가 잉태하여 아들을 낳을 것이요 그의 이름을 임마누엘이라 하리라"라고 선명하게 처녀를 통하여 임마누엘 메시아가 이 세상에 오실 것이 예언되어 있다. 아멘.

마태는 이사야 선지자의 이 예언의 글을 기억하여 마리아가 성령의 능력으로 예수를 잉태한 것은 선지자 이사야의 글의 말씀이 이루어 진 것이라고 구약을 잘 알고 있는 유대인들을 향해 분명하게 증거하였다(마 1:23).

그런데 기독교 장로회 측의 어떤 목사는 여기 이사야 7:14의 이사야 선지자의 예언은 처녀 잉태설을 뒷받침하는 구절이 아니라고 인터넷 글에 주장하고 있다. 이사야 7:14에 나타난 '처녀'란 히브리어 단어가 '젊은 여자'를 뜻하는 단어이지 남자를 알지 못하는 처녀라는 뜻이 아니라는 것이다. 그래서 마태가 인용한 마태복음 1:23도 마태가 실수하여 잘못 인용하고 있다는 망언을 하고 있다.

최근 아프리카를 방문하여 필자와 함께 목회자 세미나를 인도한 독일의 루디거 목사가 우리에게 눈물을 흘리면서 비통하게 호소한 간증이 있다. 그것은 백 년 전까지만 하더라도 독일 교회가 강건하여 아프리카에 선교사들을 무수히 파견하고 힘있게 복음을 전하였는데 백 년 전에 자유주의 신학이 등장하여 성경을 문학적으로, 인간의 말로 접근하기 시작하면서 독일 교회의 부흥의 불길이 사그라져 버렸다는 것이다.

나는 인터넷에서 소위 기독교 장로회 총회 홈피라고 하는 곳에서 버젓이 이 사야 7:14의 임마누엘 예언을 부인하는 글을 읽으며 소름이 끼쳤다. 감히 주 예수께서 세우신 12사도의 한 분이신 마태의 인용을 실수라고 하며 자신의 알량한 히브리어 실력에 의존하여 사도 마태의 권위를 무시한다는 것이 말이 되는가? 마태는 하나님의 아들 예수 그리스도에게 직접 사도로 부르심을 받았고 신약 성경의 첫 번째 책을 성령의 감동으로 써서 유대인들과 우리들에게 자신이 목격한 예수 그리스도를 전하고 있다. 설사 히브리어 단어로 처녀가 아니라 젊은 여자라고 하더라도 젊은 여자가 잉태하여 아들을 낳을 것이요 그 이름을 임마누엘(하나님이 우리와 함께 하신다)이라 할 것이라는 예언은 동정녀 마리아를 통해 예수님이 오신 그 역사적 사실을 정확하게 예언한 말씀이라고 나는 믿는다.

이토록 우리의 신앙에는 신학적 바탕이 중요하다. 자유주의 신학에 물들면 성경을 하나님의 말씀으로 믿지 아니하고 인간의 지식으로 분석하고 해부하여 이단에 빠지기 쉽고 타락하기 쉽다. 우리는 두렵고 떨리는 마음으로 하나님 중심, 성경 중심, 교회 중심의 신앙의 기본을 분명히 해야 한다. 아멘.

● 오늘의 말씀에 대한 나의 묵상 ●

오늘의 본문 성경을 읽으시고 깨달은 점이나 기억하고 싶은 점 혹은 기도문을 기록합니다.

....

....

....

....

....

....

....

....

....

....

사 10장~12장

1. 장차 이루어 질 주님의 왕국(사 11장)

"그 때에 이리가 어린 양과 함께 살며 표범이 어린 염소와 함께 누우며 송아지와 어린 사자와 살진 짐승이 함께 있어 어린 아이에게 끌리며 암소와 곰이 함께 먹으며 그것들의 새끼가 함께 엎드리며 사자가 소처럼 풀을 먹을 것이며 젖 먹는 아이가 독사의 구멍에서 장난하며 젖 뗀 어린 아이가 독사의 굴에 손을 넣을 것이라 내 거룩한 산 모든 곳에서 해 됨도 없고 상함도 없을 것이니 이는 물이 바다를 덮음 같이 여호와를 아는 지식이 세상에 충만할 것임이니라 그 날에 이새의 뿌리에서 한 싹이 나서 만민의 기치로 설 것이요 열방이 그에게로 돌아오리니 그가 거한 곳이 영화로우리라" 사 11:6~10

이사야 7장~10장에는 북 이스라엘과 남 유다의 멸망에 관한 암울한 예언이 나온다. 그러나 바로 이어서 11장에서 메시아 왕국의 도래에 관한 말씀을 전한다. 메시아가 이 땅에 와서 메시야 왕국이 펼쳐지면 어떤 현상이 생기는가?

1) 평화가 임한다

메시아 왕국이 도래하면 모든 피조물들이 더불어 사는 평화로운 세상이 된다(6~8절). 그때는 사자가 소처럼 풀을 먹으면서 육식동물이 초식동물이 된다. 상생과 공존은 주님의 꿈이고 수많은 믿음의 선진들의 꿈이었다. 강자와 약자가 서로 어울리는 평화로운 세상을 이루기가 쉽지는 않지만 그래도 늘 그런 세상을 꿈꿔야 한다. 강자의 사명은 약자를 돌보는 것이다. 성도는 하나님이 주신 힘과 능력과 물질과 권세를 거룩한 꿈과 비전을 위해 사용하고 누군가의 눈물을 닦아주는데 사용하려고 해야 한다.

지금 많은 사람들은 힘이 있고 돈이 있는 사람들이 세상을 어둡게 만든다고 생각한다. 그러나 사람 나름이다. 힘을 남용하지 않고 비교적 잘 사용하는 사람도 많다. 성도는 힘을 길러서 잘 사용함으로 힘 있는 사람에 대한 오해와 편견을 풀어주고 소외된 사람들을 품어줄 책임이 있다.

왜 사람들이 극단주의에 빠지는가? 지나친 피해의식 때문이다. 극단주의자들의 맹목적인 증오와 폭력은 역사 및 사회 발전에 도움이 되지 못한다. 극단주의로 치닫는 것은 말세의 징조 중 하나다. 언젠가 예수님이 재림하시면 극단주의가 끝나고 극적인 평화가 찾아올 것이다. 그러나 예수의 제자 된 우리들은 예수님의 재림으로 이뤄질 평화를 수동적으로 기다리지 말고 자기 삶의 현장에서 예수님을 모시고 힘써 평화를 만들어가며 살아야 한다.

2) 여호와를 아는 지식이 충만해진다

메시아가 오시고 여호와의 영광이 나타날 때 여호와를 아는 지식이 세상에 충만하게 된다(9절). 참된 믿음은 참된 진리를 바탕으로 한다. 진리란 영원한 지식을 뜻한다. 무속신앙과 기복주의에는 진리가 없기에 지식을 경시하고 정성만 중시한다. 그러나 정성을 드리는 대상이 어떤 분인지를 바르게 알지 못하고 하나님이 아닌 우상 앞에서 정성을 드리면 아무 소용이 없다. 결국 하나님을 아는 지식만큼 하나님을 바르게 믿을 수 있다. 알고 믿는 것은 믿음이지만 모르고 믿는 것은 미신이다.

3) 남은 자가 회복된다

이새의 아들인 다윗의 후손으로 오게 될 메시아가 만민들로부터 높임 받는 메시아 왕국이 도래하면 열방이 주님께 돌아오고 주님의 몸 된 교회도 영광스럽게 될 것이다(10절). 그때에는 전 세계로 흩어진 이스라엘이 다시 회복된다(11~12절). 실제로 1948년에 이스라엘 나라가 바벨론에 의해 유다가 멸망한지 약 2600년 만에, 그리고 로마에 의해 예루살렘이 폐허가 된 약 1900년 만에 기적적으로 다시 세워졌다. '유대인들의 고토 회복'은 예수님의 재림이 가까이 왔다는 암시이고 이제 '유대인들의 신앙 회복'만 이뤄지면 종말 역사는 더욱 급

속히 전개될 것이다.

4) 최종적으로 승리한다

하나님은 구원받은 이스라엘을 돌아오게 하실 때 큰 길을 준비해서 승리의 개선장군처럼 돌아오게 하실 것이다(사 11:15~16). 그 말은 결국 성도는 최종적으로 승리하게 된다는 말씀이다. 거룩한 꿈과 비전을 향해 나갈 때 누구나 고통과 시련을 겪는다. 기다림이 생각보다 오래 지속되기도 한다. 그러나 중요한 사실은 거룩한 꿈과 비전은 무의미한 실패로 끝나지 않는다는 것이다. 바람이 세게 불면 들풀은 잠시 몸을 굽히지만 곧 몸을 일으킨다. 십자가의 길은 어리석고 더딘 길처럼 보이지만 결국은 그 길이 승리하는 길이다.

세상 소망은 시간이 지나면서 약해진다. 꽃은 피어난 후 곧 시든다. 젊음과 물질과 명예와 권세는 조만간 한 여름 밤의 꿈처럼 허망하게 사라진다. 돈이 좋긴 하지만 돈을 믿었다가 돈에게 배신당한 경험도 얼마나 많은가? 오직 예수님을 소망으로 삼고 찬란한 꿈과 비전을 가지고 나가자. 아멘.

● 오늘의 말씀에 대한 나의 묵상 ●

오늘의 본문 성경을 읽으시고 깨달은 점이나 기억하고 싶은 점 혹은 기도문을 기록합니다.

사 13장~16장

● 묵상 자료 ●

1. 아침의 아들 계명성(사 14:12~17)

하나님은 모든 권세 위에 뛰어나신 주권자이시다. 따라서 누구든 그의 면전에서 교만하게 구는 자들은 단호히 엄벌하신다. 그 누구도 하나님 앞에서 교만해서 좋을 사람은 없다. 우리는 개인뿐 아니라 권력이나 막강한 군사력을 가지고 남에게 횡포를 부리는 강대국들도 경계해야 한다. 이스라엘과 열방을 가릴 것 없이 역사를 통해 교만을 나타냈던 나라들은 다 멸망했고 스올에 떨어졌다.

"네가 네 마음에 이르기를 내가 하늘에 올라 하나님의 뭇 별 위에 내 자리를 높이리라 내가 북극 집회의 산 위에 앉으리라" 사 14:13

〈계명성〉은 아침에 가장 빛나는 샛별 즉, 금성을 말한다. 이 별은 아프리카에서도 선명하게 볼 수 있다. 그런데 성경은 이 별을 "루시퍼"라 하여 타락한 천사인 사탄을 상징하는 별로 명명한다. 사탄은 그 어떤 별보다 아름답고 또 밝게 빛난다. 지혜롭고 강하다. 루시퍼는 본래 많은 것을 가진 유능한 천사장이었다. 그런데 교만에 빠지고 말았다. 루시퍼가 자기의 자리를 "뭇 별 위에 높이겠다"고 한 것은 모든 천사들 위에 군림하겠다는 노골적인 교만을 드러낸 것이다. "북극 집회의 산 위에" 앉겠다는 것도 인간 세상까지도 자기가 지배하겠다는 야욕을 과시한 것이다. 이것은 자기의 분수와 지위를 망각하고 하나님의 권위와 주권에 도전하는 어리석음을 범한 것이다.

바벨론의 느브갓네살 왕 역시도 인간 이상의 존재가 되고자 했을 때 사탄의 먹잇감이 되고 말았다(단 4:30). 자만과 교만이 천사를 사탄으로 타락시킨 주범이다. 사탄은 인류의 조상인 아담과 하와도 그렇게 하나님처럼 되라는 교만한 유혹으로 타락에 이르게 했다.

"가장 높은 구름에 올라가 지극히 높은 이와 같아지리라 하는도다" 사 14:14

일개 천사장이 "아침의 아들 계명성"처럼 빛남을 뽐내며 온갖 교만한 허영을 다 부리더니 결국은 "지극히 높은 이와 같아지겠다"고 벼른다. 이처럼 사탄은 언제나 하나님을 대적하고 하나님의 영광에 도전하여 자신이 그 하나님의 자리를 차지하고자 한다. 그래서 하나님이 루시퍼를 응징하사 하늘에서 추방하신 것이다.

"이제 네가 스올 곧 구덩이 맨 밑에 떨어짐을 당하리로다" 사 14:15

사탄과 그 졸개들인 귀신들, 그리고 그의 하수인들인 각종 우상 종교들과 적그리스도들은 모두 지옥의 가장 깊은 구덩이에 떨어지게 된다.

그러나 우리 주 예수님은 하나님의 본체셨음에도 하나님과 동등됨을 취하지 아니하시고 자신을 낮추어 종의 형체를 가지셨다. 그래서 하나님이 그를 지극히 높여 하늘과 땅과 땅 아래 있는 모든 존재로 하여금 예수님 앞에 무릎을 꿇게 하신 것이다. 교만한 자는 낮추시고 겸손한 자는 높이신다는 하나님의 말씀이야말로 만고불변의 진리이다. 아멘. 아멘..

● 오늘의 말씀에 대한 나의 묵상 ●

오늘의 본문 성경을 읽으시고 깨달은 점이나 기억하고 싶은 점 혹은 기도문을 기록합니다.

....

....

....

....

....

1년 1독 365일 성경통독, 꿀송이 보약큐티

사 17장~19장

○ 묵상 자료 ○

1. 역사를 주관하시는 하나님(사 17장)

이사야 17장 말씀에는 세상의 많은 민족들과 많은 나라들이 서로 충돌하고 싸우는 모습이 나온다. 그들의 싸우는 모습이 거대한 물결이 밀려오듯이 무섭게 몰려와서 세상을 초토화시켜버린다. 그러나 하나님께서 한 번 꾸짖으면 마치 폭풍 가운데 티끌처럼 날아가 버린다고 했다.

1) 민족들이 서로 소동을 피우고 충돌하여 자웅(雌雄)을 겨룬다 할지라도 그 모두 가소로울 뿐임을 알아야 한다(사 17:12)

"슬프다 많은 민족이 소동하였으되 바다 파도가 치는 소리 같이 그들이 소동하였고 열방이 충돌하였으되 큰 물이 몰려옴 같이 그들도 충돌하였도다"(사 17:12) 하는 말씀에서 말하는 것은 국가적 충돌만이 아니다. 지금도 세상에서는 각 정권, 각 정파, 각 단체, 각 종파...등등 인간들이 모인 곳에서는 항상 헤게모니 쟁탈전이 치열하다. 일본이라는 나라도 마찬가지다. 그들은 자식들에게 남에게 피해를 주면 안되다고 가르치면서도 수많은 이웃 나라 사람들을 죽이고 엄청난 피해를 입혔다. 그럼에도 불구하고 진정한 사과 한 번 제대로 하지 않고 얼마전에는 경제보복 조치를 취해 한국을 압박하고 있다. 이는 모두 어리석은 짓들이다. 하나님께서 한심하게 보시는 행동들이다.

2) 하나님이 한 번 꾸짖으면 그들은 전부 바람의 겨처럼 날아가 버린다는 것을 알아야 한다(사 17:13)

13절을 보면 "열방이 충돌하기를 많은 물의 몰려옴과 같이 하나 주께서 그들을 꾸짖으시리니 그들이 멀리 도망함이 산에 겨가 바람 앞에 흩어짐 같겠고 폭풍 앞에 떠도는 티끌 같을 것이라"고 했다. 그들이 하나님의 꾸짖음에 도망하는 모습은 "산에서 겨가 바람 앞에 흩어짐 같겠고 폭풍 앞에 떠도는 티끌 같을 것이라"고 했다. 우리는 이사야 40:15 말씀을 반드시 기억해야 한다.

"보라 그에게는 열방이 통의 한 방울 물과 같고 저울의 작은 티끌 같으며 섬들은 떠오르는 먼지 같으리니"

세상의 모든 나라들은 하나님 앞에서 '툭' 치면 산산이 부서져서 사라질 물 한 방울, '훅' 불면 날아가서 없어질 작은 티끌 같은 존재들이라는 것이다. 그들은 아침이 오기 전에 없어져 버릴 것이다. 이사야 17:14 상반절에는 "보라 저녁에 두려움을 당하고 아침이 오기 전에 그들이 없어졌나니"라고 했다. 하나님께서 꾸짖으면 하루아침에 사라져서 없어질 것이다.

3) 역사 속에서 노략과 강탈을 일삼는 자들은 반드시 자기 보응을 받게 된다는 것을 기억해야 한다(사 17:14)

"이는 우리를 노략한 자들의 몫이요 우리를 강탈한 자들의 보응이니라"

이것은 역사 속에서 악행을 저지른 사람을 반드시 하나님께서 심판하신다는 말씀이다. 일본인들은 일제 36년 동안 우리나라를 지배하며 엄청난 인권유린과 자유를 빼앗아 갔다. 하나님께서는 남을 해치고 짓밟고 빼앗는 사람을 반드시 꾸짖는다는 것을 기억해야 한다. 우리는 세상을 짓밟는 자가 아니라 세우는 자가 되어야 하며, 사람들에게 상처 주는 자가 아니라 치료하는 자가 되어야 하며, 세상을 황폐하게 만드는 자가 아니라 아름답게 가꾸는 자들이 되어야 한다.

"오! 주님. 우리 대한민국을 기억하여 주옵소서." 아멘.

오늘의 본문 성경을 읽으시고 깨달은 점이나 기억하고 싶은 점 혹은 기도문을 기록합니다.

7월 22일

1년 1독 365일 성경통독, 꿀송이 보약큐티
사 20장~22장

●━ 묵상 자료 ━●

1. 파수꾼이여, 밤이 어떻게 되었느냐?

"두마에 관한 경고라 사람이 세일에서 나를 부르되 파수꾼이여 밤이 어떻게 되었
는냐 파수꾼이 이르되 아침이 오나니 밤도 오리라. 네가 물으려거든 물으라 너희
는 돌아 올지니라 하더라" 사 21:11~12

이사야 선지자는 21장에서 바벨론의 멸망을 예언한다. 이 세상에 영원한 제
국은 없다. 영원한 권세도 없다. 그야말로 화무십일홍이요, 권불십년이다. 10일
이상 피는 꽃이 없고 10년 이상 가는 권세가 없는 것이다. 그러나 오직 하나님
의 나라와 그의 권세는 무궁하다. 이스라엘 주변 국가의 흥망성쇠를 차례로 예
언하던 이사야 선지자는 바벨론의 패망을 예언한 후 이제는 화살을 돌려 두마
를 향해 경고하는 것이 본문이다.

두마를 언급하는 바로 다음에 세일이란 지명이 나오는 것을 보면 에돔 족속
들을 향한 예언임을 알 수 있고 두마는 에돔을 지칭하는 표현으로 이해할 수 있
다. 에돔 사람이 자기 나라를 파수하는 파수꾼에게 묻는다.

"밤이 어떻게 되었느냐?"
"아침이 곧 오지만 밤도 올 것이라."

라고 파수꾼은 답한다.

자기 민족의 상황을 묻는 질문에 파수꾼은 곧 밝은 아침이 오지만 머지않아

밤 같은 패망의 날이 임할 것이니 안심하지 말고 회개하고 돌아오라고 경고하는 것이다.

우리 성도들도 종종 이 질문을 던져야 한다.

"파수꾼이여 밤이 어떻게 되었느냐?"

내 영혼이 어떤 상태이며 또한 우리 나라가 어느 지경에 있으며 한국 교회의 현주소가 어떠한지 우리는 깨어 있는 자들에게 물어야 한다.

작금의 조국은 세계적 팬데믹 사태까지 터져 더욱더 위기감을 느끼게 한다. 그러나 우리 대한민국은 특별한 하나님의 사랑과 보호하심 가운데 여기까지 생존해 온 나라다. 36년의 일제 지배를 견뎌내고 독립하였으며 동족 상잔의 비극을 딛고 잿더미에서 일어난 특별한 민족이다. 하나님이 보우하사 세계가 놀라는 경제성장과 세계선교를 펼치고 있는 나라이다. IMF의 위기도 온 백성이 허리띠를 졸라메고 극복한 저력 있는 나라이다.

우리가 이 위기를 잘 견뎌내기만 하면 오히려 화가 변하여 복이 될 것이다. 하나님이 우리 나라를 지켜 주시면 일본이건 중국이건 북한이건 두려울 것이 없을 것이다.

기도

"오! 주님. 우리를 불쌍히 여겨 주시고 그 권능의 팔로 보호하여 주소서. 이스라엘을 애굽에서 이끄신 그 능력으로 우리를 지켜 주소서. 예수님의 이름으로 기도합니다." 아멘.

● 오늘의 말씀에 대한 나의 묵상 ●

오늘의 본문 성경을 읽으시고 깨달은 점이나 기억하고 싶은 점 혹은 기도문을 기록합니다.

....

....

1년 1독 365일 성경통독, 꿀송이 보약큐티
사 23장~25장

● 묵상 자료 ●

1. 하나님이 준비하실 잔치(사 25장)

이사야 24장~27장은 구약의 묵시록으로 알려져 있다. 주변 나라들의 흥망성쇠를 차례로 예언하던 이사야 선지자는 이제 우주적 심판과 종말을 선포한다. 이사야 25:2을 보면, 하나님께서는 그 모든 것들을 무너지게 하신다는 것이다. 또 "외인의 궁성이 성읍이 되지 못하게 하신다"고 했는데, 외인이란 악한 이방인, 즉 하나님의 백성들의 땅을 침략했던 주변의 강한 나라들인 앗수르, 바벨론 등을 말한다. 하나님께서는 이런 나라들의 성읍이 무너질 것을 말씀하시는 것이다.

그들의 성읍이 무너진 결과가 무엇인가? 스스로 강하다고 자부하던 교만한 나라들이 하나님 앞에 굴복하게 되는 것이다. 이사야 25:4~5을 보자.

"주는 포학자의 기세가 성벽을 치는 폭풍과 같을 때에 빈궁한 자의 요새이시며 환난 당한 가난한 자의 요새이시며 폭풍 중의 피난처시며 폭양을 피하는 그늘이 되셨사오니 마른 땅에 폭양을 제함 같이 주께서 이방인의 소란을 그치게 하시며 폭양을 구름으로 가림 같이 포학한 자의 노래를 낮추시리이다" 아멘.

여기 "빈궁한 자"와 "가난한 자"란 약자들을 의미한다. 약자들은 비굴하지만 어쩔 수 없이 강자들에게 의지해서 그들의 자비를 구걸하면서 산다. 그게 세상이다. 그런데 이제 그들은 더 이상 세상의 강자들에게 매달려 살지 않아도 된다. 하나님께서 그들에게 피난처가 되시기 때문이다. 하나님께서는 포학자의 기세가 폭풍 같을 때 빈궁한 자의 요새가 되시는 것이다. 폭풍 중의 피난처이며, 폭양을 피하는 그늘이 되신다.

그리고 본문은 하나님께서 약자들을 위해 잔치를 여신다고 말씀함으로 절정에 이른다. 파티는 가난하고 빈궁한 자들에게는 그림의 떡이다. 이런 것들은 그야말로 강자들의 것이다. 그러나 이사야 25:6~8은 하나님의 잔치를 우리에게 보여준다.

"만군의 여호와께서 이 산에서 만민을 위하여 기름진 것과 오래 저장하였던 포도주로 연회를 베푸시리니 곧 골수가 가득한 기름진 것과 오래 저장하였던 맑은 포도주로 하실 것이며 또 이 산에서 모든 민족의 얼굴을 가린 가리개와 열방 위에 덮인 덮개를 제하시며 사망을 영원히 멸하실 것이라 주 여호와께서 모든 얼굴에서 눈물을 씻기시며 자기 백성의 수치를 온 천하에서 제하시리라 여호와께서 이같이 말씀하셨느니라" 아멘.

할렐루야! 예수님께서도 천국을 혼인 잔칫집에 비유하신 적이 있다. 하나님께서는 최고의 메뉴로 상을 차리실 것이다. 그리고 민족들의 얼굴을 가린 가리개와 열방 위에 덮인 덮개 즉, 사람들로 하여금 하나님을 따르지 못하게 방해하던 모든 장애물들을 제거하실 것이다. 그리하여 여호와를 아는 지식이 물이 바다를 덮음 같이 온 세상에 충만하게 하실 것이다. 그리고 약한 자들의 눈물을 닦아주실 것이다. 뿐만 아니라 사망이 멸망되어 사라진다. 그래서 그 잔치는 생명의 잔치가 된다.

그야말로 요한계시록에 예언된 새 예루살렘의 모습 그대로를 구약의 이사야 선지자가 생생하게 예언해 주고 있다. 이 소망이 우리 믿는 자들에게는 남아 있다. 아멘.

오늘의 본문 성경을 읽으시고 깨달은 점이나 기억하고 싶은 점 혹은 기도문을 기록합니다.

사 26장~28장

● 묵상 자료 ●

1. 아름다운 포도원(사 27:1~6)

날랜 뱀 리워야단 곧 꼬불꼬불한 뱀 리워야단(사 27:1)은 하나님께 반역하는 불신 세계를 가리키며 여기서는 구체적으로 앗수르와 바벨론 등의 갈대아 왕국을 뜻한다. 하나님은 견고하고 크고 강한 칼을 가지신 심판주이시다. 따라서 아무리 강하고 날랜 리워야단일지라도 능히 제압하실 수 있다. 보라. 리워야단을 벌하시며 바다에 있는 용을 죽이시리라 (1절)고 하지 않으시는가?

그런데 적대적이며 파괴적인 뱀, 곧 리워야단에 대해서는 이토록 혹독하신 하나님이 당신의 포도원인 교회에 대해서는 무한하신 은혜를 베푸사 기쁨으로 노래 부르게 하신다고 한다(2절).

"나 여호와는 포도원 지기가 됨이여 때때로 물을 주며 밤낮으로 간수하여 아무든 지 이를 해치지 못하게 하리로다" 사 27:3

교회는 분명 하나님의 아름다운 포도원이고 여호와는 포도원 지기이시다. 여호와는 당신의 특별하고도 소중한 포도원인 교회를 많은 수고와 관심으로 돌보신다. 때때로 물을 주며 밤낮으로 간수하여 아무든지 이를 해치지 못하게 지키시므로 교회는 극상품 포도 열매를 맺어 그 하나님을 영화롭게 해야 옳다.

"사람이 내 안에 거하지 아니하면 가지처럼 밖에 버려져 마르나니 사람들이 그것을 모아다가 불에 던져 사르느니라… 너희가 열매를 많이 맺으면 내 아버지께서 영광을 받으실 것이요 너희는 내 제자가 되리라" 요 15:6,8

부디 포도원 지기로 하여금 보람과 기쁨의 노래를 부르게 하자. 풍성한 극상품 포도로 포도원 지기를 영화롭게 하자.

"나는 포도원에 대하여 노함이 없나니 찔레와 가시가 나를 대적하여 싸운다 하자 내가 그것을 밟고 모아 불사르리라" 사 27:4

알곡만을 골라 뿌린 밭에 가라지가 나듯 극상품 포도만을 심고 물을 주며 밤낮으로 관리한 여호와의 포도원에도 심지도 원치도 않은 찔레와 가시가 나서 포도원 지기를 대적하며 힘들게 한다. 그럼에도 포도원 지기는 결코 흥분하거나 노하지 않는다.

"원수가 이렇게 하였구나… 둘다 추수 때까지 함께 자라게 두라 추수 때에 내가 추수꾼들에게 말하기를 가라지는 먼저 거두어 불사르게 단으로 묶고 곡식은 모아 내 곳간에 넣으라 하리라" 마 13:28,30

포도원 지기는 이미 찔레와 가시가 어디서 왔으며 어떻게 처리하고 심판할 것인지에 대한 복안이 다 서 있으시다. 우리가 염려할 필요가 없다. 찔레와 가시를 너무 두려워 말라. 그 처분은 오직 포도원 지기에 맡기면 된다. 지금 포도원 지기가 찔레와 가시를 용납하고 있다면 그것 역시도 다 알곡을 위해서이다.

우리가 지상교회를 섬기다 보면 때로는 찔레와 가시의 시험으로 힘들고 괴로울 때도 많다. 그러나 오늘의 말씀은 우리에게 힘과 위로를 제공한다. 하나님께서 자신의 포도원을 위하여 찔레와 가시를 밟으시고 모아 불에 사르신다고 하시기 때문이다.

그리고 장차 주님이 재림하여 오시면 악한 것들을 다 모아 심판하시고 영원히 자신의 백성들에게 찬송과 영광을 받으실 것이니 이 소망을 가지고 낙심하지 말고 담대하게 전진하는 우리가 되자. 아멘.

오늘의 본문 성경을 읽으시고 깨달은 점이나 기억하고 싶은 점 혹은 기도문을 기록합니다.

7월 25일

1년 1독 365일 성경통독, 꿀송이 보약큐티

사 29장~31장

○ 묵상 자료 ○

1. 어려운 용어들 설명

본문이 포함된 이사야서를 읽다 보면 혹 독자가 어려워할만한 표현이나 용어가 있어 며칠 전 읽은 본문이라도 다시 한번 독해를 돕기 위해 설명을 드린다. 이번 기회에 잘 공부에 두시면 앞으로 이사야서를 읽을 때 두고두고 큰 도움이 될 것이다.

● 환상의 골짜기
이사야 22:1에 나오는 "환상의 골짜기"에 관한 경고는 예루살렘을 향한 경고이다. 그들은 심판 날 바벨론의 침략을 받고 지붕으로 도망가 피해보려 하지만 소용없다. 결국 결박되어 노예로 끌려 간다.

● 엘람 사람, 기르 사람
이사야 22:6에 나오는 이들은 나중 바벨론을 무너뜨리는 메대와 바사 사람들을 말한다.

● 젖 떨어져 품을 떠난 자들
이사야 28:9에 나오는 이 표현은 문맥상 이스라엘 사람들이 선지자의 말을 듣고 회개하기는커녕 우리를 젖을 막 뗀 어린 아이인줄 아는가? 하면서 선지자의 충고를 조롱하는 말이다.

● 경계에 경계를 더하며 경계에 경계를 더하며 교훈에 교훈을 더하며 교훈에
　교훈을 더하되 여기서도 조금 저기서도 조금 하는구나

　이사야 28:10의 이 말이 무슨 뜻이냐 하면, 이스라엘 백성들과 관원들이 술
이 취해 선지자의 말을 조롱하면서 지껄이는 소리다. 선지자가 목이 터져라고
그들의 멸망을 예언하며 경계의 선포를 하는데도 그들은 술에 취해 본문의 표
현같이 조롱조로 지껄였다. 쉽게 말하면 선지자가 너무 말이 많다는 것이다. 똑
같은 말이 이사야 28:13에도 나오는데 여기는 하나님께서 그들의 말을 들으시
고 그들의 표현을 그대로 흉내 내시면서 그들을 심판하시겠다는 말씀이다.

● 아리엘

　이사야 29:1에 있는 이 단어는 '하나님의 사자'라는 뜻으로 그 성의 견고함
을 가리킨다. 반면 '하나님의 화로'라는 뜻으로 쓰일 경우에는 향이 꺼지지 않
는 하나님의 제단이 있는 곳을 가리 킨다. 사 29:7~8은 이것이 예루살렘의 이
름임을 알려주며 하나님의 사자 아리엘은 이스라엘의 불신앙 때문에 적의 침략
을 받을 것임을 경고한다.

● 오늘의 말씀에 대한 나의 묵상 ●

오늘의 본문 성경을 읽으시고 깨달은 점이나 기억하고 싶은 점 혹은 기도문을 기록합니다.

....

....

....

....

....

....

....

....

....

사 32장~34장

● 묵상 자료 ●

1. 지금은 회개하며 주의 은혜를 구할 때이다(사 32장)

이사야는 오늘 본문에서 유다의 어리석은 죄를 계속하여 지적하고 있다. 본문 9절부터 14절까지 표준 새번역 성경으로 한번 읽어 보자.

"안일하게 사는 여인들아, 일어나서 나의 목소리를 들어라. 걱정거리가 없이 사는 딸들아, 내가 하는 말에 귀를 기울여라. 걱정거리가 없이 사는 딸들아, 일 년이 채 되지 못하여 몸서리 칠 일이 생길 것이다. 포도농사가 망하여 거둘 것이 없을 것이다. 안일하게 사는 여인들아, 몸부림쳐라, 걱정거리가 없이 사는 여인들아, 몸서리쳐라. 맨몸이 되도록 옷을 다 벗어 버리고 베로 허리를 둘러라. 밭농사와 포도농사를 망쳤으니, 가슴을 쳐라. 나의 백성이 사는 땅에 가시덤불과 찔레나무가 자랄 것이니, 가슴을 쳐라. 기쁨이 넘치던 모든 집과 흥겨운 소리 그치지 않던 성읍을 기억하고, 가슴을 쳐라. 요새는 파괴되고 붐비던 도성은 텅 비고 망대와 탑이 영원히 돌무더기가 되어서 들나귀들이 즐거이 뛰노는 곳, 양 떼가 풀을 뜯는 곳이 될 것이다" 사 32:9~14

이 본문이 특별히 여인들을 대상으로 말하고 있지만, 이들은 유다 나라 전체의 문제를 대표하고 있다. 이들은 농사를 짓고 추수하는 시기에 당장 눈에 보이는 수확에 만족하고 즐거워했다. 그들에게 의지의 대상은 하나님이 아니었다. 자신들에게 즐거움을 주는 것은 재물이었고 그들의 마음은 하나님에게서 떠나 있었다. 하나님은 선지자 이사야를 통해 유다의 이런 어리석은 죄들을 지적하고 그 죄로 인해 그들이 겪게 될 혹독한 시련을 경고했다. 하지만 그 경고로만 끝나지 않았고 하나님은 그들이 돌아오기를 간절히 바라며 그들에게 회복의 메시지도 전해주셨다. 이사야 32:1이다.

"보라 장차 한 왕이 공의로 통치할 것이요 방백들이 정의로 다스릴 것이며"

하나님은 공의와 정의로 통치할 한 왕, 그리고 그를 중심으로 하는 새로운 정권을 세우실 것을 말씀하셨다. 이 왕은 이후 종교를 개혁하여 바른 신앙을 세운 히스기야나 요시야 왕을 의미한다고 볼 수도 있지만, 궁극적으로 예수 그리스도를 의미한다. 즉, 예수 그리스도의 통치를 통해 궁극적인 회복이 임할 것을 말씀하시는 것이다. 그리고 예수 그리스도의 통치 모습을 3가지 비유로 묘사했다.

첫째, 예수 그리스도의 통치는 '백성들이 광풍과 폭우를 피하는 피난처와 같이 될 것이다'고 말한다. 마치 폭풍을 만난 배가 항구에 들어와 험한 파도로부터 보호를 받으며 안식을 취하는 것처럼 백성들은 그의 통치 아래 보호와 안식을 누리게 될 것을 예언하고 있다.

두 번째, 예수 그리스도의 통치는 '메마른 땅에 흐르는 냇물과 같을 것이다'고 말한다. 물이 흐르는 곳마다 말라붙어 있던 땅에 새로운 생기가 돌고 살아나는 것처럼, 그분의 통치는 강퍅함으로 메말라 있는 모든 사람의 마음에 생기를 줄 것이다.

세 번째, 예수 그리스도의 통치는 '큰 바위 그늘처럼 될 것이다'고 말한다. 그리고 이러한 예수 그리스도의 통치로 인해 이사야 32:3~4은 막혔던 눈, 귀, 마음, 입 등 모든 것이 회복될 것임을 말하고 있다. 그리고 이사야 32:15~20은 예수 그리스도의 통치로 인해 무너진 사회 곳곳이 변화될 것임을 말씀하며 소망의 메시지를 던져주고 있다. 주 예수께서 재림하여 오시면 광풍과 폭우 속에 있는 자들에게, 물이 없어 메말라 있는 자들에게, 쬐는 뙤약볕으로 기진맥진한 자들에게 쉼과 생명의 역사가 일어날 것이다. 아멘.

오늘의 본문 성경을 읽으시고 깨달은 점이나 기억하고 싶은 점 혹은 기도문을 기록합니다.

사 35장~39장

● 묵상 자료 ●

1. 히스기야의 기도

이사야 36장부터 39장까지는 이사야 선지자 당시의 왕이었던 히스기야의 굵직한 스토리가 다시 소개되어 있다. 북쪽 이스라엘을 삼켰던 앗수르의 산헤립 왕이 쳐들어와 유다의 모든 견고한 성들을 쳐서 취하고는 예루살렘을 에워싸고 협박한다. 그는 자신의 휘하 장수 랍사게에게 대군을 주어 예루살렘을 포위하게 하고 유다 방언으로 하나님을 조롱하며 항복을 종용한다. 이 절체절명의 순간에 기도의 사람 히스기야 왕은 굵은 베옷을 입고 하나님의 성전으로 나아가 신하들과 함께 기도하였다. 그는 이사야 선지자에게도 기도를 요청하고 적군이 보낸 협박문을 하나님의 제단 앞에 펼쳐 놓고 다음과 같이 하나님께 아뢰었다.

"그룹 사이에 계신 이스라엘 하나님 만군의 여호와여, 주는 천하 만국에 유일하신 하나님이시라. 주께서 천지를 만드셨나이다. 여호와여 귀를 기울여 들으시옵소서. 여호와여 눈을 뜨고 보시옵소서. 산헤립이 사람을 보내어 살아 계시는 하나님을 훼방한 모든 말을 들으시옵소서. 여호와여 앗수르 왕들이 과연 열국과 그들의 땅을 황폐하게 하였고 그들의 신들을 불에 던졌사오나 그들은 신이 아니라 사람의 손으로 만든 것일 뿐이요, 나무와 돌이라. 그러므로 멸망을 당하였나이다. 우리 하나님 여호와여, 이제 우리를 그의 손에서 구원하사 천하 만국이 주만이 여호와이신 줄을 알게 하옵소서 하니라" 사 37:16-20 아멘.

이 기도가 하나님의 보좌에 상달되었다. 이사야는 사람을 보내어 왕의 기도가 하나님께 상달되어 응답을 받았다고 기별해 주었다. 이사야 37:21에 보면

"네가 앗수르의 산헤립 왕의 일로 내게 기도하였도다"라고 하나님은 말씀하시므로 우리의 기도를 세세히 들으시는 하나님이심을 증거하셨다. 그리고 그 기도에 역사하시어 하나님께서 사자를 보내어 앗수르 군을 치시매 18만 5천 명의 시체가 하루 아침에 들판에 나뒹굴었다. 그들이 조롱하던 하나님에게 그들은 힘 한번 제대로 써 보지 못하고 나가 떨어진 것이다. 그리고 산헤립 왕은 자기 나라에 돌아가 신전에서 우상에게 제사하다가 아들들에게 비참하게 살해당하고 만다. 자신의 힘을 믿고 기고만장 하던 그의 최후가 이토록 어이없이 물거품처럼 사라져 버린 것을 보면 하나님 앞에 우리가 아무것도 아닌 들풀과 같은 존재임을 알게 한다.

그리고 38장부터 히스기야가 병들어 죽게 되었을 때 어떻게 그 죽음의 병에서 기도로 회복되었는지를 기록하고 있다. 그는 병이 깊어 죽을테니 유언을 남기라는 사망 통지를 선지자에게 받았지만 포기하지 않고 이번에도 기도로 나아갔다. 그는 모든 위기의 순간에 기도가 체질화되어 있는 신앙을 가진 자였다. 그는 슬프게 통곡하며 하나님께 자신이 우상들을 치우고 하나님을 기쁘게 했던 과거의 선한 행위를 기억해 달라고 기도했다. 이 기도가 또 하나님을 움직였다. 하나님은 이사야 선지자의 입술을 통해 '내가 네 기도를 들었고 네 눈물을 보았노라'고 하셨다. 그리고 15년의 생명을 더 연장해 주셨다. 히스기야의 이름의 뜻을 아시는가? 그 뜻은 '여호와는 강하시다' 혹은 '여호와는 나의 힘이시다'는 것이다. 히스기야는 약했지만 그가 의지한 하나님은 강하셨다. 우리는 약하지만 우리 하나님은 강하시다. 이 강하신 하나님을 믿고 사는 우리들은 히스기야처럼 '기도'를 통해 그 강하신 하나님을 체험하고 살아야 한다. 우리의 삶은 히스기야처럼 기도가 체질화되어야 한다.

히스기야가 25세에 왕이 되어 15년 동안 선정을 베풀고 종교개혁을 일으키고 다윗의 길로 행하였고 위기의 순간마다 하나님의 보좌를 움직이는 기도로 위기를 돌파하여 그가 15년을 더 살게 되었는데… 문제는 축복 후에 오는 안일함과 교만함이 그의 발목을 잡았다. 그가 15년을 더 살면서 바벨론 왕이 보낸 사절단에게 예루살렘 성전의 모든 기구와 보화를 낱낱이 자랑하며 보여준 것이 이사야 선지자의 책망을 받게 하였다. 그리고 새롭게 생명을 연장받고 난 다음 얻은 아들인 므낫세가 문제의 왕이 되었다. 아버지를 닮지 않은 그의 폭정과 우상숭배는 급기야 유다 멸망의 단초가 되었다.

이런 비극적인 히스기야의 후반기의 생애를 보면서 어떤 사람들은 차라리 병들었을 때에 기도하지 말고 죽었던 것이 오히려 축복이었을 거라고 생각하는 분들도 있다. 그러나 솔로몬이 기도하여 지혜를 얻고 부귀영화를 누렸던 것이 끝까지 좋은 결과로 이어지지 못했다고 해서 그가 응답으로 얻은 지혜나 번영 그 자체가 잘못된 것은 아니다. 히스기야가 15년을 더 살게 된 것은 분명 축복이었다. 문제는 이 축복을 우리가 끝까지 잘 선용하는 것이 중요하다. 혹 우리도 크나큰 응답을 받고 주께서 내 인생에 큰 복을 주실 때에 히스기야의 실수를 반면교사로 삼아 그 교훈을 마음에 꼬옥 새기고 겸손하게 축복을 감당하는 우리가 되어야 하겠다. 아멘.

● 오늘의 말씀에 대한 나의 묵상 ●

오늘의 본문 성경을 읽으시고 깨달은 점이나 기억하고 싶은 점 혹은 기도문을 기록합니다.

....

....

....

....

....

....

....

....

....

● 묵상 자료 ●

1. 두려워하지 말라, 나는 네 하나님이 됨이니라

"두려워하지 말라 내가 너와 함께 함이니라 놀라지 말라 나는 네 하나님이 됨이니라 내가 너를 굳세게 하리라 참으로 너를 도와 주리라 참으로 나의 의로운 오른손으로 너를 붙들리라"(사 41:10) 이 말씀은 꼭 암송해야 한다.

내가 존경하는 미국의 존파이퍼 목사님은 위험이 따르는 새로운 도전을 해야 할 때, 자신이 가장 자주 사용하는 약속의 말씀 중 한 구절이 이사야서 41:10 말씀이라고 했다. 3년 동안 체류하기 위해 독일로 떠나는 날, 그의 부친께서는 멀리서 그에게 전화를 걸어 이 약속의 말씀을 들려주셨다고 한다. 독일에 있는 3년 동안 그는 속으로 500번 정도는 이 말씀을 되뇌면서 엄청난 스트레스를 견뎌냈다고 한다. 항상 이사야 41:10은 그에게 평강을 가져다주었다.

내가 또한 평소에 존경하는 한국 부산의 이삭교회 원로이신 정진섭 목사님은 자신이 신학대학원을 다닐 때 너무나 건강이 안 좋고 경제적으로도 힘들어 학교를 휴학하고 힘들게 지낼 때가 있었다고 한다. 하루는 우울한 기분으로 병원에 치료 차 갔는데 원장님이 성도였는지 병원 벽의 액자 속에 커다랗게 이사야 41:10 성경 구절이 적혀 있었다고 한다.

이 말씀이 눈에 늘어 오자 자신의 마음을 억누르고 있던 모든 어둡고 칙칙한 염려와 근심들이 눈 녹듯이 사라지고 용기가 생겼다고 한다.

이사야 선지자는 성령에 감동되어 이스라엘의 심판과 위로를 동시에 선포했다. 그들의 죄악으로 그들이 비록 포로로 잡혀가지만 그것으로 끝이 아니라는 것이다. 하나님이 도와주시겠다고 하신다. 그의 권능의 오른손으로 붙들어 주시겠다고 다짐하신다. 그래서 주 안에 있는 우리는 두려워할 필요가 없다는 것이다.

나는 근심의 먹구름이 마음에 몰려오면 "주안에 있는 나에게 딴 근심 있으랴"(370장)를 반복해서 부르며 기도한다. 처음에는 물이 무릎에 차는 것처럼 무덤덤 하다. 그래도 계속 반복해서 4절까지 부르면서 "주여~" 부르짖다 보면 어느새 근심은 사라지고 어려움을 대면할 용기가 생긴다. 담대함이 솟아 난다. 그리고는 내 앞길 멀고 험해도 주님을 잘 따라 가게 된다. 문제가 없어지는 것이 아니라 믿음이 생겨 그것을 감당하게 만든다는 것이다.

이렇게 의인은 오직 믿음으로 살아가는 것이다. 믿음으로 구원받은 우리는 그 후로도 계속해서 믿음으로 헤엄 치며 살아 간다. 두려워 말라는 주님의 음성이 우리를 강한 용사로 만드시는 능력의 말씀이다. 아멘.

● 오늘의 말씀에 대한 나의 묵상 ●

오늘의 본문 성경을 읽으시고 깨달은 점이나 기억하고 싶은 점 혹은 기도문을 기록합니다.

....

....

....

....

....

....

....

....

....

....

● 묵상 자료 ●

1. 너는 내 것이라!

"야곱아 너를 창조하신 여호와께서 지금 말씀하시느니라 이스라엘아 너를 지으신 이가 말씀 하시느니라 너는 두려워하지 말라. 내가 너를 구속하였고 내가 너를 지명하여 불렀나니 너는 내 것이라. 네가 물 가운데로 지날 때에 내가 너와 함께 할 것이라 강을 건널 때에 물이 너를 침몰하지 못할 것이며 네가 불 가운데로 지날 때에 타지도 아니할 것이요 불꽃이 너를 사르지도 못하리니 대저 나는 여호와 네 하나님이요, 이스라엘의 거룩한 이요 네 구원자임이라 내가 애굽을 너의 속 량물로 구스와 스바를 너를 대신하여 주었노라 네가 내 눈에 보배롭고 존귀하며 내가 너를 사랑하였은즉 내가 네 대신 사람들을 내어 주며 백성들이 네 생명을 대신하리니 두려워하지 말라 내가 너와 함께 하여 네 자손을 동쪽에서부터 오게 하며 서쪽에서부터 너를 모을 것이며 내가 북쪽에게 이르기를 내 놓으라 남쪽에게 이르기를 가두어 두지 말라 내 아들들을 먼 곳에서 이끌며 내 딸들을 땅 끝에서 오게 하며 내 이름으로 불려지는 모든 자 곧 내가 내 영광을 위하여 창조한 자를 오게 하라 그를 내가 지었고 그를 내가 만들었느니라" 사 43:1~7 아멘.

인생에게 가장 중요한 문제는 창조주 하나님 아버지를 만나 자기 정체성을 찾는 것이다. 과연 나는 누구인가? 우리는 하나님 앞에 보배롭고 존귀한 자라고 성경은 말한다. 우리는 하나님의 소유라고 하신다.

스코틀랜드의 한 숲 속에서 아주 더럽고 지저분한 개가 발견되었다. 몹시 굶주려 있었고 병을 앓고 있었다. 사람들은 '저 개가 뉘 집 개냐'고 쳐다보면서 지나갔다. 한 경찰관이 지나가다가 그 개를 보았더니 목덜미에 이름표가 달려있었다. 그 이름표를 유심히 봤더니 그 이름은 '밥스'라는 개인데 그 밑에 이런 글이 쓰여 있었다. "이 강아지는 왕궁에 속한 강아지입니다." 경찰관은 깜짝 놀랐다. 즉시 강아지를 데리고 가서 목욕을 시켜주고 약을 발라주고 잘 먹여주었다. 그리고 그 강아지를 왕에게 전달해주었다. 국왕 부처가 에든버러에 휴가를 왔다가 강아지를 잃어버렸던 것이다. 얼마나 국왕이 기뻐했는지 모른다. 그 강아지는 바로 국왕의 소유였다. 비록 개라도 아무나 함부로 대할 수 없는 가치가 있었다. 소유주가 누구냐가 중요하다. 나와 당신의 소유주는 누구인가? 우리가 숲 속에 버려져 지저분하고 몹시 굶주려 병까지 앓고 있는 개와 같은 상태라 할지라도 만일 내가 하나님께 속한 자라면 아무도 나를 무시할 수 없다. 나의 주인이 누구인가가 중요하다. "내가 너를 지명하여 불렀나니 너는 내 것이다"라고 주님은 본문에 천명하신다. 나와 여러분의 가슴에는 명찰이 붙어 있다.

"이 사람은 하나님께 속한 하늘의 로얄 패밀리이다!"

누구나 자기 소유에 대해서는 강한 애착을 갖는다. 하나님도 마찬가지이시다. 우리가 하나님의 소유만 되면 아무 걱정할 것이 없다. 하나님이 다 책임 지신다. 세상살이를 하며 때로 피할 수 없는 고난의 물을 만나고 또 불을 만나지만 하나님은 약속하신다.

"네가 물 가운데로 지날 때에 내가 너와 함께 할 것이라. 강을 건널 때에 물이 너를 침몰하지 못할 것이며 네가 불 가운데로 지날 때에 타지도 아니할 것이요 불꽃이 너를 사르지도 못하리니" 사 43:2

나아가 하나님은 애굽을 주고도 나와 바꾸지 않으시고 구스와 스바를 주고도 안 바꾼다고 하신다. 그만큼 하나님은 그의 소유인 나를 소중하게 여기시는 것이다. 성경의 용어 중 "속량(Redemption)"이란 단어는 매우 소중한 말이다. 그것은 노예 시장터에서 물건을 사고 팔 때 쓰이던 용어였다고 한다. 한 부자가 불쌍한 노예 한 사람을 보고 흥정을 한다.

"이 놈 얼마지요?"

"50만 원 입니다."

"40만 원에 깎아 줘요."

"아직도 꽤 쓸만합니다. 45만 원 내고 가져 가슈."

이렇게 흥정하여 45만 원에 그 노예를 산 부자는 놀랍게도 그 자리에서 노예 문서를 찢어 버리고는 너는 이제 자유이니 평안히 자유인의 삶을 살라고 은혜를 베푼다. 바로 그때 사용되는 용어가 "속량(Redemption)"인 것이다. 즉, '일정한 값을 지불하고 사서 자유롭게 해 줌'이라는 뜻이다. 우리가 신앙생활 하면서 이 용어 하나만 제대로 알고 있어도 감격적인 신앙생활을 할 수 있다. 본문 이사야 43장에서는 우리를 애굽을 속량물로 주고 사서 우리를 소유 삼았다고 하지만 신약에서는 애굽과 비교할 수 없이 더 비싼 하나님의 아들의 피를 팔아서 우리를 속량하셨다고 선포한다.

"우리는 그리스도 안에서 그의 은혜의 풍성함을 따라 그의 피로 말미암아 속량 곧 죄사함을 받았느니라" 엡 1:7

우리는 원래 죄 때문에 다 사망의 종이었고 마귀의 노예에 불과 했다. 그러나 하나님의 아들 예수님이 오셔서 노예인 우리를 보시고 불쌍히 여기셔서 심판주에게 이 노예의 속량의 값이 얼마냐고 물어보셨다. 심판주는 돈 가지고는 안 되고 의로운 피가 흘려져야 한다고 하셨다. 그래서 예수님은 우리를 죄와 사망에서 자유케 하시려고 기꺼이 값을 치루셨는데 그것이 바로 십자가에서의 죽으심이다. 그가 채찍에 맞음으로 우리가 나음을 얻고 그가 징계를 받음으로 우리가 평화를 누리는 것이다. 우리가 얼마나 보배롭고 존귀한가 하면 바로 천하보다 더 비싼 예수님의 피 값으로 사서 하나님의 소유가 된 자들이라는 것이다. 우리는 우리 자신의 정체성을 이렇게 바로 정립하고 있어야 한다. 지금 당장 유튜브에 "박종호, 너는 내것이라"라는 찬양을 들으신 후 계속 말씀 공부를 해 보자.

"내 이름으로 불려지는 모든 자, 곧 내가 내 영광을 위하여 창조한 자를 오게 하라 그를 내가 지었고 그를 내가 만들었느니라" 사 43:7

하나님의 소유된 우리는 하나님께 영광을 돌려야 한다. 하나님을 찬송하라고 하나님이 우리를 아들의 보배로운 피로 속량하셨다. 하나님이 나를 지명하여 불렀다고 한다. 이는 나를 가시나무에서 백합화처럼 콕 찍어서 선택하셨다는 것이다. 예루살렘에 희고 아름다운 처녀들이 많은데 게달의 장막같이 검고 촌스러운 나를 그의 신부로 찍으셨다는 것이다. 얼마나 감사한가? 우리는 그 사랑을 도장같이 새기고 그 분의 이름을 깃발처럼 높여 찬양하며 감사하고 살아야 한다. 할렐루야!!

● 오늘의 말씀에 대한 나의 묵상 ●

오늘의 본문 성경을 읽으시고 깨달은 점이나 기억하고 싶은 점 혹은 기도문을 기록합니다.

....

....

....

....

....

....

....

....

....

....

....

....

사 46장~48장

● 묵상 자료 ●

1. 축복과 구원의 하나님 (48:1~13)

이사야는 이사야 48장을 통해 한 가지 진리를 말하고자 한다. 우리의 어리석음과 무지, 완고함과 패역을 하나님께서 미리 알고 계셨음에도 불구하고 기꺼이 우리에게 회복과 구원을 주신다는 사실이다.

우리의 부족한 모습을 하나님께서 너그럽게 받아 주시고 노하기를 더디하시는 이유는 무엇일까? 우리가 하나님의 사랑을 받을만한 존재이기 때문일까? 아니다. 바로 하나님의 이름과 영광을 위해서이다(9절).

'하나님의 이름을 위한다'는 것은 하나님께서 과거에 믿음의 선조들과 맺었던 이스라엘 민족의 축복언약에 대한 성실한 이행을 의미한다. 또한 '하나님의 영광을 위한다'는 것은 사랑의 근원자라는 영예를 의미한다. 이처럼 하나님께서는 악으로 가득한 이스라엘의 삶에 언약 이행과 사랑 실천을 위해 축복으로 다가오시는 분이셨다. 하나님께서는 이스라엘의 고집스러운 불신앙에도 불구하고 그들을 위해서 비밀스러운 새 일을 계획하셨다. 이전에 상상하지 못했던 새롭고 놀라운 일이었다. 바로 고레스 왕을 통해 하나님의 백성이 바벨론 포로 상황에서 이스라엘로 귀환하는 사건이었다.

구원자가 되시는 하나님께서는 하나님의 자녀가 구원받을 수 있도록 길을 마련해 주신다. 구원의 과정에서 우리가 할 수 있는 것은 하나님의 음성을 듣고 순종하는 것뿐이다. 하나님께서 준비해 놓으신대로 바벨론에서 걸어 나오기만 하면 된다.

하나님께서 페르시아의 고레스를 통해 바벨론을 멸망시키고 이스라엘 백성을 구원하신 것처럼, 독생자 예수 그리스도를 통하여 우리를 구원하신다.

구약 당시의 고레스 왕을 살펴보면, 그는 바사(페르시아)제국의 건설자로서 (B.C. 559~529), 키루스 대왕(Cyrus the Great)이라고도 불리었다. 역사가 헤로도토스의 문헌에는 고레스 왕은 생후 즉시 산중에 버려져 이리의 젖으로 자랐다고 한다. B.C. 559년 안산왕이 되었으며, B.C. 550년에는 아스티아게스를 쳐서 메데(메디아)를 멸망시켰고, 성경에 기록된 연대 즉 B.C. 538년에 갈대아(신바벨론)를 쳐서 멸하였다. 바벨론이 멸망하고 바사 제국이 패권을 장악하면서 잡혀 있던 유대의 포로들이 해방되었다.

우리 주 예수 그리스도도 고레스처럼 죄와 지옥의 포로가 되어 있는 우리들을 십자가로 해방시키시는 분이시다. 아멘.

● 오늘의 말씀에 대한 나의 묵상 ●

오늘의 본문 성경을 읽으시고 깨달은 점이나 기억하고 싶은 점 혹은 기도문을 기록합니다.

....

....

....

....

....

....

....

....

....

....

....

....

....

1년 1독365일 성경통독, 꿀송이 보약큐티

사 49장~51장

● 묵상 자료 ●

1. 이사야가 예언하는 예수 그리스도(사 49장)

구약의 복음서라 불리우는 이사야서는 전 장에 걸쳐 그리스도가 선명하게 예언되어 있다. 그 중 이사야 49장에는 여호와의 종의 모습으로 예수님이 등장한다. 그분은 원수를 정복하고 열방에 구원을 베풀기 위한 하나님의 무기이시다. 또한 주님은 이스라엘이 실패한 일, 즉 하나님의 구원을 온 세상에 알리는 일을 온전히 성취하시는 분이시다. 주님은 이방인들을 하나님께 인도하는 빛이시고(사 49:6), 하나님이 열조에게 하신 약속들을 성취하시는 하나님의 언약이시다(사 49:8).

또한 이스라엘의 포로에서의 귀환은 메시아가 오실 때 이루어질 구원받은 백성들의 영원한 자유와 회복의 그림자이다.

"주 여호와가 이같이 이르노라 내가 뭇 나라를 향하여 나의 손을 들고 민족들을 향하여 나의 기치를 세울 것이라" 사 49:22

우리가 신앙생활 하다 보면 가끔 정말 하나님이 나를 돌보시고 계시는가 의심이 들 때도 있을 것이다. 그러나 이사야 선지자의 입술을 통하여 하나님은 말씀하신다.

"여인이 어찌 그 젖 먹는 자식을 잊겠으며 자기 태에서 난 아들을 긍휼히 여기지 않겠느냐 그들은 혹시 잊을지라도 나는 너를 잊지 아니할 것이라 내가 너를 내 손바닥에 새겼고 너의 성벽이 항상 내 앞에 있나니…" 사 49:15~16

어머니는 끔찍이도 자식을 아끼고 사랑한다. 잠을 자는 동안에도 아기의 칭얼대는 소리를 듣고 일어나 젖을 먹인다. 기저귀를 갈아주고 위험한 것을 주변에서 치워 준다. 그리고는 아기를 안고 예뻐서 자꾸 볼을 비비며 뽀뽀를 한다. 육신의 엄마도 이와 같을진대 하물며 하늘의 하나님은 얼마나 그 백성을 사랑하시고 챙기시겠는가? 그러므로 우리는 어려운 인생길을 걸어갈 때에도 욥이 했던 신앙고백처럼 담대해야 한다.

"나의 가는 길을 오직 그가 아시나니 그가 나를 단련하신 후에는 내가 정금같이 나오리라" 욥 23:10 아멘.

이사야 선지자는 장차 오실 예수님을 반복해서 선명하게 예언하고 있다. 동정녀를 통해서 오실 것과 만민에게 구원의 반석이 되어 구원을 베푸실 것과 영원한 천년왕국의 왕으로 오실 것까지 말씀하고 있다. 성경을 읽으면 읽을수록 예수님이 우리의 구원자이심을 확실히 알게 된다. 아멘.

● 오늘의 말씀에 대한 나의 묵상 ●

오늘의 본문 성경을 읽으시고 깨달은 점이나 기억하고 싶은 점 혹은 기도문을 기록합니다.

1년 1독 365일 성경통독, 꿀송이 보약큐티

사 52장~54장

● 묵상 자료 ●

1. 이사야 53장의 놀라운 복음

이사야 53장은 '고난 받는 종'에 대한 기록이다. 여기에 예수 그리스도의 십자가 죽음과 부활이 완벽하게 예언돼 있다. 설교의 '황태자'로 불리는 찰스 스펄전 목사는 이사야 53장을 성경의 '지성소'라고 불렀고 복음의 핵심이 가장 잘 농축돼 있다고 강조했다. 종교개혁자 마르틴 루터는 기독교인이라면 이사야 52:13부터 53:12을 모두 암송해야 한다고 했다.

이사야 53장은 고난주일이나 성탄절 설교에서 단골 본문으로 등장한다. 이 성경은 복음을 믿지 않는 세대를 향한 외침이 담겨 있다. 예수 그리스도는 세계 4대 성인 중 한 분으로 그쳐서는 안 된다. 세상은 그분을 통해 창조되고 타락한 인류는 그분을 통해 구속되며 창조의 목적은 그분을 향해 완성된다. 이 악한 시대의 풍조와 유혹으로부터 우리를 지켜 줄 수 있는 것은 오직 하나, 예수 그리스도의 십자가를 통해 드러난 하나님의 사랑을 알고 믿고 누리는 것이다. 이런 의미에서 이사야 53장은 그리스도가 누구이신지, 세상에서 그분이 어떤 대우를 받으실 것이며 또한 어떻게 대속을 성취하실 것인지 우리에게 구체적으로 보여주고 있다.

이사야서의 예언을 믿지 않으려는 현대 비평가들이 있다. 신학계 일부에서는 예언이 하도 정확해 저자가 한 명이 아니라 수 세기에 걸쳐 세 명 이상 존재했을 거란 주장이 있었다. 하지만 1947년 사해사본 발견으로 이들 비평가들은 심각한 타격을 입었다. 사해사본이 이전 사본보다 무려 1000년 이상 앞선 것으로 판명됐고 그 형식과 내용도 오늘의 성경과 다르지 않다는 것이 확인되면서 이사야서는 한 명의 저자가 쓴, 한 권의 책으로 증명됐기 때문이다.

믿지 않기로 철저하게 작정하지 않는 이상 이사야 53장을 공부하면서 복음을 떠올리지 않는 것은 불가능하다. 이사야 53장에는 우리의 죄를 대속하기 위한 그리스도의 희생이 가장 잘 기술돼 있다.

"그가 찔림은 우리의 허물을 인함이요 그가 상함은 우리의 죄악을 인함이라 그가 징계를 받음으로 우리가 평화를 누리고 그가 채찍에 맞음으로 우리가 나음을 입었도다 우리는 다 양 같아서 그릇 행하며 각기 제 길로 갔거늘 여호와께서는 우리 무리의 죄악을 그에게 담당시키셨도다 그가 곤욕을 당하여 괴로울 때에도 그 입을 열지 아니하였음이여 마치 도수장으로 끌려가는 어린 양과 털 깎는 자 앞에 잠잠한 양 같이 그 입을 열지 아니하였도다 그가 곤욕과 심문을 당하고 끌려 갔으니 그 세대중에 누가 생각 하기를 그가 산 자의 땅에서 끊어짐은 마땅히 형벌 받을 내 백성의 허물을 인함이라 하였으리요 그는 강포를 행치 아니하였고 그 입에 궤사가 없었으나 그 무덤이 악인과 함께 되었으며 그 묘실이 부자와 함께 되었도다 여호와께서 그로 상함을 받게 하시기를 원하사 질고를 당케 하셨은즉 그 영혼을 속건제물로 드리기에 이르면 그가 그 씨를 보게 되며 그 날은 길 것이요 또 그의 손으로 여호와의 뜻을 성취하리로다 가라사대 그가 자기 영혼의 수고한 것을 보고 만족히 여길 것이라 나의 의로운 종이 자기 지식으로 많은 사람을 의롭게 하며 또 그들의 죄악을 친히 담당하리라 이러므로 내가 그로 존귀한 자와 함께 분깃을 얻게 하며 강한 자와 함께 탈취한 것을 나누게 하리니 이는 그가 자기 영혼을 버려 사망에 이르게 하며 범죄자 중 하나로 헤아림을 입었음이라 그러나 실상은 그가 많은 사람의 죄를 지며 범죄자를 위하여 기도하였느니라 하시니라" 사 53:5~12
아멘. 아멘.

오늘의 본문 성경을 읽으시고 깨달은 점이나 기억하고 싶은 점 혹은 기도문을 기록합니다.

8월 2일

1년 1독 365일 성경통독, 꿀송이 보약큐티

사 55장~57장

● 묵상 자료 ●

1. 지금 알고 있는 걸 그때도 알았더라면

"지금 알고 있는 걸 그때도 알았더라면 내 가슴이 말하는 것에 더 자주 귀 기울였으리라.

더 즐겁게 살고, 덜 고민했으리라.

금방 학교를 졸업하고 머지 않아 직업을 가져야 한다는 걸 깨달았으리라. 아니, 그런 것들은 잊어 버렸으리라. 다른 사람들이 나에 대해 말하는 것에는 신경 쓰지 않았으리라…(중략)

사랑에 더 열중하고 그 결말에 대해선 덜 걱정했으리라. 설령 그것이 실패로 끝난다 해도 더 좋은 어떤 것이 기다리고 있음을 믿었으리라…

더 많은 용기를 가졌으리라. 모든 사람에게서 좋은 면을 발견하고 그것들을 그들과 함께 나눴으리라.

지금 알고 있는 걸 그때도 알았더라면…

나는 분명코 춤추는 법을 배웠으리라……"

위 시는 류시화 시인이 번역하여 알려진 외국시이다. 이 시가 마음에 와 닿는 것은 우리가 살다가 후에 알게 되는 것을 과거의 어떤 시점에서는 알 수 없기에 많은 것을 잃고, 후회하곤 하는 모든 사람들의 마음을 대변해주고 있기 때문이다. 우리가 현재 일어나고 있는 일들의 결말을 앞당겨 알 수 있다면 얼마나 좋겠는가? 그러나 현실에서 우리는 현재 진행되고 있는 일들이 어떻게 풀려갈지 알 수 없다. 우리들의 생각과 하나님의 생각은 다르며, 우리의 길과 하나님의 길은 다르기 때문이다. 하나님을 섬겼던 이스라엘 백성들도 우리들처럼.

"지금 알고 있는 걸 그때도 알았더라면" 했던 순간들이 많았다. 결과를 알았더라면, 자신들의 생각과 길을 그렇게 고집하지 않았을 것이다.

이사야 55:3에, "너희는 귀를 기울이고 내게로 나아와 들으라" 말씀한다. 이사야서는 하나님의 말씀에 귀 기울이고 들으면, 그들의 영혼이 살 것이라고 한다. 더 나아가서 6절에 보면, "너희는 여호와를 만날 만한 때에 찾으라 가까이 계실 때에 그를 부르라"고 하신다.

7절에는 심지어 악인과 불의한 자들도 초대하고 계신다. 7절, "악인은 그의 길을, 불의한 자는 그의 생각을 버리고 여호와께로 돌아오라"

8절에서는 이렇게 선포하신다. "내 생각은 너희의 생각과 다르며 내 길은 너희의 길과 다름이니라"

철저하게 하나님과 그들과의 생각의 다름, 차이가 있음을 말씀하고 계신다. 다음 구절에, "이는 하늘이 땅보다 높음 같이 내 길은 너희의 길보다 높으며 내 생각은 너희의 생각보다 높음이니라"고 하신다.

하나님의 생각은 인간들의 생각과 다를 뿐 아니라, 하늘과 땅만큼이나 엄청난 차이가 있다는 것을 우리는 알아야 한다. 유진 피터슨 목사님은 이것이 우리들이 쉽게 빠지는 종교적 오류라고 말한다. 우리가 "하나님과 우리 사이에 존재하는 실질적인 차이를 인정하지 않고, 막연하게 하나님이 우리의 욕망을 들어주실 것이라 기대하는 것." 그것이 우리가 하나님과의 관계에서 자주 범하는 오류라는 것이다. 현대를 사는 우리는 자칫하면 우리 자신의 생각대로만 살면서 어느덧 자기 중심적인 자아의 노예로 살아가게 되는 위험이 많다. 오늘 이사야 55장 말씀은 우리에게 도전을 준다. 하나님 생각과 길이 나와 다를지라도, 하나님의 높은 생각을 낮은 자의 모습으로 따라 가며, 때론 하나님의 길을 기다리며 살기를 요청하고 있다는 것이다. 아멘.

오늘의 본문 성경을 읽으시고 깨달은 점이나 기억하고 싶은 점 혹은 기도문을 기록합니다.

● 묵상 자료 ●

1. 일어나라, 빛을 발하라! (사 60장)

한국의 유명한 문학가 이어령 교수님을 모두가 잘 아실것이다. 이어령 교수님에게는 가슴 아픈 이야기가 있다. 이 교수님은 항상 글을 썼고 책만 읽었다고 한다. 하지만 그사이 가족이 겪어야 했을 고통은 헤아리지 못하였다. 이렇게 바쁘게 지내다가 딸이 암에 걸려 일찍 세상을 등지게 된다. 그때 홀로 남은 아버지는 지난 날을 자책하고 눈물을 참아가며 딸에게 우편번호 없는 편지를 보낸다. 『딸에게 보내는 굿나잇 키스』라는 책을 통해서 많은 생각을 하게 한다. 건강할 때 마음껏 사랑해야겠다는 생각을 갖게 한다. 바쁜 일손을 멈추고….

"딱 한 번이라도 좋다. 낡은 비디오테이프를 되감듯이 그 때의 옛날로 돌아가자. 나는 펜을 내려놓고, 읽다 만 책장을 덮고, 두 팔을 활짝 편다. 너는 달려와 내 가슴에 안긴다. 내 키만큼 천장에 다다를 만큼 널 높이 들어 올리고 졸음이 온 너의 눈, 상기된 너의 뺨 위에 굿나잇 키스를 하는거다."

이렇게 하신 분이 계신다. 이스라엘의 하나님이시다. 하나님께서는 이스라엘 민족에게 눈 앞에서 편지를 쓰셨다. 오고 가는 세대 사람들이 그 편지를 읽고 덕을 보고 있다. 오늘 본문 말씀도 그러한 관점에서 보면 훨씬 가까이 다가온다.

이사야 60장의 배경은 이스라엘 민족이 바벨론에서 돌아와 정착하려고 애쓰고 있을 때를 미리 내다본다. 바벨론에서 돌아왔지만 아주 혼란한 때였다. 이 혼란한 시기를 내다보고 하나님께서는 선지자 이사야를 통하여 말씀하신다. 이사야 60:1~2 말씀이다.

"일어나라 빛을 발하라 이는 네 빛이 이르렀고 여호와의 영광이 네 위에 임하였음이니라 이는 네 빛이 이르렀고 여호와의 영광이 네 위에 임하였음이니라 보라 어둠이 땅을 덮을 것이며 캄캄함이 만민을 가리려니와 오직 여호와께서 네 위에 임하실 것이며 그의 영광이 네 위에 나타나리니"

이 말씀은 이스라엘이 바벨론 포로에서 돌아와 다시 이방인들에게 하나님 백성으로서의 아름다운 삶의 빛을 발할 것임을 선포하는 동시에, 장차 주 예수께서 이 세상에 재림하시어 그 영광을 만민에게 나타낼 것을 예표하는 이중적 예언이다. 예수님은 장차 여호와의 영광의 빛으로 우리에게 나타나실 것이다. 어둠이 땅을 덮으며 캄캄한 죄악이 만민을 가리울 때 천지를 진동하는 나팔소리가 울려 퍼지며 하늘에 태양보다 찬란한 여호와의 영광이 임하실 것이다. 아멘.

■● 오늘의 말씀에 대한 나의 묵상 ●
오늘의 본문 성경을 읽으시고 깨달은 점이나 기억하고 싶은 점 혹은 기도문을 기록합니다.

....

....

....

....

....

....

....

....

....

사 61장~63장

1. 메시아가 오시면 회복이 일어난다(사 61장)

이사야서는 66장까지 있는데 벌써 63장까지 왔다. 이 마지막 부분의 클라이맥스는 이스라엘의 회복이다. 이스라엘의 회복은 다른 말로 시온의 회복이고, 시온의 회복은 다른 말로 온 인류의 회복이다. 죽을 것 같은 바벨론 포로생활을 하면서 이스라엘 백성들이 가장 원했던 것은 회복이었다. 사실 회복은 우리 모두의 주제이다. 교회에도, 가정에도, 내 심령에도 회복이 필요하다. 이사야 선지자는 60장부터는 회복에 관한 노래를 부르고 있다.

"일어나서 빛을 비추어라. 네 빛이 밝아지기 시작했다. 여호와의 영광이 네 위에 떠올랐다. 이제 보아라. 어둠이 땅을 덮고 먹구름이 뭇 백성 위에 있지만 여호와께서 네 위에 떠오르시고 그분의 영광이 네 위에 나타나고 있다. 나라들이 네 빛을 보고 나오고 왕들이 네 떠오르는 광채를 보고 나오고 있다" 사 60:1~3

회복이란 하나님의 영광의 광채가 내게 임한 것을 의미한다. 나는 아무 것도 아닌 어둠, 쓰레기였는데 갑자기 빛이 온 것이다. 빛이 오니 어둠이 사라지고 어둠이 사라질 때 모든 저주, 죄, 절망, 좌절, 병, 가난, 미움도 소리 없이 떠난 것이다. 이것이 회복이다. 이사야서 61장에도 회복에 대한 말씀이 나오는데 조금 표현이 다르다. 회복은 성령의 기름부으심이라는 것이다. 하나님의 영광이 있는 곳에 성령님이 임재하신다.

"주 여호와의 영이 내 위에 있으니" 이것은 여호와께서 내게 기름을 부어 가난한 사람들에게 좋은 소식을 전하게 하려는 것이다. 그분이 나를 보내셔서 마음이 상한 사람들을 감싸 주고 포로에게 자유를 선포하고 갇힌 사람은 풀어주고 여호와의 은혜의 해와 우리 하나님의 보복의 날을 선포하며 슬퍼하는 모든 사람을 위로하게 하셨다. 시온에서 슬퍼하는 사람에게 재 대신 화관을 씌워 주고 슬픔 대신 기쁨의 기름을 발라 주며 통곡 대신 찬양을 옷 입게 하셨다. 그래서 사람들은 그들을 가리켜서 여호와의 영광을 드러내시려고 여호와께서 손수 심으신 "정의의 상수리나무"라고 부른다(사 61:1~3).

61장에서는 회복을 "주 여호와의 영이 내 위에 임하였으니"라는 말로 표현한다. 바람이 불면 잘난 사람이나 못난 사람이나 바람을 맞게 되어 있다. 마찬가지로 주의 영이 임하면 기름부음을 받게 되어 있다. "기름을 부었다"라는 뜻의 이름이 "메시아"이다. 메시아는 히브리어로 "기름부음을 받은 자"라는 뜻이다. 구약에서는 왕과 예언자와 제사장에게만 기름을 부었다. 왕과 예언자와 제사장 역할을 온전히 할 수 있는 분은 인류에서 오직 한 분, 예수 그리스도뿐이시다.

메시아는 가난한 사람들에게 좋은 소식을 전한다. 복음은 부요한 사람에게 오는 것이 아니다. 오만한 사람, 잘난 사람, 똑똑한 사람, 권력이 있는 사람, 세상을 통치하는 사람에게는 예수님이 들어올 자리가 없다. 심령이 가난한 사람이 복이 있다. 육체적, 영적, 정신적으로 마음이 가난한 사람, 비어있는 사람에게는 복음이 전파되기 쉽다. 메시아가 그들에게 하는 사역은 무엇인가? 첫째, 마음이 상한 자를 치유하고 감싸준다. 둘째, 포로에게 자유를 선포한다. 셋째, 하나님의 은혜의 해와 하나님의 보복의 날을 선포한다. 그리고 슬퍼하는 모든 사람을 위로한다. 이것이 기쁜 소식, 아름다운 소식, 좋은 소식 곧 복음이다. 주님은 누가복음 4:18~19에서 이 이사야서 61장의 예언이 주 예수님에게 직접 이루어 졌음을 담대히 선포하셨다

할렐루야! 이사야가 부르는 회복의 노래를 읽으며 우리는 소망 중에 행복하다.

"오! 주 예수여, 어서 오시옵소서!!! 마라나타." 아멘.

오늘의 본문 성경을 읽으시고 깨달은 점이나 기억하고 싶은 점 혹은 기도문을 기록합니다.

1년 1독 365일 성경통독, 꿀송이 보약큐티

사 64장~66장

● 묵상 자료 ●

1. 하나님 말씀을 듣고 떠는 자(사 66장)

이사야 66장은 이사야의 결론이다. 이사야 1장과 비슷하다. 5절을 보자.

"여호와의 말씀으로 말미암아 떠는 자들아 그의 말씀을 들을지어다 이르시되 너희 형제가 너희를 미워하며 내 이름으로 말미암아 너희를 쫓아내며 이르기를 여호와께서는 영광을 나타내사 너희 기쁨을 우리에게 보이시기를 원하노라 하였으나 그들은 수치를 당하리라 하셨느니라. 떠드는 소리가 성읍에서부터 들려오며 목소리가 성전에서부터 들리니 이는 여호와께서 그의 원수에게 보응하시는 목소리로다"

여호와의 말씀을 인하여 떠는 자들은 하나님의 말씀을 들으라고 하신다. 이스라엘 형제들이 와서 말씀대로 사는 자를 핍박한다. 형제들이 신앙 공동체에서 진실한 신자를 쫓아냈다. 여호와께서 영광을 나타내사 너희의 기쁨을 보이시길 원한다고 빈정되었다. 여호와의 이름까지 들먹이며 형제를 쫓아 낸다. 그러면서 제사는 드린다. 이들은 하나님의 말씀을 인하여 떨지 않는 악한 자들이었다. 하나님은 여호와를 경외하지 않는 자들을 심판하신다. 그들이 시끄럽게 떠들며 도망가게 하신다. 반면에 하나님의 말씀을 인하여 핍박을 참고 견디는 자를 크게 축복하신다고 말씀하신다. 7~8절을 보자.

"시온은 진통을 하기 전에 해산하며 고통을 당하기 전에 남아를 낳았으니 이러한 일을 들은 자가 누구이며 이러한 일을 본 자가 누구이냐. 나라가 어찌 하루에 생기겠으며 민족이 어찌 한 순간에 태어나겠느냐. 그러나 시온은 진통하는 즉시 그 아들을 순산하였도다"

하나님은 믿음으로 사는 자의 자녀를 축복하신다. 한 사람의 자녀를 임신하고 해산하고 키우는 것이 얼마나 힘이 드는가? 하나님은 시온이 진통 없이 자녀를 갖게 하신다. 우리가 한 사람의 제자를 양성하는 것이 얼마나 어려운가? 그런데 하나님은 온전한 성령의 은혜로 한 민족이 태어나며 한 나라가 생겨나게 하신다. 참으로 놀라운 일이다. 9절을 보라.

"여호와께서 이르시되 내가 아이를 갖도록 하였은즉 해산하게 하지 아니하겠느냐 네 하나님이 이르시되 나는 해산하게 하는 이인즉 어찌 태를 닫겠느냐 하시니라"

여호와께서 아이를 갖게 하셨다. 그러면 하나님이 해산도 하게 도우신다. 하나님은 생명의 주관자이시다. 하나님이 친히 생명을 탄생하게 하신다. 하나님이 이렇게 한 순간에 민족이 태어나게 하는 일이 역사 속에서 현실로 이루어졌다. 포로로 끌려가 있던 이스라엘 백성이 조국으로 돌아가 나라를 세우려면 피 흘리며 독립전쟁을 치르지 않으면 안 되는 일인데 하나님은 이들이 이런 고통을 치르지 않고 순식간에 바벨론에서 귀환해 나라를 세우도록 해주셨다. 하나님은 베드로가 복음을 전했을 때 3천 명, 5천 명씩 회개하여 교회가 생성되게 하셨다. 15절을 보자.

"보라 여호와께서 불에 둘러싸여 강림하시리니 그의 수레들은 회오리바람 같으리로다 그가 혁혁한 위세로 노여움을 나타내시며 맹렬한 화염으로 책망하실 것이라"

주님은 불에 둘러 싸여 강림하신다. 그의 수레들은 회오리 바람과 같다. 그의 혁혁한 위세로 노여움을 나타낸다. 예수님은 이와 같이 다시 오실 것이다. 예수님은 오셔서 맹렬한 위엄으로 모든 인간들을 심판하실 것이다. 예수님이 다시 오실 때는 심판주로 오시는 것이다. 16, 17절을 보라.

"여호와께서 불과 칼로 모든 혈육에게 심판을 베푸신즉 여호와께 죽임당할 자가 많으리니 스스로 거룩하게 구별하며 스스로 정결하게 하고 동산에 들어가서 그 가운데에 있는 자를 따라 돼지 고기와 가증한 물건과 쥐를 먹는 자가 다 함께 망하리라, 여호와의 말씀이니라"

주님은 강림하셔서서 죄악된 자들을 심판하시는데 불과 칼로 진실한 신자들을 핍박하는 자들을 심판하신다. 여호와께 죽임을 당할 자가 많다. 신전의 한 중간에 선 여사제의 뒤를 따라 동산에 들어가려고 목욕재계하는 자들, 돼지, 길짐승, 들쥐의 고기를 먹는 자들이 모두 함께 망한다. 그들이 하는 일과 그들이 꾸미는 것도 모두 끝장 나게 하신다. 그들이 하나님을 만나기 위해서는 정결케 해야 한다. 그들이 가나안 땅을 점령하러 갈 때도 스스로 정결케 하라고 하셨다. 우리가 새하늘과 새땅을 보면서 우리를 정결케 해야 한다. 마지막절 24절을 보라.

"그들이 나가서 내게 패역한 자들의 시체들을 볼 것이라 그 벌레가 죽지 아니하며 그 불이 꺼지지 아니하여 모든 혈육에게 가증함이 되리라"

이 말씀은 예수님이 재림 때에 심판하시는 말씀이다. 하나님은 택한 자들을 축복하지만 하나님을 떠난 자들을 심판하신다. 그들은 나가서 하나님께 패역한 자들의 시체를 볼 것이다. 그 벌레가 죽지 않고 불은 꺼지지 않는다. 모든 혈육에게 가증함이 될 것이다. 하나님 앞에서 패역한 자들은 벌레가 죽지 아니하고 영원히 타오르는 유황불 지옥에 던져져 영원히 심판을 받을 것이라는 말씀이다. 마가복음 9:48에 지옥은 구더기도 죽지 않고 불도 꺼지지 않는다고 하신다. 당시의 사람들에게는 이사야의 예언이 너무나 비현실적으로 보였을 것이다. 바벨론의 포로로 끌려간 그들에게 하나님 나라의 소망은 너무나 비현실적이다. 그러나 이사야는 하나님 나라를 소망하며 살았다. 하나님은 이사야의 꿈대로 이루어주셨다. 바벨론 포로가 돌아왔고 지금은 수많은 이방인들이 하나님을 예배하고 있다. 이사야처럼 우리도 새 하늘과 새 땅을 꿈꾸며 살아야 한다. 아멘.

오늘의 본문 성경을 읽으시고 깨달은 점이나 기억하고 싶은 점 혹은 기도문을 기록합니다.

● 묵상 자료 ●

1. 예레미야는 어떤 책인가?

예레미야는 이사야보다 약 100년 후에 활동한 선지자이며 남유다 말기에 활동하다 예루살렘 멸망을 눈으로 목도하며 애가를 지어 애통해 한 눈물의 선지자이다. 그보다 먼저 사역한 선지자들보다 먼저 성경에 배치된 것은 단지 분량이 많아서이다. 그의 생애는 이사야처럼 참으로 눈물과 아픔과 박해와 고난으로 점철된 생애였다. 그는 하나님의 명령으로 평생 결혼도 하지 아니하고 독신으로 지냈으며 동족들에게 '친 바벨론 주의자'로 찍혀 매국노로 배척당했다. 예루살렘 성전의 총 감독이었던 바스훌에게 성전 파괴의 예언을 했다는 이유로 체포되어 기둥에 목줄로 매여 박해를 받기도 했고 거짓 선지자 하나냐에게 위협을 당하기도 하였으며 수많은 살해위험 속에 살다가 유다가 망하자 바벨론이 제공한 주택과 좋은 조건들을 거절하고 남은 백성들과 함께 지내다가 결국 주님의 이름을 위해 순교를 당하였다.

그는 하나님이 자신에게 더 이상 이 백성을 위해 기도하지 말라고 하시며 모세와 사무엘이 와서 기도해도 안들을 것이라는 가슴 아픈 명령을 받고 잠시 침묵하기도 했지만 가만히 있으면 있을수록 더욱 중심이 불붙는 것 같아서 견디지 못하고 다시 거리로 뛰어나가 하나님의 말씀을 외쳤던 진정한 하나님의 종이었다. 그는 하나님과의 언약을 깨뜨리고 우상숭배 하는 유대인들의 죄악을 깨우쳐 주기 위해 아홉 가지 상징적인 이미지를 사용하여 말씀을 전달하였다.

1) **살구나무 가지** - 이 가지가 꺾이는 것처럼 타락한 이스라엘은 망할 것이다. 그리고 살구나무의 히브리어 발음이 '지킨다', '이루어진다'라는 발음과 비

슷하다고 한다. 그래서 살구나무 환상은 하나님의 말씀이 반드시 지켜 지고 이루어 진다고 하는 확신을 주는 환상으로 보는 분들도 있다.

2) **북으로부터 기울어 진 끓는 가마** – 하나님께서 북방 민족 바벨론을 일으켜 이스라엘을 덮칠 것이다.

3) **베 띠** – 예레미야의 허리에 메었던 베 띠를 썩게 하여 유대의 패망을 예고함.

4) **토기장이와 진흙** – 하나님은 토기장이 이시다. 이스라엘이 하나님을 버렸으므로 하나님도 그들을 토기장이가 진흙을 다루는 것처럼 다루시고 깨뜨리실 것이다.

5) **깨진 옹기** – 우상을 섬긴 대가로 그들은 옹기처럼 깨질 것이다.

6) **무화과 두 광주리** – 좋은 무화과 광주리는 포로가 되어 바벨론에 끌려가는 백성들을 말함. 그들은 하나님이 보호하셔서 다시 돌아올 것임. 나쁜 무화과 광주리는 남아 있을 백성들을 말하는데 그들은 조롱과 멸시를 당할 것임(렘 24:1~10).

7) **멍에** – 예레미야는 줄과 멍에를 만들어 목에 걸고 예언했는데 이는 그 백성들이 바벨론 왕을 노예로 섬길 것을 예언한 것이다(렘 27:1~11).

8) **큰 돌들을 바로의 궁전 축대에 진흙으로 발라 감춤** – 큰 돌은 장차 바벨론 왕이 애굽을 정복할 것을 보여줌(렘 43:8~13).

9) **유브라데 강에 던져진 책** – 바벨론 멸망을 상징(렘 51:59~64).

놀랍게도 애굽의 패배와 바벨론의 멸망을 예언한 예레미야의 예언은 그대로 적중했다. 거대한 제국 바벨론은 100년도 못되어 매데와 파사에게 무너지고 말았다. 예레미야가 그런 예언을 했을 때 아무도 믿지 않았지만 그들은 빠르게 역사에서 사라져 갔다. 하나님은 열방의 흥망성쇠를 주관하신다. 예레미야 선지자는 또한 바벨론에게 망한 후 정확히 70년 만에 이스라엘이 회복되어 다시 고향으로 돌아오게 될 것을 예언한 선지자다(렘 29:10).

"여호와께서 이와 같이 말씀하시니라 바벨론에서 칠십 년이 차면 내가 너희를 돌보고 나의 선한 말을 너희에게 성취하여 너희를 이 곳으로 돌아오게 하리라" 렘 29:10

선지자의 이 말이 나중 바벨론에 잡혀가 그곳에서 살았던 다니엘 같은 경건한 유대인에게는 너무나 큰 위로가 되어 다니엘은 이 예레미야 선지자의 말을 책에서 발견하고 엉엉 울면서 감격하여 하나님께 그 약속을 붙들고 기도하였고 마침내 꿈에 그리던 고국으로 귀환하는 축복을 맛보았다. 이와 같이 기록된 하나님의 말씀은 오늘의 우리 성도들에게는 엄청난 위로요 힘이다. 하나님의 말씀을 통하여 우리는 날마다 이 세상을 살아갈 힘을 공급받는다. 남유다가 바벨론에 1차로 포로로 잡혀 가던 시기가 B.C. 606년이었다. 그런데 고레스 칙령으로 허락된 1차 포로 귀환 시기는 B.C. 536년이었다. 정확히 70년 만의 일이었다. 얼마나 놀랍고 정확한 하나님의 말씀인가!

비교적 최근의 현대 역사를 보면 1987년에 구소련이 붕괴되었는데, 1917년 볼세비키 혁명으로 러시아가 공산주의 국가가 된지 실로 70년 만에 일어난 놀라운 역사였다. 우리 민족을 보면 1948년에 남북이 각각 단독 국가를 세우면서 한반도에 체제가 다른 두 국가가 출발하였다. 그리고 1950년에 동족상잔의 비극인 6.25가 발발했고 1953년에 휴전 협정이 맺어져 남북이 갈린 채 오늘에 이르고 있다. 열방을 다스리시는 하늘의 하나님이 우리 민족을 기억하시고 북에서 신음하는 내 백성들을 긍휼히 여기사 그들을 애굽의 압제에서 해방시키셨듯이 해방시키시기를 소원한다.

2. 부름 받은 예레미야

"여호와의 말씀이 내게 임하니라 이르시되 내가 너를 모태에 짓기 전에 너를 알았고 네가 배에서 나오기 전에 너를 성별하였고 너를 여러 나라의 선지자로 세웠노라 하시기로 내가 이르되 슬프도소이다 주 여호와여 보소서 나는 아이라 말할 줄을 알지 못하나이다 하니 여호와께서 내게 이르시되 너는 아이라 말하지 말고 내가 너를 누구에게 보내든지 너는 가며 내가 네게 무엇을 명령하든지 너는 말할지니라 너는 그들 때문에 두려워하지 말라 내가 너와 함께 하여 너를 구원하리라 나 여호와의 말이니라 하시고 여호와께서 그의 손을 내밀어 내 입에 대시며 여호와께서 내게 이르시되 보라 내가 내 말을 네 입에 두었노라 보라 내가 오늘 너를 여러 나라와 여러 왕국 위에 세워 네가 그것들을 뽑고 파괴하며 파멸하고 넘어뜨리

며 건설하고 심게 하였느니라 하시니라" 렘 1:4~10

예레미야 설교의 대부분은 당시 국내외 정치를 배경으로 한다. 예레미야 1:1~3에는 예레미야의 활동 시기에 대한 이야기가 나오는데 그는 유다의 요시야 왕 재위 13년부터 하나님의 말씀을 선포하기 시작해서 시드기야 재위 11년에 예루살렘이 무너질 때까지 활동했다. 요시야 왕 재위 13년은 기원전 627년이고, 시드기야 재위 11년은 기원전 587년이다. 그 기간이 대략 40년이다. 그 시절은 앗시리아 제국이 약해지고 바벨론 제국이 패권을 장악해 가던 때였다. 대제국의 패권은 주변의 작은 나라들에 영향을 미친다. 작은 나라들은 제국의 말을 듣고 생존을 보장받든지 아니면 패망을 감수해야만 했다. 바벨론의 느부갓네살 왕은 당시 한창 팽창 정책을 펼치고 있었는데, 유다도 그런 영향을 직접적으로 받고 있었다.

오늘날 한국에서 좌파니 우파니 나누어 시국을 보는 의견이 팽팽하게 나뉘는 것처럼 바벨론의 패권 앞에서 유다 사람들의 의견이 크게 나뉘었다. 한쪽에서는 이집트와 동맹을 맺어서 바벨론과 맞서야 한다고 주장한 사람들이 있었고, 다른 한쪽에서는 그건 너무 무모하니 양쪽으로 치우치지 말고 중간노선을 지키면서 국가의 미래를 내다보자고 주장한 사람들이 있었다. 나라나 어떤 집단이나 위기라고 느낄 때 여론은 대체적으로 강경한 입장으로 기울어진다. 수많은 정치인들과 지도자들이 나서서 이집트와의 군사동맹을 통해서 바벨론을 격퇴시켜야 한다고 주장했다. 두 가지 점에서 이런 주장은 여론의 힘을 얻었다. 하나는 하나님이 자신들의 백성을 바벨론의 공격에서 지켜 주신다는 믿음이었다. 그들이 볼 때 바벨론은 하나님을 대적하는 나라였다. 하나님의 백성이 이런 나라의 압력에 굴복할 수는 없다는 것이다. 그럴바에야 나서서 싸우다가 장렬한 최후를 맞는 게 옳다는 것이다. 일견 박수를 받을만한 주장이다.

다른 하나는 이집트가 군사적으로 자신들을 도와줄 수 있다는 확신이었다. 이집트는 실제로 유다를 도와서 바벨론과 전쟁을 벌이기도 했다. 이렇게 국론이 갈릴 때는 최고 정치 지도자의 판단이 중요하다. 유다 왕 시드기야는 강경파의 입장을 받아들였다. 왕 자신의 판단이라기 보다는 당시 귀족들의 압력에 굴복한 것이다. 시드기야가 주전파의 목소리가 아니라 주화파의 목소리에 귀를 기울였다면 유다의 운명도 달라졌을지 모른다. 바로 이런 시기에 예레미야 선지자는 자신의 분명한 목소리를 냈다. 유다 왕과 귀족들과 백성 모두를 향해서 바벨론에게 항복하는 게 살길이라고 말했던 것이다. 예레미야는 하나님께서 유다를 심판하기 위해서 바벨론을 선택한 것이라고 생각했다. 그걸 거부하는 건 하나님에게 맞서는 것이다.

예레미야의 말을 당시 유다 사람들은 어떻게 생각했겠는가? 예레미야의 입장을 지지하는 사람들은 극소수였고, 왕과 대다수 정치 지도자들은 한 목소리로 예레미야를 반대했다. 그리고 그를 마치 바벨론에 나라 팔아먹는 매국노라고 분노했다. 예레미야의 운명, 특히 그의 소명이 오늘 우리에게 던져 주는 교훈은 무엇인가? 무엇보다 그가 하나님의 말씀을 받았다는 것이 중요하다. 그것을 예레미야 1:9이 그림처럼 묘사하고 있다.

"여호와께서 그의 손을 내밀어 내 입에 대시며 여호와께서 내게 이르시되 보라 내가 내 말을 네 입에 두었노라"

공동번역은 "나는 이렇게 나의 말을 너의 입에 담아준다"고 번역했다. 어머니가 숟가락에 밥을 퍼서 어린아이의 입에 넣어주는 듯한 모습이다. 예레미야가 하나님의 말씀을 정말 정확하게 깨달아 선포할 수 있었다는 뜻이다. 예레미야는 이런 소명의 경험이 분명했기 때문에 그 어려운 운명을 헤쳐 나갈 수 있었다.

어떻게 하면 우리도 예레미야의 소명을 경험할 수 있을까? 그래서 우리의 영혼이 하나님 말씀으로 충만해질 수 있을까? 나는 이 질문에 딱 떨어지는 대답을 드릴 수가 없다. 그런 경험은 각자 다 다르기 때문에 하나의 공식화된 방법으로 설명할 수가 없다. 그래서 렘 1:4은 여호와의 말씀이 '내게' 임하니라고 말했다.

이처럼 하나님의 말씀은 우리에게 주권적으로 그의 섭리를 따라 임하시는 것이지 내가 노력해서 획득하는 것이 아니다.

오늘의 본문 성경을 읽으시고 깨달은 점이나 기억하고 싶은 점 혹은 기도문을 기록합니다.

1년 1독 365일 성경통독, 꿀송이 보약큐티
렘 3장~5장

● 묵상 자료 ●

1. 회개(렘 3장)

"타인의 아내가 된다 하자 남편이 그를 다시 받겠느냐" 렘 3:1

예레미야는 3:1~5에서 유다 백성들을 자기 남편에 대해 배도한 아내로 묘사한다. 예레미야는 신명기 24:1~4의 율법으로 거슬러 올라간다. 이 혼인법 조항에 따르면 불미스러운 일로 이혼당한 여자가 이혼 후 다른 남자와 결혼했을 경우 전 남편은 그 여자와 다시 재혼하지 못하도록 금지되었다. 이러한 배경을 염두에 두고 예레미야는 1절에서 논쟁조로 3가지를 연속 질문한다. 첫째, 가령 사람이 그의 아내를 버리므로 그가 그에게서 떠나 타인의 아내가 된다 하자. 남편이 그를 다시 받겠느냐? 둘째, 그리하면 그 땅이 크게 더러워지지 아니하겠느냐? 셋째, 네가 많은 무리와 행음하고서도 내게로 돌아오겠느냐? 이에 대한 대답은 당연히 "아니오"이다. 재결합은 있을 수 없는 일이다.

그런데 유다 백성의 현 상황은 이러한 율법적 상황보다 더 심각하다. 그들은 여호와 하나님과 합법적으로 이혼한 상태가 아니라 정상적인 관계 속에서 부정을 행한 것이다. 그것도 강요에 의한 것이 아니라 자발적으로 행했다.

"네 눈을 들어 헐벗은 산을 보라 네가 행음하지 아니한 곳이 어디 있느냐 네가 길가에 앉아 사람들을 기다린 것이 광야에 있는 아라바 사람 같아서 음란과 행악으로 이 땅을 더럽혔도다" 렘 3:2

게다가 다른 "한" 남자만 상대한 것도 아니고 "여러 명"에게 마치 고멜이 했던 것과 같은 방식으로 창녀 짓을 했던 것이다. 정상적이고 합법적인 이혼 상태에서 한 번이라도 재혼을 했으면 본 남편에게로 돌아가는 것이 법적으로 불가능한데, 하물며 이런 지경에까지 이른 유다 백성이 본 남편 되시는 하나님께 되돌아가는 것은 더더욱 불가능한 일이다.

구약성서의 예언자들의 통찰에 의하면 인간에게는 본래 회개할 능력이 없다.

"주 여호와의 말씀이니라 네가 잿물로 스스로 씻으며 네가 많은 비누를 쓸지라도 네 죄악이 내 앞에 그대로 있으리니" 렘 2:22

흑인인 에디오피아 사람이 그들의 피부를 그리고 표범이 그 가죽의 반점을 변화시킬 수 없듯이 사람은 악한 행실에서 돌이킬 수 없다는 것이다(렘 13:23). 예레미야는 죄란 이미 지울 수 없는 인간의 "두 번째 본성"이 되었다고 본다. 죄인인 인간은 원래 절망적이다. 인간의 능력으로는 회개가 불가능하다면 어떻게 해야 회개가 가능한가? 여기에서 인간의 능력을 넘어선, 초월적인 하나님의 은혜가 필연적으로 요구된다. 인간은 회개함으로 구원받는 것이 아니라 구원받았기 때문에 회개할 수 있는 것이다. 하나님의 은혜가 인간의 회개를 가능하게 하는 것이다. 따라서 회개는 인간의 능력이나 공로의 결과가 아니고 오로지 하나님만 주실 수 있는 은혜의 결과이다. 회개는 은혜의 표시이다: "혹 네가 하나님의 인자하심이 너를 인도하여 회개하게 하심을 알지 못하여 그의 인자하심과 용납하심과 길이 참으심이 풍성함을 멸시하느냐"(롬 2:4).

2. 입에 발린 회개와 계속되는 악행

"보라 네가 이같이 말하여도 악을 행하여 네 욕심을 이루었느니라" 렘 3:5

가나안의 신들(바알)에 대한 끊임없는 구애(행음)에도 불구하고 백성들은 그들이 원하는 땅의 풍요를 얻지 못했다. 여기에서 예레미야가 말하는 "행음"이란 두 가지 의미를 갖고 있다. 첫째, 하나님과 더불어 우상을 함께 섬기는 종교 혼합적인 행동을 가리킨다. 예레미야는 하나님과 그의 백성의 관계를 부부관계로 이해한다(렘 2:2; 참조. 호 2:16). 이미 하나님과 결혼한 백성이 또 다른 정부인 가나안의 신 바알을 섬긴다면 이는 곧 간음이요 행음이라는 것이다. 예레미야의 표현에 의하면 그들은 "창녀의 낯을 가져서 수치를 모른다"(렘 3:3). 유다의 뻔뻔스러움은 도에 지나쳤다.

3. 언니 이스라엘의 파경을 옆에서 보고도 계속되는 동생 유다의 위험한 장난

"그의 반역한 자매 유다가 두려워하지 아니하고 자기도 행음함을 내가 보았노라"
렘 3:8

예레미야 3:6~10의 내용은 요시야왕 때 예레미야에게 임한 말씀들이다. 예레미야는 여기에서 이미 멸망당한 북이스라엘의 운명을 거론하면서 남유다의 그칠 줄 모르는 악행에 대하여 질타를 가한다. 북이스라엘 백성들도 바알 숭배에 심취해 있었다(렘 3:6). 예레미야는 하나님이 이스라엘의 간음으로 인하여 그들을 내어쫓았고 이혼서까지 주었다고 말한다. 이는 주전 722년에 있었던 북왕국의 멸망을 가리키는 것이다(왕하 17:7~18).

놀라운 사실은 자매인 남유다 백성들이 이 모든 사건들을 옆에서 지켜보았음에도 불구하고 그들은 두려워 아니하고 아무런 거리낌없이 행음을 계속하였다는 것이다. 그들은 자매국가의 파국이 웅변하는 교훈을 전혀 깨닫지 못한다. 이 점에 있어서 유다의 죄는 이스라엘의 그것보다 훨씬 더 크다고 할 수 있다(렘 3:11). 북이스라엘은 배도하여 그 결과 국가의 멸망이라는 엄청난 고난을 당했지만 그래도 그들은 이전에 선례가 없었다는 점을 호소할 수 있었을 것이다. 그러나 남유다는 자매나라인 북이스라엘이 당한 사건을 통한 경고를 받고서도 자기의 길을 바꾸지 않았다는 비난을 면할 수 없게 되었다.

오늘의 본문 성경을 읽으시고 깨달은 점이나 기억하고 싶은 점 혹은 기도문을 기록합니다.

렘 6장~8

● 묵상 자료 ●

1. 거짓 종교의 위험 : 예레미야의 경고(렘 7:1~15)

거짓된 종교는 가장 기만적일 수 있다. 거짓됨을 드러내는 것은 예레미야의 설교에서 자주 나타나는 주제였다. 그는 무가치하고 깨어진 터진 웅덩이 같은 거짓 신들의 어리석음을 비웃었다(렘 2:13). 그는 하나님의 권위 없이 평화를 설교했던 거짓 선지자들과 끊임없이 충돌했다(렘 8:9~11). 그는 또한 그의 시대를 특징 지웠던 거짓 안전을 비난했다. 역설적이게도, 국가적 재앙을 눈 앞에 둔 바로 그 세대에 아무 걱정 없이 종교가 그들을 심판에서 면제해 줄 것이라는 확신에 차 있었다. 예레미야 7장에 나오고 종종 "성전 설교"라고 일컬어지는 이 메시지는 매우 가증한 예배에 대한 하나님의 경고를 선포하기에 우리의 아픈 곳을 찌른다.

이 성전 설교에서 가장 현저하고 정신이 번쩍 들게 하는 가르침들 중 하나는 위선이 가장 좋은 곳들에 존재할 수 있다는 가르침이다. 주님은 예레미야에게 "주의 전의 입구에 서 있으라"고 지시하셨다(2절). 여기서 요점은 정신을 차리게 하는 것이다. 이것은 이방인들이나 예루살렘 뒷골목의 폭도들이나 심지어 배교자들을 향한 메시지가 아니었다. 반대로, 그것은 사회에서 겉으로 가장 종교적인 이들을 향했다. 그것은 도시에서 가장 보수적이고 정통적인 교회의 구성원들이었던 존경할 만한 교회 다니는 사람들을 향했다. 이 사람들은 바른 장소에 갔을 뿐만 아니라 "주님을 예배하기 위한" 바른 이유로 그곳에 갔다(2절). 그들은 주님 앞에 절을 하는 허식으로 성전 문에 들어왔고 하나님을 정당하게 대우했다. 겉으로 볼 때는 모든 것이 정상적으로 보였다. 그들은 옳은 것들을 행하면서 옳은 곳에 있었다. 예레미야가 이러한 예배자들에게 회개를 촉구했다는 사실(3절)은 그러한 예배 의식이 그 예배자가 하나님과 바른 관계에 있음을 보장해 주지 않는다는 것을 너무나 분명하게 보여준다. 기계적인 예배는 그저 위선자를 위한 빈약한 위장일 뿐이고 어떠한 교회도 예외가 될 수 없으며 그 예배의식들이 아무리 옳을 지라도 예외일 수 없다.

영감을 받은 통찰력으로 예레미야는 그가 사역하던 지역의 교인들 가운데 나타난 위선의 두 가지 표시들을 인식했다. 우선, 위선적 예배자들은 거짓 교의(敎義)를 지지했다. 세 번 반복되고 있는 "여호와의 성전"이라는 문구는 외양적으로는 정통적인 예배자들의 신앙고백을 나타낸다(4절). 이 "여호와의 성전"이란 문구의 반복은 성전의 영적인 본질보다는 구조물에 대한 잘못된 신뢰를 보여준다. 그 성전은 하나님의 현존의 상징이었고 그곳엔 하나님께서 모든 적들에 대항 해 그분의 거처를 지키심에 대한 긴 역사적 유래가 있었다. 그 "성전신학"은 여호와께서 거하시기 위해 선택하셨던 그 장소에 어떤 마법적인 요소를 부여했다. 그들은 하나님께서 성전의식에서 원하셨다고 자신들이 생각했던 것을 그분께 드림으로 자신들이 계속해서 하나님을 "행복하게" 할 수 있을 것이라고 추정했다. 하나님은 그곳에 머무시고 모든 일들은 잘 풀릴 것이라 생각했다. 그들은 여호와 하나님을 신뢰한 것이 아니라 전통과 성전건물과 의식에 대해 신뢰했다.

"종교적 삶"과 "실제적 삶" 사이의 분리는 위선의 공통적 특징이다. 위선자들은 종교적 활동이 벌받지 않고 제약없이 살 수 있는 자유를 자신들에게 가져다준다고 생각하는 경향이 있다. 예레미야의 성전 회중들은 다음과 같은 말로 이런 생각을 나타냈다: "우리가 구원받았기에 이런 모든 가증한 일들을 행할 수 있게 되었다"(렘 7:10). 성전에서의 지속적인 예배에도 불구하고, 그들의 생활 방식은 하나님의 율법에 대한 무시와 하나님의 거룩하심에 대한 경시를 드러냈다. 그들이 범했던 죄들의 목록은 십계명의 양쪽 부분을 모두 어겼다. 참된 종교는 마음 속에 거룩하게 살아 가고자 하는 열망을 생기게 한다. 삶은 반드시 고백과 일치해야 한다.

예레미야 7:11은 본문에서 가장 정신이 번쩍 들게 하는 말씀이다.

"내 이름으로 일컬음을 받는 이 집이 너희 눈에는 도둑의 소굴로 보이느냐 보라 나 곧 내가 그것을 보았노라 여호와의 말씀이니라"

비록 성전이 하나님의 이름으로 인하여 거룩하게 되었기에 그곳은 가장 거룩한 장소여야 했지만, 그곳은 도둑의 소굴, 악한 자들의 은신처가 되어버렸다. 이스라엘은 모든 상상 가능한 범죄들을 성전 밖에서 저지르고 난 뒤(9절) 성전에 들어와서는 자신들이 구원을 얻었다고 공언했다(10절). 성전은 그들의 은신처였고 그곳에서 그들은 율법의 요구와 처벌로부터 면제받고자 했다. 하지만 하나님은 "내가 그것을 보았노라"고 선언하셨다(11절). 하나님은 정확히 그들이 어느 곳에 있었는지 아셨고, 성전은 그들에게 결코 안전한 곳이 아니었다. 슬프게도, 이스라엘의 미련한 생각은 시대를 거쳐 지속된다. 많은 사람들은 교회를 은신처로 만들어 왔고 만약 그들이 교회에 다니거나 잠들기 전 기도에서 죄송하다고 말 할 수만 있다면 자신들이 어떤 일을 행하든지 모든 것이 괜찮을 것이라고 생각한다. 그러나 하나님은 우롱 당할 수 있는 분이 아니시다. 하나님은 여전히 보고 계신다. 참된 신앙은 위선자들에게 어떠한 피난처도 제공해 주지 못한다. 생명력 없는 종교에 대한 하나님의 경고는 모세의 시대로부터 예레미야 시대에 이르기까지 영감 있는 설교의 최우선 순위이자 공통 요소였다.

● 오늘의 말씀에 대한 나의 묵상 ●

오늘의 본문 성경을 읽으시고 깨달은 점이나 기억하고 싶은 점 혹은 기도문을 기록합니다.

렘 9장~11장

● 묵상 자료 ●

1. 부끄러움을 아는 것이 회개의 시작이다(렘 8장)

"그들은 가장 작은 자로부터 큰 자까지 다 욕심 내며 선지자로부터 제사장까지 다 거짓을 행함이라 그들이 내 딸 내 백성의 상처를 가볍게 여기면서 말하기를 평강하다, 평강하다 하나 평강이 없도다 그들이 가증한 일을 행할 때에 부끄러워하였느냐 아니라 조금도 부끄러워하지 않을 뿐 아니라 얼굴도 붉어지지 아니하였느니라" 렘 8:10~12

그들은 얼굴에 철판을 깔고 부끄러워하지 않았고 천연덕스럽게 거짓말을 하였다. 재앙이 닥쳐오고 있는데도 거짓 선지자들은 평강하다, 평강하다고 백성들의 기호에 비위 맞추느라 바빴다. 지금 한국교회도 교인들이 교회를 옮길까 봐 죄악을 제대로 책망하지 못하고 조엘 오스틴 목사처럼 '잘되는 나'만 강조하고 기복신앙을 장려하는 교회가 많다고 한다. 하나님을 기쁘시게 하기 보다 '교회성장' 신화에 편승하여 사람의 눈치를 보는 교회로 변질되어 버리면 하나님의 진정한 도움을 받기는 힘들게 된다.

거짓 선지자들이 얼굴에 철판 깔고 평강을 외칠 때에 예레미야는 가슴을 치고 멍에를 목에 메고 다니며 백성들에게 화가 임할 것을 경고했다. 그는 늘 "슬프다. 내 마음이 병들 정도로 슬프고 애통하다"고 울부짖으며 밤낮으로 울고 다녔다(렘 8:18). 신약성경에도 세상과 짝하는 세속적인 교인들을 향하여 책망하시며 너희 웃음을 애통으로 바꾸라고 준엄하게 경고하였다.

"간음한 여인들아 세상과 벗 된 것이 하나님과 원수 됨을 알지 못하느냐 그런즉 누구든지 세상과 벗이 되고자 하는 자는 스스로 하나님과 원수 되는 것이니라… 두 마음을 품은 자들아 마음을 성결케 하라 슬퍼하며 애통하며 울지어다 너희 웃음을 애통으로, 너희 즐거움을 근심으로 바꿀지어다" 약 4:4~9

아직도 우리의 모습에 하나님 앞에 자복하고 우는 모습이 있다면 거기에는 소망이 있다. 히스기야는 통곡하며 벽을 보고 기도했다고 했다. 성령께서 예레미야를 읽어 가는 우리 모두에게 회개와 눈물의 은혜를 회복시켜 주시기를 소망한다. 눈물의 선지자의 글을 읽으며 우리도 마음을 강퍅케 하지 말고 주 앞에 나의 죄를 인하여 울자. 심히 부패한 나의 마음에 보혈의 피로 정결함을 입혀 주시도록 간구하자.

부끄러움을 아는 것이 회개의 시작이다. 미성숙한 어린 아이들은 방에다 쉬를 하고도 전혀 부끄러움이 없다. 어리기 때문이다. 마찬가지로 신앙이 미성숙한 신자들은 죄에 대한 감각이 없다. 또한 술에 취하면 부끄러움을 모르게 된다. 신자가 세속화되고 세상에 취하면 부끄러움을 모르고 뻔뻔하게 된다. 반대로 신자가 성령에 충만하게 되면 죄를 부끄러워하고 회개하기에 이른다.

"오! 성령님. 죄에 대한 자각을 주시고 부끄러움을 아는 자가 되게 하소서!" 아멘.

오늘의 본문 성경을 읽으시고 깨달은 점이나 기억하고 싶은 점 혹은 기도문을 기록합니다.

....

....

....

....

....

렘 12장~14장

묵상 자료

1. 선지자의 질문(렘 12:1~5)

"여호와여 내가 주와 변론할 때에는 주께서 의로우시니이다 그러나 내가 주께 질
문하옵나니 악한 자의 길이 형통하며 반역한 자가 다 평안함은 무슨 까닭이니이
까" 렘 12:1

예레미야 선지자는 자신의 고향 아나돗 사람들이 자신을 죽이려는 음모를
꾸미고 있다는 사실 앞에 마음의 큰 상처를 받은 것 같다. 예레미야는 자신의
내면 속에 감추어진 감정을 하나님 앞에 숨김없이 내보였다. 왜 악한 자들이
형통한 삶을 살고 있느냐는 것이었다. 하나님은 의로우신 분이신데, 하나님의
의로움과 모순되는 일들이 도처에서 일어나고 있는 현실을 선지자는 이해할
수가 없었던 것이다. 하나님 말씀을 선포하는 자신에게는 살해와 음모와 갖가
지 핍박이 뒤따르는 반면에 자신을 죽이려는 악한 자들은 형통한 삶을 누리고
있는 까닭이 무엇이냐는 것이었다.

"주께서 그들을 심으시므로 그들이 뿌리가 박히고 장성하여 열매를 맺었거늘그
들의 입은 주께 가까우나 그들의 마음은 머니이다" 렘 12:2

여기에서 악인은 나무에 비유되고 있는데, 그 나무가 뿌리를 내리고 크게
자라서 열매를 맺게 된 것은 하나님께서 그 나무를 심으셨기 때문이라는 것이
다. 그런데 이 악인들이 어떤 자들인가? 하나님을 섬기는 자들인데 그들의 입
은 주께 가까이 있고 마음은 멀리 있는 자들이라고 하였다. 그런데 이런 자들

을 하나님이 심으시고 자라게 하셨다는 사실이다. 예레미야의 갈등이 바로 여기에 있었다.

선지자는 하나님이 자신의 속 마음 까지도 감찰하시는 분이시라는 사실을 알고 있었다. 또한 악인들이 마지막에는 하나님 앞에 심판 당할 것도 알고 있었다.

"언제까지 이 땅이 슬퍼하며 온 지방의 채소가 마르리이까 짐승과 새들도 멸절하게 되었사오니 이는 이 땅 주민이 악하여 스스로 말하기를 그가 우리의 나중 일을 보지 못하리라 함이니이다" 렘 12:4

악인들로 인해 남유다 땅이 하나님의 진노로 땅과 짐승과 새들까지도 멸절될 것이라는 사실 앞에 선지자는 탄식하고 있다. 더욱 안타까운 것은 악인들은 "선지자가 자신들의 나중을 보지 못하고 죽을 것이라"고 떠들고 있다는 것이다.

예레미야 선지자의 의문에 하나님은 직접적으로 대답하지 아니하시고 당시에 잘 알려진 격언으로 우회적인 답변을 하셨다.

"만일 네가 보행자와 함께 달려도 피곤하면 어찌 능히 말과 경주하겠느냐 네가 평안한 땅에서는 무사하려니와 요단 강 물이 넘칠 때에는 어찌하겠느냐" 렘 12:5

다시 말하면 고향 사람들에 의한 핍박은 기껏 사람과 달리기 하는 정도에 불과하지만 앞으로 닥쳐올 핍박은 마치 말과 달리기 시합을 하는 것과 같다는 의미이다. 즉, 지금과 비교할 수 없을 만큼 핍박이 요단강 물이 넘치듯이 예레미야에게 앞으로 찾아올 것이라는 말씀이다. 이것은 예레미야 선지자에게 마음을 굳게 먹고 더 큰 어려움에 대비하라는 말씀이었다.

때로 우리 하나님은 내가 묻는 질문에 직접적이고 확실한 대답보다는 그 모든 의문은 하나님의 주권을 믿고 하나님의 손에 맡기고 우리는 우리에게 닥쳐올 일에 믿음으로 잘 대응하며 살아내야 한다는 응답을 주시는 경우가 있다. 예레미야 선지자는 나중에야 결국 이스라엘이 망하고 하나님의 뜻이 선명하게 들어 났을 때 하나님의 마음을 다 이해할 수 있었다. 지금은 우리가 거울을 보는 것 같이 희미하지만 그 날에는 모든 것이 확실히 들어 날 것이다. 주의 주권과 신실하심을 믿고 우리는 우리의 믿음 생활에 더욱 주의하며 주를 기쁘시게 하는 삶을 살아야 하리라. 아멘.

● 오늘의 말씀에 대한 나의 묵상 ●

오늘의 본문 성경을 읽으시고 깨달은 점이나 기억하고 싶은 점 혹은 기도문을 기록합니다.

1년 1독365일 성경통독, 꿀송이 보약큐티

렘 15장~17장

● 묵상 자료 ●

1. 마음의 부패(렘 17:5~11)

"여호와께서 이와 같이 말씀하시니라 무릇 사람을 믿으며 육신으로 그의 힘을 삼고 마음이 여호와에게서 떠난 그 사람은 저주를 받을 것이라 그는 사막의 떨기나무 같아서 좋은 일이 오는 것을 보지 못하고 광야 건조한 곳, 건한 땅, 사람이 살지 않는 땅에 살리라 그러나 무릇 여호와를 의지하며 여호와를 의뢰하는 그 사람은 복을 받을 것이라 그는 물 가에 심어진 나무가 그 뿌리를 강변에 뻗치고 더위가 올지라도 두려워하지 아니하며 그 잎이 청청하며 가무는 해에도 걱정이 없고 결실이 그치지 아니함 같으리라" 렘 17:5~8

사막의 떨기나무는 잎이 없이 가지와 가시만 있다. 그것은 물이 없고 뜨거운 태양이 내리 쬐는 곳에 있기 때문이다. 그래서 그 나무는 별로 쓸 데가 없다. 시내에 심겨진 나무는 물을 많이 흡수하기 때문에 잎이 무성하고 많은 열매를 맺을 수 있다. 그 나무는 사람들에게 많은 유익을 준다. 무릇 사람을 믿고 육신으로 힘을 삼고 하나님을 떠난 사람은 사막의 떨기나무 같이 좋은 일을 보지 못할 것이고 건조한 사람이 살지 않는 땅에 살게 될 것이라고 했다. 하지만 하나님을 의지하는 사람은 물가에 심겨진 나무처럼 복될 것이라고 했다. 물질을 의지하는 자는 물질이 없어질 때 고통을 당한다. 사람을 의지하는 자는 사람이 상처를 줄 때 고통을 당한다. 우상을 의지하는 자는 그것이 원하는 것을 해줄 수 없다는 것을 알게 될 때 고통을 당한다. 그러나 하나님을 의지하는 자는 항상 변함없이 평안을 얻고 소망 가운데 살 수 있다. 그것은 물질과 사람은 가변적이고 하나님은 불변적이시기 때문이다. 사람은 지혜와 사랑과 능력이 한계가 있지만 하나님은 무한하시기 때문이다. 그래서 물질을 목적삼지 말고 사람을 믿지 말고 하나님과 하나님 말씀을 믿어야 한다.

예레미야 17:9에, "만물보다 거짓되고 심히 부패한 것은 마음이라 누가 능히 이를 알리요마는"이라고 했다. 만물보다 거짓되고 심히 부패한 것은 마음이다. '마음'은 사람의 의지의 좌소이다. 생각과 행동을 지배한다. 사람의 마음은 어떤 것보다도 더럽고 그것을 완전히 깨끗게 할 자가 없다. 예수님께서도 마가복음 7:21~23에서 "속에서 곧 사람의 마음에서 나오는 것은 악한 생각 곧 음란과 도둑질과 살인과 간음과 탐욕과 악독과 속임과 음탕과 질투와 비방과 교만과 우매함이니 이 모든 악한 것이 다 속에서 나와서 사람을 더럽게 하느니라"고 하셨다. 바울은 이를 육체의 소욕이라고 했다. 이것은 인간이 태어날 때부터 가지고 있는 죄성, 곧 육체의 욕망이다.

갈라디아서 5:19~21에 "육체의 일은 현저하니 곧 음행과 더러운 것과 호색과 우상 숭배와 주술과 원수 맺는 것과 분쟁과 시기와 분냄과 당 짓는 것과 분열함과 이단과 투기와 술 취함과 방탕함과 또 그와 같은 것들이라 전에 너희에게 경계한 것 같이 경계하노니 이런 일을 하는 자들은 하나님의 나라를 유업으로 받지 못할 것이요"라고 했다. 이 육체의 소욕은 성령의 소욕을 거슬러 원하는 것을 하지 못하게 한다. 갈라디아서 5:17에 "육체의 소욕은 성령을 거스르고 성령은 육체를 거스르나니 이 둘이 서로 대적함으로 너희가 원하는 것을 하지 못하게 하려 함이니라"라고 말씀했다.

잠언 4:23에는, "모든 지킬 만한 것 중에 더욱 네 마음을 지키라 생명의 근원이 이에서 남이니라"고 했다. 이 육체의 소욕을 제어하기 위해서는 성령의 소욕을 따라야 한다. 갈라디아서 5:16에 "내가 이르노니 너희는 성령을 따라 행하라 그리하면 육체의 욕심을 이루지 아니하리라"고 가르쳐 주신다.

오늘의 본문 성경을 읽으시고 깨달은 점이나 기억하고 싶은 점 혹은 기도문을 기록합니다.

렘 18장~20장

● 묵상 자료 ●

1. 바스홀의 핍박과 그에 대한 예언(렘 20:1~6)

남유다에게 하나님의 재앙이 임한다는 예언을 선포한 예레미야 선지자는 고향 아나돗 사람들에게만 핍박을 당한 것이 아니라 종교적으로 당시에 하나님의 성전의 총감독이었던 바스홀에게 핍박을 당하였다. 바스홀은 예레미야를 때리고 그를 차꼬를 채워 성전의 어느 방 한 칸에 가두었다.

바스홀은 다음 날 예레미야를 풀어주는 회유책을 사용하였지만 예레미야는 자신의 사명을 조금도 굽히지 않고 예언의 말씀을 3가지로 선포하였다.

첫째는 바스홀의 이름이 바꾸어진 것을 선포하였다. 예레미야는 하나님이 바스홀의 이름을 "마골밋사빕"으로 바뀌어졌음을 선포하였다. "마골밋사빕"이라는 이름의 뜻은 "사방의 두려움"이란 의미를 가지고 있다. 이름이 바뀌었다는 것은 곧 사명이 바뀌어졌다는 것을 의미하기도 하는 것이다. 하나님의 성전의 총감독으로써 백성들에게 평안을 빌어주어야 할 제사장이 '사방의 두려움'으로 벌벌 떠는 자'로 바뀌었다는 것이다. 그 두려움이 어떤 것인가? 자기는 물론이고 자기와 가까운 사람들이 모두 원수들의 칼에 죽임을 당하고 포로로 잡혀가거나, 그것을 목격하는 두려움이었다. 예레미야 선지자는 남유다를 멸망시키는 그 실체가 바벨론이라는 사실을 밝히고 있다. 그러나 성전의 총 감독이었던 바스홀은 이러한 사실을 까맣게 모르고 있었다. 바스홀은 하나님의 우리와 함께 하시므로 절대로 이러한 재앙은 없을 것이라고 백성들을 거짓으로 가르쳤다.

예레미야와 바스홀이 다른 점은 무엇인가? 예레미야는 하나님 편에서 하나님 마음을 가지고 시대를 볼 줄 아는 자였다면 바스홀은 자신의 마음에서 자신의 유익을 위해 사명을 감당하는 자였다. 참 종과 거짓 종의 차이점은 종이 한 장 차이이다. 어떤 마음으로 나를 바라보고, 시대를 바라보는가의 차이이다. 진실로 하나님 말씀 안에서 오직 예수의 마음으로 시대를 바라보는 자들이 참된 종들이다.

둘째는 모든 보물을 바벨론에게 넘길 것이라는 것이다(렘 20:5). 옛날이나 오늘이나 거짓된 세력들이 가장 아끼는 것은 세상의 재물들이다. 하나님은 그들이 아끼던 그 보물들을 다 바벨론에게 빼앗기게 할 것이다. 거짓 복음의 특징 중에 하나는 물질주의로 흐르는 경향이다. 예수 믿는 자가 천국에 대해 소망을 두지 않고 이 땅의 것에 더 소망을 두고 살아가고 있다면 그 사람의 신앙은 가짜일 가능성이 농후하다. 당시에 거짓 종 바스훌의 재산은 얼마나 되었을까? 아마도 어마어마한 재물을 가지고 있었을 것이다.

셋째로 바스훌이 바벨론에서 죽을 것을 선포하였다. 바스훌만 포로가 잡혀가서 죽을 것이 아니라 그의 가족들과 바스훌의 거짓 예언을 들은 자들도 모두 그와 같을 것이라고 하였다. 하나님의 종들은 정신 차리고 사명을 감당해야 할 것이고 성도들도 정신 바짝 차리고 말씀을 분별해서 들어야 할 것이다. 우리가 아무 음식이나 마구 먹지 않듯이 하나님의 영적인 말씀도 아무 것이나 들어서는 안 된다. 계시록에서는 마지막 때에 거짓 종들이 전하는 말씀들이 쑥 물이 되어 사람들의 영혼들을 죽일 것이라고 하였다.

"이 별 이름은 쓴 쑥이라 물의 삼분의 일이 쓴 쑥이 되매 그 물이 쓴 물이 되므로 많은 사람이 죽더라" 계 8:11

쑥 물 같은 말씀을 먹으면 영적인 소경이 되고 영적이 귀머거리가 되고 강퍅한 심령들이 되어 아무리 하나님 말씀을 들어도 깨닫지 못하게 되는 것이다. 남유다 시대에도 백성들이 예레미야가 전하는 하나님의 말씀을 깨닫지 못했던 것은 바스훌 같은 거짓 종들에게 미혹되어 영적인 귀머거리가 되었고 영적인 소경이 되었기 때문이었다.

오늘의 본문 성경을 읽으시고 깨달은 점이나 기억하고 싶은 점 혹은 기도문을 기록합니다.

렘 21장~23장

● 묵상 자료 ●

1. 땅이여, 땅이여, 땅이여, 여호와의 말을 들을지니라

눈물의 선지자 예레미야는 예루살렘을 바라보며 "네가 평안할 때에 내가 네게 말하였으나 네 말이 나는 듣지 아니하리라 하였나니 네가 어려서부터 내 목소리를 청종하지 아니함이 네 습관이라"(렘 22:21)하고 탄식한다.

참 기가 막힌 습관도 다 있다. 유대 백성은 하나님의 목소리를 청종하지 않는 것이 어려서부터 습관이 되어 있었다고 한다. 아예 망할려고 작정을 하지 않고야 어떻게 복되신 하나님의 말씀을 불순종하는 것이 습관화될 수 있단 말인가? 그래서 예레미야 선지자는 땅이여, 땅이여, 땅이여 여호와의 말을 들으라고 세 번이나 외치며 피를 토하는 탄식을 내뱉고 있다. 그러면서 유다의 왕 여호야긴에 대해 무서운 심판의 예언을 한다. "네 자손 중 형통하여 다윗의 왕위에 앉아 유다를 다스릴 사람이 다시는 없을 것임이라"(렘 22:30)는 예언은 섬뜩한 저주이다.

초대 사울 왕 이후 유다 왕가는 20대를 거치며 부침을 거듭해 왔다. 다윗과 솔로몬 시대에 가장 강력한 나라를 이루었고 그 후 다윗의 길을 가며 하나님을 경외한 왕이 나오면 나라가 평안하고 하나님을 져 버리고 우상숭배하는 왕이 나오면 나라가 어려움에 처하였다. 불행하게도 유다의 후반기 왕들은 악한 왕들이 대부분이었다. 풍전등화 같은 조국의 패망의 위기를 막아보려고 예레미야 같은 위대한 하나님의 종이 나와 목에 멍에를 메고 너희가 이렇게 바벨론에 끌려갈 것이니 회개하라고 눈물로 호소했건만 소용없었다. 결국 여호야긴은 다윗 왕가의 마지막 임금이 되는 비극의 주인공이 되었다. 시드기야 여호야긴이 끌려 간 후 유다의 섭정자로 있었지만 실제적인 유다의 마지막 왕은 여호야긴이었다. 어려서부터 습관처럼 불순종하던 그들의 종말은 선지자의 경고 그대로 되었다. 성경은 지금의 우리 성도들에게도 말세의 징조를 미리 힌트를 주면서 최후 심판을 경고하고 있다. 우리는 등불 들고 신랑 되신 예수님의 재림을 기다리며 이 시대를 살고 있다. 슬기로운 다섯 처녀들처럼 은혜의 기름을 충분히 준비하여 신랑 되신 예수님 다시 오실 때 맞이하는 복된 자들이 되어야겠다.

2. 하나님의 말씀을 도둑질하다

예레미야 23:30에는 참 희한한 도둑이 등장한다. 돈이나 패물을 훔치는 도둑이 아니라 '하나님의 말씀'을 도둑질하는 강도들이 있다는 것이다. 그들이 누구일까?

"여호와의 말씀이라 그러므로 보라 서로 내 말을 도둑질하는 선지자들을 내가 치리라" 렘 23:30

그들은 이스라엘의 선지자들이었다. 선지자들이 누구인가? 그들은 제사장들과 더불어 이스라엘 백성들을 하나님께로 인도하는 사명을 맡은 자들이었다. 제사장들이 하나님께 드리는 예배를 담당한 자들이었다면 선지자들은 하나님의 율법을 백성들에게 가르치고 또한 하나님이 시시때때로 백성들에게 계시하시는 말씀이 임할 때 그것을 백성들에게 전달하는 직무를 감당한 거룩한 일에 종사하는 자들이었다. 그러나 예레미야서를 읽다 보면 수없이 거짓되고 악행을 일삼는 선지자들을 책망하시는 대목이 발견된다. 제사장과 선지자가 타락하면 그 나라는 막장임을 증명한다. 인류 역사에서 그 나라가 망할 때는 항상 징조가 나타나는데 마지막으로 종교지도자들이 타락하는 모습을 보여준다. 이스라엘과 유다도 똑 같았다.

소수의 참된 선지자들이 발버둥을 치며 무너져 가는 나라를 바로 세워 보려고 노력하는 모습도 있지만 대부분의 제사장들과 선지자들은 일반인들 못지않게 썩어 있었다. 그들은 하나님의 말씀을 도둑질했다. 하나님이 하시지도 않으신 말을 자기들 맘대로 조작하여 "하나님의 엄중한 말씀이라"라고 백성들에게 선포했다. 범죄한 백성들을 따끔하게 질책하며 하나님께 이끌기는커녕 평안하다, 평안하다 하며 인간들의 비위를 맞추었다. 돈을 사랑하고 뇌물을 받고 재판을 굽게 했으며 심지어 선지자들이 음행을 저질렀다. 또 어떤 선지자들은 꿈을 꾸었다고 말하며 개꿈을 하나님의 말씀인양 전파하였다.

"내 이름으로 거짓을 예언하는 선지자들의 말에 내가 꿈을 꾸었다, 꿈을 꾸었다고 말하는 것을 내가 들었노라" 렘 23:25

하나님의 말씀을 제쳐두고 꿈이나 환상, 예언을 좋아하고 그런 것을 말씀보다 위에 두는 것을 하나님은 몹시 싫어하신다. 예레미야서에 나타나는 대표적인 거짓 선지자는 하나냐와 시드기야와 스마야다. 하나냐는 하나님의 뜻과 정반대되는 말을 백성들에게 하나님의 말씀이라고 전하면서 참 선지자인 예레미야를 오히려 거짓 선지자라고 덮어 씌웠다. 결국 하나냐는 하나님의 심판을 받고 죽었다. 바벨론에 포로로 잡혀 갔던 스마야 선지자는 예레미야의 예언이 적힌 편지를 바벨론에서 받고 예레미야의 말을 거짓이라고 공박하는 편지를 써 보낸 희한한 자인데 그의 악행으로 인해 하나님은 그의 자손을 모두 멸하셨다 (렘 29:32).

오늘 우리가 사는 한국 교회의 목사님들과 선교지의 선교사들의 모습은 어떠한가? 훌륭한 목사님, 선교사님들도 많지만 그 중에는 조심해야 할 자들도 많이 섞여 있다. 자기 욕심과 명예심을 비전이라는 그럴듯한 이름으로 포장하여 야망을 채우거나 세습등 불건전한 파행으로 물의를 일으켜 한국교회에 먹칠을 하는 경우도 많이 있다. 목사의 말이라고 무조건 따르지 말고 그 말이 과연 성경적인가를 분별할 수 있는 영적 통찰력이 있어야 한다. 말씀보다 은사를 더 강조하는 자들도 조심해야 한다. 말세에는 사람들이 귀가 가려워서 진리의 말씀을 싫어하고 솔깃하고 감각적인 것을 따라 우르르 몰려 다닌다. 얼마전 피디수첩이라는 시사 프로에 천주교의 나주 성모동산의 사기행각이 적나라하게 파헤쳐져 보도되었다. 하나님이 금하시는 우상숭배인 마리아상을 숭배하는 것도 모자라 마리아 상에서 피눈물이 난다고 자작극을 벌여 사람들을 현혹했는데 무지한 인간들은 지금도 수천 명씩 관광버스를 대절하여 그 기적의 현장을 찾는 다고 한다.

"말세에는 거짓 선지자들을 조심하라."

● 오늘의 말씀에 대한 나의 묵상 ●

오늘의 본문 성경을 읽으시고 깨달은 점이나 기억하고 싶은 점 혹은 기도문을 기록합니다.

렘 24장~26장

● 묵상 자료 ●

1. 한 마디도 감하지 말고 모두 전하라(렘 26장)

칼빈은 성경이 가는 데까지 가고 성경이 멈추는 데서 멈추어야 한다고 했다. 사도 요한도 말하기를 "내가 이 두루마리의 예언의 말씀을 듣는 모든 사람에게 증언하노니 만일 누구든지 이것들 외에 더하면 하나님이 이 두루마리에 기록된 재앙들을 그에게 더하실 것이요 만일 누구든지 이 두루마리의 예언의 말씀에서 제하여 버리면 하나님이 이 두루마리에 기록된 생명나무와 및 거룩한 성에 참여함을 제하여 버리시리라"(계 22:18~19)라고 하였다. 하나님의 말씀을 더해서 전해서도 안 되지만 전해야 할 말씀을 전하지 않아서도 안 된다.

예레미야 선지자는 하나님 말씀을 가감하지 않고 전할 때 자신에게 찾아오는 아픔과 어려움이 어떤 것일지를 잘 알고 있었을 것이다. 그러나 예레미야는 자신의 개인적인 생각보다는 하나님 말씀을 온전히 전하는 것이 사명자의 본분임을 깨닫고 하나님 말씀을 그대로 선포하였다.

예레미야 선지자의 성전 설교는 앞서 예레미야 7장에서 있었다. 그때는 성전 문 입구에서 예언했는데 예레미야 26장은 성전 뜰에 들어가서 예언하고 있다. 성전 설교를 할 때가 여호야김 초기였던 B.C. 608년으로 볼 때 남유다가 멸망 받기 전 약 22년 전임을 알 수 있다. 남유다가 진실로 선지자의 말을 듣고 회개할 수 있는 기간이 얼마든지 있었다는 것을 알 수 있다.

> "내가 이 성전을 실로 같이 되게 하고 이 성을 세계 모든 민족의 저줏거리가 되게 하리라" 렘 26:6

실로는 이스라엘 백성들이 가나안 땅에 들어와서 처음으로 법궤를 모셔둔 곳이며 가나안 입성 초기에 예배 중심지였다. 그러나 주전 1050년에 블레셋과의 전쟁에서 패배한 후에 법궤를 빼앗기고 실로는 파괴되었다. 그로부터 실로는 예레미야 당시에도 폐허로 변해 있었다. 남유다 백성들이 회개하고 하나님께 돌아오지 아니할 때 그들이 그렇게 자랑하는 웅장한 예루살렘 성전이 자신들이 눈앞에 폐허로 변한 실로처럼 될 것이라는 선포였다. 에레미야 26:7에 보면 예레미야 선지자의 말을 제사장들과 선지자들과 모든 백성들이 들었다고 했다. 그러나 하나님의 말씀을 듣고 난 그들의 반응은 회개하는 모습이 아니라 예레미야 선지자를 죽이려고 했다는 것이다.

"제사장들과 선지자들과 모든 백성이 예레미야를 붙잡고 말하기를 네가 반드시 죽어야 하리라" 렘 26:8

모세의 율법에 의하면 여호와의 이름으로 '거짓 예언'하는 것은 사형에 해당하는 죄목이었다. 그들은 예레미야 선지자가 거짓 예언을 하고 있다고 판단했다. 하나님이 임재하고 계시는 성전과 그 성전이 있는 예루살렘 성읍은 어떤 경우에도 파괴될 수 없다고 굳게 믿고 있던 그들에게는 여호와의 이름으로 성전 파괴를 예언하는 예레미야가 거짓 선지자로 보였던 것이다.

모든 사람들은 예레미야의 예언을 믿으려 하지 않았고 오히려 예레미야를 거짓 선지자로 죽이려고 했다. 우리의 영적 귀가 어두우면 아무리 하늘의 소리를 들려주어도 깨닫지 못한다. 오늘날도 예레미야 시대와 다를 바 없는 시대이다. 신천지를 비롯한 희한한 이단들이 날뛰는 시대이다.

"주여, 우리의 영안을 열어 주소서!" 아멘.

오늘의 본문 성경을 읽으시고 깨달은 점이나 기억하고 싶은 점 혹은 기도문을 기록합니다.

1년 1독 365일 성경통독, 꿀송이 보약큐티

렘 27장~29장

● 묵상 자료 ●

1. 앞이 캄캄한 절망 중에 희망의 빛으로 다가오시는 주님(렘 29장)

"만군의 여호와 이스라엘의 하나님께서 예루살렘에서 바벨론으로 사로잡혀 가게 한 모든 포로에게 이같이 이르노라 너희는 집을 짓고 거기 거하며 전원을 만들고 그 열매를 먹으라 아내를 취하여 자녀를 생산하며 너희 아들로 아내를 취하며 너희 딸로 남편을 맞아 그들로 자녀를 생산케 하여 너희로 거기서 번성하고 쇠잔하지 않게 하라 너희는 내가 사로잡혀 가게 한 그 성읍의 평안하기를 힘쓰고 위하여 여호와께 기도하라 이는 그 성이 평안함으로 너희도 평안할 것임이니라 만군의 여호와 이스라엘의 하나님이 이같이 말하노라 너희 중 선지자들에게와 점쟁이에게 미혹되지 말며 너희가 꾼 꿈도 곧이 듣고 믿지 말라 내가 그들을 보내지 아니하였어도 그들이 내 이름으로 거짓을 예언함이라 여호와의 말씀이니라 나 여호와가 이같이 말하노라 바벨론에서 칠십년이 차면 내가 너희를 권고하고 나의 선한 말을 너희에게 실행하여 너희를 이곳으로 돌아오게 하리라 나 여호와가 말하노라 너희를 향한 나의 생각은 내가 아나니 재앙이 아니라 곧 평안이요 너희에게 미래와 희망을 주는 것이니라 너희가 내게 부르짖으며 내게 와서 기도하면 내가 너희들의 기도를 들을 것이요 너희가 전심으로 나를 찾고 찾으면 나를 만나리라 나 여호와가 말하노라 내가 너희에게 만나지겠고 너희를 포로 된 중에서 다시 돌아오게 하되 내가 쫓아 보내었던 열방과 모든 곳에서 모아 사로잡혀 떠나게 하던 본 곳으로 돌아오게 하리라 여호와의 말이니라 하셨느니라" 렘 29:4~14 아멘.

인생을 살다 보면 예기치 못한 먹구름이 몰려와 앞이 캄캄해지는 낙심의 순간이 누구에게나 한 번쯤은 닥쳐온다. 불행은 항상 예고편도 없이 갑작스럽게 덮친다.

2008년 10월 9일… 그 날은 나와 아내에게는 결혼 23주년이 되는 날이었다. 그 날 아내는 아프리카 선교지에서 불과 몇 시간 전 미소를 지으며 설교하러 차를 타고 떠난 남편이 교통사고로 차가 전복되어 생사를 오가는 중상을 입었다는 비보를 들어야 했다. 갑자기 닥친 일이라 처음에는 온몸이 떨려 사고현장을 달려 갈 힘도 없었다고 한다. 그 캄캄한 순간에 기도하던 아내에게 하나님은 예레미야 29:11 "나 여호와가 말하노라 너희를 향한 나의 생각은 내가 아나니 재앙이 아니라 평안이요 너희에게 미래와 소망을 주는 것이니라" 말씀을 생생하게 들려주었다고 한다. 이 말씀이 레마처럼 생방송처럼 자신의 심령에 울려 퍼졌을 때 희망이 생겼고 절망을 믿음으로 밀어내고 현장에 달려와 피투성이가 된 남편을 위로하며 담대히 기도해 줄 수 있었다.

이스라엘 백성들이 피눈물을 흘리며 고향산천을 등지고 낯설은 타국에 포로로 끌려가 고통 당하고 있을 때 그 절망의 순간에 빛 같은 하나님의 말씀이 선지자 예레미야의 편지를 통해 그들에게 전달되었다. 울음을 그치고 한숨을 그만 쉬고 편한 마음으로 살라고 하셨다. 장가도 가고 농사도 짓고 하나님의 때를 기다리며 살다 보면 좋은 날이 반드시 그들에게 올 것이라는 말씀이었다. 언제 단 한 번이라도 하나님의 말씀이 틀린 적이 있었던가?

당신에게도 인생의 어느 날에 갑자기 천둥치고 폭풍우가 쏟아 지는 날이 이르거든… 예레미야 29장을 꺼내 읽으시기를 권해 드린다. 하나님의 소망의 말씀을 반복해서 읽다 보면 갑자기 용기가 생긴다. 힘이 솟구친다. 하나님이 살아 계시는데 왜 용기를 잃어야 하겠는가? 오늘 8월 15일 우리 민족에 해방을 주신 이 날에 오늘의 본문은 더 의미있게 다가온다. 아멘.

● 오늘의 말씀에 대한 나의 묵상 ●

오늘의 본문 성경을 읽으시고 깨달은 점이나 기억하고 싶은 점 혹은 기도문을 기록합니다.

8월 16일

1년 1독 365일 성경통독, 꿀송이 보약큐티
렘 30장~32장

● 묵상 자료 ●

1. 예레미야 31장에 나타난 하나님의 부모와 같은 마음

"그때에 그들이 다시는 이르기를 아비가 신 포도를 먹었으므로 아들들의 이가 시다 하지 아니하겠고 신 포도를 먹는 자마다 그 이가 심 같이 각기 자기 죄악으로만 죽으리라 나 여호와가 말하노라 보라 날이 이르리니 내가 이스라엘 집과 유다 집에 새 언약을 세우리라 나 여호와가 말하노라 이 언약은 내가 그들의 열조의 손을 잡고 애굽 땅에서 인도하여 내던 날에 세운 것과 같지 아니할 것은 내가 그들의 남편이 되었어도 그들이 내 언약을 파하였음이라 나 여호와가 말하노라 그러나 그날 후에 내가 이스라엘 집에 세울 언약은 이러하니 곧 내가 나의 법을 그들의 속에 두며 그 마음에 기록하여 나는 그들의 하나님이 되고 그들은 내 백성이 될 것이라 그들이 다시는 각기 이웃과 형제를 가리켜 이르기를 너는 여호와를 알라 하지 아니하리니 이는 작은 자로부터 큰 자까지 다 나를 앎이니라 내가 그들의 죄악을 사하고 다시는 그 죄를 기억지 아니하리라 여호와의 말이니라" 렘 31:29~34

본문 속에는 여러가지 새롭게 깨닫게 해주시는 말씀들이 적지 않다. 특히 새 언약에 대한 내용도 언급되는 중요한 장이라 여겨진다. 예레미야 이전까지 아버지의 죄가 자식에게까지 영향을 미친다는 입장으로 말씀이 주어졌다. 그런데 예레미야에 와서는 아버지가 신포도를 먹었다고 아들의 이가 시다 할 수 없다고 말한다. 즉 아버지의 죄에 대한 결과가 아들에게까지 이르지 않도록 하는 것에 대해서 말씀하고 있다는 것이다. 이는 하나님이 법이 시대를 따라서 달라진 것이 아닌가 하는 생각이 들게 된다.

그러나 그렇지 않다. 이것은 자식을 키워본 사람이라면 누구나가 이해할 수 있는 방식이다. 자식을 바르게 키우고자 하는 부모의 마음에는 변화가 없다. 그러나 바르게 자식을 키우는 방식에는 계속 변화가 있다. 자식이 어떤 큰 죄를 저지르기 전까지는 그 죄에 대한 결과를 좀 과장하게 된다. 왜냐하면 그래야 자녀에게 더 크게 각인되고, 그 죄 근처로 가지 않게 되기 때문이다. 법정적 교육이라기 보다는 목양적, 교육적 지침이라고 볼 수 있다. 그러나 막상 자식이 그 죄를 지었을 때, 부모는 달라진다. 그 죄에 대한 과도한 벌까지 지지 않도록 한다. 그 자녀가 지은 죄에 대해서만 책임 질 수 있도록 하는데 최선을 다할 것이다. 법정적 의미에서만 죄의 책임을 따지게 된다.

하나님이 지금 이스라엘에게 부모이기 때문에 이와 같은 태도를 취하시는 것이다. 기준이 오락가락하는 부모가 아니시다. 자녀가 죄를 짓기 전과 죄를 지은 후에 대한 부모의 입장은 달라질 수밖에 없는 것이다. 이것은 부모가 되어 자녀를 키워본 사람은 누구나가 공감하는 논리다.

예레미야 31장에서 우리는 우리의 부모가 되시는 하나님의 진심을 발견하게 된다.

한 번 자기 백성들이 실패하는 것을 지켜보신 하나님은 이제는 새언약을 돌판이아닌 백성들의 심령에 적으시겠다고 하신다. 성령이 오셔서 우리에게 하시는 중요한 일은 하나님의 말씀을 생각나게 하시고 깨우쳐 주시는 사역이다. 성령이 오시므로 예레미야를 통해 하신 본문의 예언은 놀랍도록 성취되었다. 아멘.

● 오늘의 말씀에 대한 나의 묵상 ●

오늘의 본문 성경을 읽으시고 깨달은 점이나 기억하고 싶은 점 혹은 기도문을 기록합니다.

....

....

....

....

....

1년 1독 365일 성경통독, 꿀송이 보약큐티

렘 33장~35장

● 묵상 자료 ●

1. 부르짖어 기도하자!

성경은 하나님을 신뢰하는 사람을 통해서 하나님이 어떤 역사를 일으키시는지 보여주는 책이다. 한 사람 아브라함을 통해 하나님이 다스리시는 이스라엘 나라가 시작되었고, 한 사람 요셉을 통해 애굽과 세계가 가뭄으로부터 구원을 받았다. 한 사람 모세를 통해 이스라엘이 출애굽을 했고, 한 사람 사무엘을 통해 미스바 공동체가 하나님을 경험했다. 한 사람 다윗을 통해 하나님이 약속하신 모든 땅이 회복되었고, 한 사람 느헤미야를 통해 무너진 성벽이 재건되었다. 아무리 아담 한 사람으로 말미암아 온 세상이 죄로 가득하게 되었다 할지라도, 하나님께 순종하는 한 분 예수 그리스도로 말미암아 모든 인류가 사망권세를 깨뜨리고 구원을 얻게 하시듯, 오늘 믿음으로 부르짖는 한 사람으로 말미암아 회복의 역사를 일으키시고자 하는 것이다.

하나님이 쓰실 정도가 되려면 환경도 어느 정도 뒷받침이 되어야 우리처럼 형편없는 환경에 있는 사람들이 무엇을 할 수 있느냐고 말하는 사람이 있다. 그러나 하나님만 신뢰하고 끝까지 부르짖어 기도하기를 쉬지 않는다면 하나님은 어떤 형편에 있다고 할지라도 역사를 일으키시는 분이시다. 이것을 잘 보여주는 것이 오늘 본문 말씀이다.

예레미야 선지자는 당시 유일하게 하나님과 교통이 열려 있는 선지자였다. 그런데 이 예레미야 선지자가 지금 어디에 있는가? 1절을 보면 예레미야 선지자가 시위대 뜰에 갇혀 있었다고 말한다. 시위대 뜰은 왕궁 안에 죄수를 감금하기 위해 설치한 감옥이었다.

이것이 당시의 영적 수준이었다. 나라는 바벨론에 망해버렸다. 민족의 희망이 다 끊어져버렸다. 하나님의 사람을 감옥에 넣어 두는 세상이니 무슨 소망이 있었겠는가? 바로 그때에 감옥에 있던 예레미야에게 하나님의 말씀이 임하였다고 한다. 하나님이 어떤 분이신가? 감옥을 뚫고 임하시는 분이시다. 인간이 만든 그 어떤 장애물도, 인간이 가진 그 어떤 제약도, 우리 하나님에게는 문제가 되지 않는다.

그렇다면 하나님은 이렇게 시위대 뜰 감옥 안에 있던 예레미야에게 무엇을 말씀하시고자 나타나셨을까? 하나님은 먼저 예레미야에게 자신이 누구이신지 분명하게 말씀하신다(2절). 하나님이 누구이신가? "일을 행하시는 여호와, 그 것을 만들며 성취하시는 여호와"이시다. 하나님은 예레미야가 지금 어디에 있는 것과 관계없이 반드시 일을 행하시는 분이시라고 말씀하시며 일을 만들고 성취하시는 하나님이시라고 선포하신다. 그리고 3절에서 하나님은 예레미야에게 명령을 하신다.

"너는 내게 부르짖으라 내가 네게 응답하겠고 네가 알지 못하는 크고 은밀한 일을 네게 보이리라" 아멘.

감옥에 갇혀 있던 예레미야에게 주신 명령이 무엇인가? 그것은 기도하라는 말씀이다. 부르짖으라는 명령이다. 오늘 우리도 마찬가지이다. 오늘 우리의 문제는 우리의 암울한 환경이 아니다. 오늘날 교회의 가장 큰 문제는 오늘 하나님의 백성들이 기도를 포기하는 것이다. 하나님은 오늘도 환경에 굴하지 않고, 살아계신 하나님께 엎드려 하나님의 이름을 부르는 사람을 찾고 계신다.

지금 우리나라는 더욱 기도할 때이다. 환경을 보고 포기하지 말자. 내가 기도할 때 나를 통해 나의 주변이 살게 된다. 이스라엘이 망한 것은 나라의 힘이 없어서가 아니었다. 하나님은 "이 땅을 위하여 성을 쌓으며 성 무너진 데를 막아서서 나로 하여금 멸하지 못하게 할 사람"(겔 22:30)을 찾다가 찾지 못했기 때문이라고 말씀하셨다.
존 낙스가 한 말처럼 "기도하는 한 사람이 기도 없는 한 민족보다 강하다"는 사실을 기억해야 할 것이다.

오늘의 본문 성경을 읽으시고 깨달은 점이나 기억하고 싶은 점 혹은 기도문을 기록합니다.

렘 36장~38장

● 묵 상 자 료 ●

1. 수난당하는 선지자 예레미야(렘 38장)

예레미야 38장 이하를 읽으면 하나님의 귀한 선지자 예레미야가 얼마나 고생의 떡을 먹으며 험난한 수난을 당하는 지가 기록 되어 있다. 그는 뚜껑이 덮인 웅덩이에 갇혀 며칠을 캄캄한 웅덩이 속에서 고문을 당하기도 했으며 걸핏하면 감옥에 갇혀 지냈다. 죄목은 자기 민족의 패망을 예언한다는 이유에서였다. 왕 앞에서도 왕의 잘못을 지적하고 회개치 않으면 멸망을 면치 못할 것이라고 하였으니 환영을 받을리 만무하였다. 더구나 친 애굽 정책을 선호하는 왕과 고관들에게 애굽을 따르면 망할 것이고 바벨론에게 항복하면 살 길이 있을거라고 줄곧 주장하는 바람에 더욱 핍박을 받게 되었다.

사실 그는 자기 의견이나 자기의 정치적 견해를 피력한 게 아니고 하나님이 그에게 주신 말씀에 의거하여 충직하게 하나님의 뜻을 전하였으나 그들은 예레미야의 말을 하나님이 주신 말씀으로 알아듣지 못했다. 그것이 그들의 불행이었다. 천금 같이 소중한 선지자가 그들 곁에 있었건만 무지한 그들은 참된 하나님의 사람을 알아보지 못했다. 타락한 그들이었기에 영적 안목을 갖출 수가 없었던 것이다. 지금도 복된 성도들은 참된 목자를 만난다. 그러나 신천지의 이만희나 하나님의 교회 안상홍 같은 인간들을 만나면 불행이다.

예레미야 선지자는 바벨론이 유다 나라를 완전히 정복했을 때에 평소 우호적인 바벨론 주의자라고 소문난 까닭인지 바벨론의 정복자들이 그에게 선대했다. 그러나 바벨론에 가서 좋은 조건으로 살 수 있는 안일한 삶을 거절하고 그는 남아있는 불쌍한 자기 백성들을 위해 끝까지 조국에 남아 하나님의 말씀을 백성들에게 전파했다. 남은 자들에게 애굽으로 가지 말고 고국에 남아 살라고 하나님의 뜻을 전했지만 그들은 바벨론에서 세운 총독 그다랴를 죽이는 반역을 일으키고 예레미야 선지자까지 강제로 끌고 애굽으로 내려가 버렸다. 예레미야는 애굽에 가서도 끝까지 진리의 말씀을 선포하는 일을 중단하지 않았고 애굽은 결국 바벨론에게 먹히고 바벨론도 나중 패망할 것을 예언하였다.

　　그의 일생은 하나님의 말씀을 사람 눈치보지 않고 담대히 전하는 삶으로 일관하였고 환경에 따라 타협하지 않았다. 이토록 위대한 종들의 고난의 삶을 읽어 가노라면 여태껏 목사, 선교사랍시고 사람들에게 대접받고 사랑받으며 살아온 나의 나날들이 한없이 부끄럽고 염치없게만 느껴진다. 이제부터라도 허리띠를 졸라 메고 앞서간 위대한 사역자들의 복음을 위한 고난의 발자취를 뒤따라가기를 소원해 본다.

오늘의 본문 성경을 읽으시고 깨달은 점이나 기억하고 싶은 점 혹은 기도문을 기록합니다.

....

....

....

....

....

....

....

....

....

....

....

....

렘 39장~41장

● 묵상 자료 ●

1. 시드기야의 최후(렘 39장)

예레미야 39장은 예루살렘 성의 함락을 기록하고 있다. 하나님은 남쪽 유대인들과 그들의 지도자 시드기야 왕의 불순종을 마침내 벌하셨다(렘 39:1~10). 시드기야는 위기가 닥쳐도 왕이니 도망칠 수 있을거라 생각했을 것이다. 그러나 바벨론 군사들이 밤 중에 도망가던 그를 추격하여 사로잡았다. 그리고 그의 두 눈을 뽑았다. 시드기야가 마지막으로 본 것은 자신의 두 아들의 처형 모습이었다. 그는 눈에 보이는 애굽의 힘과 우상들을 의지하고 살다가 결국 두 눈을 제거당하고 어둠 속에서 생을 마감하게 되었다. 그는 성경에, "너희 죄가 정녕 너희를 찾아 낼 줄 알라"(민 32:23)는 말씀을 나중에야 절실히 후회하며 깨달았을 것이다. 참된 하나님의 선지자 예레미야가 그토록 살 길을 제시해 주었건만 그는 끝끝내 하나님의 말씀을 무시하고 자기 생각에 옳은 대로 행동하다가 그런 비참한 최후를 맞이했다.

반면에 하나님은 예레미야는 환란 날에 그를 보호해 주셨다. 자유로운 몸이 되었을 때 예레미야는 그의 백성들과 함께 남아 그들을 섬기기로 결심한다. 그는 선한 목자의 마음을 가진 하나님의 충직한 종이었다.

오늘 우리에게도 시드기야의 길과 예레미야의 길이 놓여 있다. 넓은 길과 좁은 길이다. 어느 길을 선택하며 인생을 살아갈 지는 전적으로 내가 결단해야 할 문제이다.

오늘의 본문 성경을 읽으시고 깨달은 점이나 기억하고 싶은 점 혹은 기도문을 기록합니다.

렘 42장~44장

1. 하나님은 그들을 왜 열흘 동안 기다리게 하셨나? (렘 42장)

예레미야 42:1~6까지는 요하난 군대장관과 그가 구출해 낸 유다 왕국의 잔류민들이 예레미야 선지자를 찾아와서 자기들이 나아갈 길을 알려 달라고 하나님께 기도해 주기를 요청한다. 그들이 하나님께 응답 받고자 했던 것은 그 땅에 잔류하는 것이 좋은지 아니면 안전한 애굽으로 피난가는 것이 좋은지 하는 것이었다.

예레미야 선지자는 그 부탁을 받고, 그들의 말대로 하나님께 기도하고, 응답을 받으면 조금도 숨김없이 알려주겠다고 약속을 한다. 그리고 십일이 지나서야 하나님의 응답이 그에게 임했다. 5절과 6절에 보면 무슨 말씀을 하시던지 하나님의 말씀대로 순종하며 따르겠다는 그들의 마음가짐과 결의가 가상하고 흠잡을 데 없어 보이는데 하나님께서는 왜 그 즉시 응답하지 않으시고 십일 동안이나 기다리게 하셨을까? 하나님께서 여호난 일행들에게 주신 하나님의 응답이 기록된 구절이 10절에서 12절까지 담겨있다.

"너희가 이 땅에 여전히 거하면 내가 너희를 세우고 헐지 아니하며 너희를 심고 뽑지 아니하리니 이는 내가 너희에게 내린 재앙에 대하여 뜻을 돌이킴이니라 나 여호와가 말하노라 너희는 그 두려워하는 바벨론 왕을 두려워 말라 내가 너희와 함께 하여 너희를 구원하며 그의 손에서 너희를 건지리니 두려워 말라 내가 너희를 긍휼히 여기리니 그로도 너희를 긍휼히 여기게 하여 너희를 너희 본향으로 돌려보내게 하리라 하셨느니라" 렘 42:10~12

하나님은 그들에게 애굽으로 내려가지 말고, 유다 땅에 머물러 정착하라고 하신다. 10절에 보면, "이는 내가 너희에게 내린 재앙에 대하여 뜻을 돌이킴이니라"라고 하시며 다시 긍휼을 베푸실 것을 약속하셨다. 이들에게 적용되는 말씀대로라면 바벨론에 포로로 끌려간 생명의 길을 택한 사람들보다 더 좋은 환경에서 거주할 수 있게 보장하신 것이다. "뜻을 돌이킴이니라"는 한 구절 속에 담겨있는 그 말씀의 무게와 그 중요성을 알아보는 사람에게는 복이요, 생명이지만 몰라보는 사람에게는 한낱 돼지 목에 진주 목걸이일 뿐이었다.

그런데 어찌된 일인지 그들은 하나님의 말씀대로 순종하기를 거부했다. 참으로 안타까운 상황이 벌어진 것이다. 처음 그들이 예레미야에게 나아 와 겸손하게 하나님의 뜻을 물었을 때는 하나님이 무슨 지시를 하시던지 하나님의 말씀에 그대로 순종하는 삶을 살리라 결심하였지만 열흘이라는 기간이 지나는 동안 그들이 처음에 가졌던 각오와 결심은 홀연히 사라져 버렸다는 것이다.

결국 "열흘"이란 기간은 외식의 껍데기에 포장되어 있던 가면이 벗겨지고, 그들의 믿음 없고 완악한 참 모습이 실체화되어 드러나는 기간이었다. 우리는 예레미야 42장을 읽으면서 중요한 교훈을 받아야 한다. 그것은 작은 일부터 하나님 말씀에 순종하는 연습을 평소에 매일 계속해야 한다는 것이다. 그런 연습을 충실히 해 두어야 목숨이 걸려 있는 결정적인 순간이 다가왔을 때도 머뭇거리거나 주저하지 않고, 거침없이 하나님 말씀만 바라보고 과감히 내 운명을 그분 앞에 내던질 수 있다는 것이다. 늘 하나님 말씀에 순종하는 것이 몸에 베어 있지 않으면 예레미야 42장에 나오는 이스라엘 백성들 같은 어처구니없는 모습이 내 삶에 재현될 수 있음을 명심해야 한다.

오늘의 본문 성경을 읽으시고 깨달은 점이나 기억하고 싶은 점 혹은 기도문을 기록합니다.

렘 45장~47장

● 묵상 자료 ●

1. 바룩에게 하시는 하나님의 말씀(렘 45:1~5)

오늘의 본문은 예레미야의 서기요 그의 오랜 친구였던 바룩에 대한 하나님의 예언이다. 시간적으로는 44장보다 훨씬 전의 말씀이다. 여호야김 왕 제4년이니까 B.C. 605년에 있었던 말씀이다. 3절에 보면, "네가 일찍이 말하기를 화로다 여호와께서 나의 고통에 슬픔을 더하셨으니 나는 나의 탄식으로 피곤하여 평안을 찾지 못하도다"라고 기록되어 있다. 누구보다 경건하고 신실했던 하나님의 사람이요 예레미야의 소중한 동역자이며 서기관이었고 절친한 친구였던 바룩(축복받은 자)은 그의 이름만큼이나 집안 배경도 좋았다. 아버지도 동생도 고위관료였다. 그런 그의 신분이 그가 예레미야를 돕는데도 유리했다. 그런 바룩이었지만 하나님께 뭐라고 호소했는가? "화로다 여호와께서 나의 고통에 슬픔을 더하셨으니 나는 나의 탄식으로 피곤하여 평안을 찾지 못하도다"라고 했다. 그는 선지자를 통해 말씀하시는 하나님의 예언을 필기하면서 자기 조국 유다가 비참하게 망할 것이라는 사실로 인해 너무나 가슴 아파하고 슬퍼했다.

바룩의 이런 호소와 슬픔에 대해 하나님은 이렇게 말씀하셨다. 이것은 오늘 우리에게도 대단히 소중한 깨우침이다. 에레미야 45:4을 보자.

"너는 그에게 이르라 여호와께서 이와 같이 말씀하시기를 보라 나는 내가 세운 것을 헐기도 하며 내가 심은 것을 뽑기도 하나니 온 땅에 그리하겠거늘"

하나님이 모든 것을 주관하신다는 하나님의 절대주권을 강조하시는 말씀이다. 하나님은 우리에게 평안을 주기도 하시고 심판을 행하기도 하신다. 하나님이 언제 세우고 언제 허시는지, 언제 심으시고 언제 뽑으실 지는 전적으로 주님의 주권에 달려 있다.

요셉처럼 형들에게 이유 없이 배신을 당해도 거기에는 미처 내가 알지 못하는 하나님의 뜻이 있다. 노예로 팔려가도 하나님의 섭리가 있고, 억울한 옥살이를 해도 거기에 하나님의 뜻이 있다. 적어도 하나님의 판단에는 그게 다 필요하기에 그렇게 하시는 것이다. 하나님이 우리가 잘 되는 것을 싫어하셔서 고난을 주시는 게 아니다. 예레미야 45:5 하반절이다.

"네가 가는 모든 곳에서는 내가 너에게 네 생명을 노략물 주듯 하리라 여호와의 말씀이니라"

아무리 국가적 재난이 오고 위기가 와도 하나님이 세우신 종 예레미야를 도와 충성된 신앙을 보인 바룩은 하나님께서 책임지고 그 생명을 보호해 주시겠다고 위로하신다.

사실 바룩의 슬픔은 자신의 개인적인 위험 때문이 아니라 그의 조국의 패망을 인함이었지만 하나님은 유다를 심판하시기로 작정하셨기에 그 뜻을 돌이키지는 않으셨다. 그러나 바룩에게 이르신 말씀의 핵심은 하나님이 깊은 섭리를 가지고 개인이나 나라를 심거나 뽑거나 하시니 하나님의 선하심을 믿고 하나님의 뜻을 따르라는 메시지였다.

오늘날처럼 큰 위기와 혼란 속에 있는 우리 대한민국의 백성 된 우리에게 본문 말씀은 많은 교훈을 던져준다.

● 오늘의 말씀에 대한 나의 묵상 ●

오늘의 본문 성경을 읽으시고 깨달은 점이나 기억하고 싶은 점 혹은 기도문을 기록합니다.

....

....

....

....

● 묵상 자료 ●

1. 모압의 심판이 주는 교훈(렘 48장)

48장은 선민 유다와 직간접적으로 관계를 맺고 있던 주변 열방을 향한 예언이다. 그 중 모압에 대한 예언이 들어 있다. 모압은 사해 동편에 위치하고 있으면서 암몬과 더불어 아브라함의 조카인 롯의 자손의 나라로서 이스라엘과는 혈연적으로 매우 가까운 나라이지만 이스라엘 자손이 애굽에서 나와 가나안 땅으로 들어가려 할 때부터 이스라엘을 대적하며 역사 속에서 늘 적대적 관계로 일관하였을 뿐 아니라 우상 숭배의 관습을 이스라엘에게 전달하여 이스라엘로 하여금 극심한 신앙적 타락과 부패에 빠지게 하였던 나라이다. 1~10절은 안일함에 빠져 있는 모압이 당하게 될 파괴, 살육, 수치, 절규, 도주 등의 참상을 그리고 있고 11절~25절은 우상 숭배에 빠져 있는 모압이 당하게 될 심판을, 26절~34절은 교만함에 빠져 있는 모압에 대한 멸망을 예언하고 있다. 그리고 35절부터 47절까지는 모압의 함락이 선포되고 있다.

7절을 보면 "네가 네 업적과 보물을 의뢰하므로 너도 정복을 당할 것이요 그모스는 그의 제사장들과 고관들과 함께 포로되어 갈 것이라"고 하였다. 여기에서 말하는 업적은 그들이 노동을 통해서 얻은 것들이다. 그리고 보물은 모압에 대한 심판을 다루는 본 장에서 종종 언급되는 것으로 그들이 지닌 부를 상징하는 것이다. 비옥하고 물이 많은 강을 중심으로 그들은 갖가지 생산품들을 많이 축적할 수 있었으며 막대한 부를 쌓을 수 있었다.

모압인들은 견고한 성채와 요새를 소유하였을 뿐만 아니라 풍족한 소득으로 인하여 막대한 부를 축적하고 있었고 그들은 자신들이 소유한 것에 대해 그것을 너무 맹신하여 자신들의 신과 같이 생각하였다. 그러한 부요와 그들의 우상 그모스가 그들을 영구히 지켜줄 거라 기대하고 있었지만 결코 그렇지 못했다.

11절을 보면 "모압은 젊은 시절부터 평안하고 포로도 되지 아니하였으므로 마치 술이 그 찌끼 위에 있고 이 그릇에서 저 그릇으로 옮기지 않음 같아서 그 맛이 남아 있고 냄새가 변하지 아니하였도다"고 하였다. 여기서 모압의 젊은 시절부터라는 말은 비교적 오래된 그들의 건국 초기부터의 예언이 선포될 당시까지를 지칭하는 말로 별다른 어려움이 없이 형통하고 풍요롭게 살 던 시간들을 말한다. 그들을 찌끼가 고스란히 남아있는 맛 좋은 술로 묘사하였다. 대개 맛이 좋은 술은 오랜 기간 숙성하여 술의 수면 위에 찌꺼기가 그대로 남아 있을 때라고 한다. 중요한 것은 이러한 술이 되기 위해서는 숙성이 될 때까지 그 술을 이 독에서 저 독으로 옮겨서도 안 되며 최적의 환경 가운데에서 온전하게 보전해야 맛 좋은 술이 빚어지게 된다고 한다. 그런데 하나님께서는 바로 모압이 이러한 술과 같은 자들이라고 하신 것이다. 그들은 이스라엘처럼 열국의 침략을 받은 것도 아니고 먹고 살 길이 없어서 굶어 죽는 나라도 아니었다. 오히려 반대로 고원지대에 위치한 요새를 이용해 철옹성처럼 국방을 강화하였고 비옥한 국토를 기반으로 풍족한 농축산물을 비축하여 넘치도록 풍요로운 삶을 영위하였다.

모압이라는 이방의 땅에 대한 심판 예언을 하던 예레미야는 그들이 이방 민족이고 하나님께서 택하지 않으신 백성이라고 해서 무덤덤한 반응을 보이지 않았다. 자신의 민족이 아님에도 불구하고 그는 모압의 심판 예언에 대해 눈물로 반응한다.

우리도 모압의 심판을 생각하면서 우리 안에 있는 죄에 대해서 심각하게 생각해 봐야 한다. 하나님이 죄를 얼마나 미워하시는지 그 죄로 말미암아 심판하실 수밖에 없으신 하나님을 생각하며 독생자를 우리 위해 내어 주셔서 우리의 죄를 대신 담당케 하시고 피흘려 십자가에 죽게 하신 하나님의 마음을 헤아려 보아야 한다. 우리 안에 있는 육신의 정욕들, 이생의 자랑들, 안목의 정욕들을 내어 놓고 회개해야 한다.

오늘의 본문 성경을 읽으시고 깨달은 점이나 기억하고 싶은 점 혹은 기도문을 기록합니다.

8월 23일

1년 1독 365일 성경통독, 꿀송이 보약큐티

렘 1장~애 1장

● 묵상 자료 ●

1. 예레미야애가는 어떤 책인가?

예레미야 애가는 이스라엘의 장례식에서 많이 인용되는 책으로서 시온 딸의 죽음 즉, 예루살렘 성과 성전의 파괴됨을 통곡하며 탄식하는 노래이다. 오늘의 수난당하는 교회를 향한 탄식이며 동시에 하나님을 향한 회개의 고백이기도 하다. 패망한 조국에 대한 불평이 아니라 죄를 슬퍼하며 회개하면서 하나님의 긍휼을 구하는 노래이다.

"여호와의 인자와 긍휼이 무궁하시므로 우리가 진멸되지 아니함이니이다. 이것들이 아침마다 새로우니 주의 성실하심이 크시도소이다" 애 3:22~23

"여호와여 주는 영원히 계시오며 주의 보좌는 대대에 이르나이다. 주께서 어찌하여 우리를 영원히 잊으시오며 우리를 이같이 오래 버리시나이까? 여호와여 우리를 주께로 돌이키소서. 그리하시면 우리가 주께로 돌아 가겠사오니 우리의 날들을 다시 새롭게 하사 옛적 같게 하옵소서" 애 5:19~21

바벨론에게 빨리 항복하고 도움이 안될 애굽을 의지하지 말고 차라리 포로로 잡혀가는 것이 낫다는 예레미야의 말을 들은 왕이나 백성들 모두 예레미야를 배신자요, 반민족적 매국노라고 오해하고 죽이려 했다. 그러나 그의 애가서를 읽으면 그가 실상은 얼마나 나라를 사랑한 애국자였는가를 확실이 알 수 있다. 정작 자신은 바벨론에 가는 것을 포기하고 조국에 남아 유다에 남겨진 초라한 백성들을 위해 하나님의 말씀으로 수종들었다. 그러면서 끌려간 자들을 위해서도 편지를 보내어 격려하며 위로하였던 참으로 충성되고 신실한 하나님의 종이었다. 하나님 눈에 넣어도 안 아플만큼 소중한 하늘나라의 일군이었다. 예레미야애가서 곳곳에서 선지자의 땅이 꺼질듯한 눈물 어린 탄식이 배어 나온다. "슬프다"라는 심정의 고백이 자주 등장한다. 애가서는 시편 119편처럼 히브리 알파벳 순서를 따라 5장 전체를 기록하고 있는 독특한 비탄의 시이다. 히브리 알파벳이 22개이므로 3장을 제외하고 모두 22절로 되어 있는 이유가 그것 때문이다. 3장도 66절로서 22개의 알파벳의 3배 수이다.

지금은 예레미야처럼 우리 민족의 위기상황을 가슴에 품고 우리 그리스도인들이 모두 눈물로 기도할 비상시국이다.

● 오늘의 말씀에 대한 나의 묵상 ●

오늘의 본문 성경을 읽으시고 깨달은 점이나 기억하고 싶은 점 혹은 기도문을 기록합니다.

애 2장~5장

● 묵상 자료 ●

1. 옛적 같게 하옵소서!

예레미야애가서 마지막 부분은 선지자가 옛적 같게 해 달라는 간구를 하면서 끝을 맺는다. 이것이 예레미야의 마지막 기도였다.

"여호와여 주는 영원히 계시오며 주의 보좌는 대대에 이르나이다. 주께서 어찌하여 우리를 영원히 잊으시오며 우리를 이같이 오래 버리시나이까? 여호와여 우리를 주께로 돌이키소서. 그리하시면 우리가 주께로 돌아 가겠사오니 우리의 날들을 다시 새롭게 하사 옛적 같게 하옵소서"

이 말씀은 내가 고등학교 시절 학생신앙운동(SFC)을 하던 때, 동계수련회에서 은혜 받은 주제의 말씀이기도 하다. 눈물에 젖어 민족의 패망을 슬퍼하던 선지자는 하나님께 자기 민족을 옛적 같게 해 달라고 간구한다.

옛적은 어떠하였는가?

선지자는 아마도 이스라엘 나라 통일 왕국시대의 융성을 마음에 생각하고 있었으리라. 성군 다윗왕 시대를 추억하는 것이다. 다윗은 하나님의 마음에 합한 사람으로 사방 여러 나라를 정복하여 태평세월을 구축했고, 영적으로 성전 건축까지 구상하고 하나님을 크게 기쁘게 했던 왕이었다. 그런 날이 다시 이스라엘에게 온다면 얼마나 좋겠는가?

현재는 어떠한가?

하나님 대신 우상을 섬기되 그것도 이방인들이 주로 섬기던 가증한 우상, 허무맹랑한 우상을 섬기는 패역을 저질러 하나님께 매를 맞고 버림을 당한 신세이다. 마치 부모 잃은 고아와 같고 남편이 없는 과부와 같다. 부녀들이 이방 오랑캐들에게 욕보임을 당하고, 높은 자들은 나무에 달려 죽임이 되며, 노인들은 멸시를 받고, 소년과 아이들은 무거운 짐을 져야 했으며, 나라가 망하여 기쁨이 없고 영광이 떨어져 남들에게 조롱을 당하며 종살이하던 상황이다.

이런 절망의 밤에 선지자는 다시 새롭게 하사 옛적 같은 은혜를 회복시켜 달라고 기도하는 것이다. 예레미야는 여기서 자기 민족을 대표하여 그들의 회개의 필요성을 강조한다. 그와 동시에 그는 회개의 성취가 하나님의 은혜에 달렸다는 것을 고백한다. 곧 인생이 하나님께로 돌아가는 것은 하나님이 인생을 붙잡아주실 때에 비로소 성립된다는 것이다.

여기서 우리의 날을 다시 새롭게 하옵소서 한 것은 바벨론의 압제 하에 있는 유다 민족을 권고하여 광복(光復)의 새 시대를 주시라는 간절한 기도이다. 옛적을 그리워하는 마음은 회개하는 마음이요, 하나님을 갈망하는 마음이다. 영적 부흥의 때를 사모하는 마음이다. 우리 한국교회에도 이러한 은혜가 임하기를 소원해 본다. 아멘.

● 오늘의 말씀에 대한 나의 묵상 ●

오늘의 본문 성경을 읽으시고 깨달은 점이나 기억하고 싶은 점 혹은 기도문을 기록합니다.

....

....

....

....

....

....

겔 1장~3장

1. 에스겔은 어떤 책인가?

에스겔은 제사장 가문 출신으로 2차 바벨론 포로 시기에 여호야긴 왕과 함께 잡혀 가서 바벨론의 그발강가에서 살았다.

그가 포로로 잡혀 간지 5년 후부터 예언 사역을 했는데 이 때가 그의 나이 30세였다. 제사장의 직무를 시작할 수 있는 나이였다. 29:17에 "스물일곱째 해 첫째 달 초하루에 여호와의 말씀이 내게 임하여…"라고 한 것은 포로로 잡혀 간 지 27년째 되던 해에 임하신 말씀이었다는 것이다. 이 책은 바벨론에 잡혀 간 유다 자손들에게 주는 메시지이다. 또한 이방 여러 나라들을 향한 예언도 포함되어 있다.

하나님은 참으로 자비하신 아버지이시다. 자신을 배반한 집 나간 여인 같은 그 백성들이라 할지라도 포로 시기의 유대인들을 에스겔 같은 선지자를 세우셔서 말씀하시고 위로하시고 소망을 주시고 죄가 얼마나 무서운 결과를 가져왔는지를 끊임없이 교훈하시기 때문이다. 결국 포로로 잡혀가서 거기서 멸절되지 않게 하시고 다시 그루터기처럼 일어나 자기들의 조국으로 돌아와 훼파된 예루살렘 성전을 재건케 하시는 하나님은 정말로 고마운 아버지이시다. 선지자를 통해 말해보았자 그들이 완악하여 듣지 아니하는 고집 센 노새 같은 백성들이었지만 그들이 듣든지 아니 듣든지 계속해서 말씀하시는 하나님은 얼마나 신실하신가!

에스겔서는 환상도 많고 비유도 많아서 어려운 책으로 독자에게 다가온다. 구약의 요한계시록이란 별명이 붙을 정도이다. 그러나 다 이해할 수는 없지만 주시는 교훈은 많다. 다 이해하려고 욕심을 부리면 어려워진다. 안식년 때 한국에 머무는 동안 여러 교회에서 설교를 한 적이 있는데 목욕탕교회란 별명이 있는 서울의 우리들 교회라는 교회에 두 번 가서 주일 부흥회를 인도한 적이 있다. 그때 담임이신 김양재 목사님에게 인상 깊은 간증을 들었다. 젊은 나이에 갑자기 남편과 사별하고 고통 속에 지낼 때 너무나 삶이 고달프고 힘들었는데 우울증에 빠지지 않고 자살하지 않고 꿋꿋하게 버틸 수 있었던 힘은 바로 날마다 에스겔서를 큐티 하면서였다고 하셨다. 에스겔서를 매일매일 읽으며 노트에 자신의 큐티를 적고 그 말씀 붙들고 필사적으로 기도하면서 그 암울한 인생의 터널을 통과하였다고 하셨다. 목숨을 걸다시피 하고 큐티에 매달린 것 때문에 나중 하나님에게 쓰임 받았다고 김양재 목사님은 간증하셨다. 말씀 묵상이 이렇게 중요한 것이다. 나에게는 에스겔서가 참 어려운 책 같은데 이 책을 붙들고 그렇게 열심히 큐티를 하며 힘을 얻었다니 확실히 하나님의 말씀은 사람을 살리는 능력을 가지고 있음을 다시금 실감하게 된다.

◈ 에스겔서에 나오는 비유들 ◈

● 포도나무(15장) – 예루살렘의 죄 때문에 그 땅이 황폐해 진 것이 마치 쓸모 없는 포도나무와 같다는 것이다. 다른 나무들에 비해 기능을 상실하여 열매를 맺지 못하는 포도나무는 불에 던져 땔감으로 밖에 쓸 수 없다.

● 간음한 여인(16장) – 고아 같은 아이를 데려다가 정성껏 키웠더니 교만하여 음행을 행하고 가증한 일을 행한 여인이 있었다. 그들이 바로 이스라엘 백성들이었다.

● 독수리 두 마리와 포도나무 한그루(17장) – 16장은 유다 백성들의 죄를 17장은 유다 왕들의 죄를 지적하고 있다. 시드기야는 바벨론과의 언약을 깨뜨리고 애굽과 동맹을 추진한다. 이 일은 느브갓네살의 군대가 예루살렘을 파괴하는 결과를 가져왔다. "큰 독수리가 레바논에 이르러 백향목 높은 가지를 꺾어 상고의 성읍에 둔다(겔 17:3)"는 뜻은 큰 독수리 바벨론이 유대에 이르러 백

향목 높은 가지인 다윗의 후손들을 쳐서 바벨론의 성읍으로 잡아가 거기서 살게 한다는 뜻이다. 그 독수리가 종자를 심어 포도나무가 되었다는 것은(겔 17:5~6) 느부갓네살이 유다를 속국으로 삼고 시드기야를 유다의 왕으로 세울 것을 말하는 것이다. 그런데 이 포도나무가 다른 독수리에게 물을 받으려고 했다는 것은(겔 17:7) 시드기야가 바벨론을 배반하고 다른 독수리인 애굽에게 도움을 요청한다는 비유이다.

● 용광로(겔 22:17~22) – 이스라엘은 그들의 죄로 인해 용광로에 아무 쓸모 없이 남은 찌꺼기같이 되었다. 하지만 하나님은 불로 연단하여 심판을 제거하고 그들을 정결하게 하실 것이다.

● 두 여인(23장) – 16장처럼 길게 이어지는 이 장은 두 명의 여인이 매춘부처럼 행동한 것을 비유로 들어 이스라엘과 유다가 하나님을 배신하고 우상 숭배한 것을 지적한다.

● 끓는 가마솥(겔 24:1~14) – 장차 예루살렘이 펄펄 끓는 가마솥처럼 불길에 휩싸일 것이다.

● 악한 목자들(34장) – 예루살렘의 잘못된 지도자들을 일컫는 비유이다.

또한 이러한 여러 비유들뿐만 아니라 에스겔서는 환상도 많이 기록되어 있다. 예루살렘 회복에 대한 유명한 두 개의 환상들을 생각해 보자.

1) 골짜기의 마른 뼈들이 군대가 되는 환상(겔 37장)
이스라엘의 회복을 약속하는 환상이다.
2) 성전의 물 환상
하나님은 에스겔에게 성전과 그곳에서 스며 나오는 물을 보여 주셨다. 그 물은 무릎에서 허리로 그리고 헤엄을 쳐야 하는 큰 물이 되어 결국 바다에 이르게 된다. 이 물이 이르는 곳마다 심지어 바다까지도 소생한다. 강 좌우에 많은 나무와 열매가 있고 치료하는 잎사귀가 달려 있다. 요한계시록 22:1∼2에서 요한이 보았던 장차 나타날 새 예루살렘의 모습과 똑같다. 하나님의 성령이 임하고 교회가 세워지고 온 세상에 복음이 전파될 환상이다.

또한 에스겔서도 애가가 있다. 하나님은 에스겔에게 슬픈 노래를 지어 부르라고 명하셨다. 19장은 이스라엘 고관들을 위한 애가이다. 27장은 두로에 대한 애가이다. 그들의 교만함으로 인해 조선업으로 유명한 두로는 멸망하였다.

2. 네 생물과 바퀴에 관한 환상

에스겔 1장을 펼쳐 읽자마자 우리는 네 생물과 바퀴의 환상 때문에 이 책이 어려워지기 시작한다. 그러나 설명을 듣고 나서 읽으면 조금은 쉬우리라 믿는다. 에스겔이 본 네 생물은 하나님의 일을 수종 드는 하나님의 천사들에 관한 이상(vision)이었다. 그들은 하나님의 뜻을 위한 날개와 하나님의 일을 봉사하기 위한 손을 가지고 있었다. 그 생물들은 사람, 사자, 황소, 독수리의 얼굴을 가졌는데 그것들은 각각 지능, 용맹, 힘, 그리고 날으는 능력을 상징하는 것이다.

그들은 성령의 지시가 떨어지면 서로 밀접한 연락을 취하면서(날개가 서로 둘씩 이어져 있음) 번개 같은 기동력으로 그들의 직무를 수행했다. 바퀴의 이상(vision)은 이스라엘의 하나님 여호와께는 막강한 군대가 있어서 완벽한 기동력으로 하나님의 뜻을 수행한다는 것이다. 그것은 바벨론의 군사력에 주눅이 든 에스겔에게 하나님의 위대성을 보여주기 위함이었다. 그 바퀴가 땅에 닿아 있는 것(겔 1:15)은 하나님께서 이 세상 사건들에 깊이 관여하고 계신 것을 보여주며 바퀴 둘레에 눈이 가득한 것(18절)은 하나님께서 지상의 모든 사건을 일일이 다 보고 계시므로 그가 모르는 가운데 발생하는 일은 결코 있을 수 없다는 것을 가르쳐 준다. 생물의 머리 위에 있는 수정 같은 궁창과 생물들의 날개 소리를 통해서 에스겔은 전능하신 하나님 앞에는 세상의 모든 일들이 보잘것없다는 것을 깨달았다. 특히 많은 물소리와 군대의 소리와 전능자의 음성과도 같은 생물들의 날개 소리를 통하여, 그렇게 막강해 보였던 바벨론과 그 군대가 실상은 두려운 것이 아니라는 사실을 알게 된다. 이와 같은 기본 지식을 가지고 에스겔서에 도전해 보자.

오늘의 본문 성경을 읽으시고 깨달은 점이나 기억하고 싶은 점 혹은 기도문을 기록합니다.

1년 1독 365일 성경통독, 꿀송이 보약큐티

겔 4장~6장

● 묵상 자료 ●

1. 에스겔의 행위 예언(겔 4장~5장)

에스겔은 390일을 좌편으로만 누워 자야 했다. 그리고 40일은 반대로 우편으로만 누워 자야 했다. 그날들은 이스라엘과 유다가 범죄한 햇수를 보여주는 것이었다. 390년은 긴 세월이다. 그 기간 동안 하나님은 자기 백성들의 반역과 우상숭배를 가슴앓이를 하면서도 그토록 오랫동안 참으셨다. 그 하나님의 아픈 마음을 주의 종 에스겔만이라도 조금 실감해보라고 하나님은 그런 행동 예언을 명하신 것이었다. 그 14개월 동안 에스겔은 정해 주신 조그마한 양의 음식만을 먹어야 했는데 그것은 패망 후에 예루살렘에 남은 사람들이 먹게 될 음식을 보여주는 것이었다. 그것도 사람의 똥으로 음식을 해 먹으라고 하셨지만 에스겔이 호소하여 쇠똥으로 대신할 수 있게 해 주셨다. 그 백성들이 당할 고통을 미리 시연해 보이는 퍼포먼스였던 것이다.

거기에다가 머리털과 수염을 깎아야 했는데 이것은 유대인 남자 성인으로서는 아무도 하지 않는 특이한 풍습이었다. 머리털은 기근과 칼에 죽임을 당하거나 유배를 당하게 될 예루살렘 사람들을 상징하는 것이었다. 이와 같은 힘든 행위 예언을 에스겔 선지자는 순종함으로 감당했다. 하나님의 종으로 부름 받아 주의 일을 하고 산다는 것은 이와 같이 힘들고 어려운 십자가의 길이다.

몇해 전 나는 선교지 마다가스카르에서 외국인에게 돈을 노린 자해 공갈단 같은 자에게 느닷없이 길을 걷다가 뒤에서 자전거로 급습을 당하여 심하게 넘어지는 바람에 부상을 입었다. 아내가 집에 있는 파스를 있는대로 붙여주긴 했지만 시간이 갈수록 팔이 아프고 부어 왔다. 아무래도 뼈가 부러졌는지 병원에 가서 X-레이를 찍어봐야 하는지 고민이 되었다. 원래 2008년의 선교지에서 당한 교통사고로 이미 뼈가 10군데나 부러진 경험이 있어 장애인이 된 나의 상태였기에 조그만 다쳐도 나는 힘들 수밖에 없었다. 그 괴한은 자기가 뒤에서 나를 자전거로 덮치고도 스스로 넘어진 후 죽겠다고 일어나지를 않았다. 사람들은 몰려들어 자기들 동족 편을 들고 경찰을 부른다 하며 협박을 하였지만 너희들 맘대로 해봐라 하면서 난 그냥 절룩거리며 집으로 돌아왔다.

선교가 아무리 힘들어도 앞서간 선지자들의 수고에 비하면 아무런 불평도 할 수 없을 것이다. 이사야, 예레미야, 에스겔 선지자들의 고통을 생각해 보면 오늘의 우리의 삶은 차라리 사치에 가깝다고 할 것이다.

"오! 주님, 힘을 주셔서 주신 사명 끝까지 잘 감당하게 하소서!" 아멘.

● 오늘의 말씀에 대한 나의 묵상 ●

오늘의 본문 성경을 읽으시고 깨달은 점이나 기억하고 싶은 점 혹은 기도문을 기록합니다.

....

....

....

....

....

....

....

....

....

....

....

....

....

....

8월 27일

1년 1독 365일 성경통독, 꿀송이 보약큐티

겔 7장~9장

● 묵상 자료 ●

1. 혐오스러운 성전에서의 우상 숭배

에스겔 8장은 우리를 경악케 한다. 하나님께 예배드리기 위해 지어진 예루살렘 성전에서 가증한 우상 숭배가 자행되고 있었던 것이다. 이는 오늘날로 말하면 예배 시간에 교회당에 무당을 불러 놓고 불상을 가져와 염불을 외우고 있는 상황과 같은 것이다. 이런 해괴한 일들을 이스라엘 백성들이 자행했으니 하나님의 심정이 얼마나 기가 막히셨겠는가?

히스기야의 아들이었던 악명 높은 므낫세 왕이 예루살렘 성전 안 제단 문 어귀에 바알 우상을 세워 놓고 우상 숭배를 하였다. 하나님의 분노를 불러 일으키는 우상숭배의 죄를 그들은 성전 앞에서 서슴없이 자행하였던 것이다.

심지어 성전 내에 70명의 장로들이 모여 비밀스러운 방을 만들어 놓고 우상을 섬겼다. 거기에서 행해진 우상숭배는 각양 곤충과 가증한 짐승과 모든 이방 신들을 섬기는 것이었는데 특히 곤충과 짐승 우상은 애굽에서 배운 것이었다. 애굽 사람들은 개구리나 메뚜기 같은 곤충들을 신으로 섬겼다. 모세가 출애굽 당시에 내린 10가지 재앙은 애굽의 신들을 벌하는 재앙이기도 했다.

에스겔이 환상 가운데 본 또 다른 가증스러운 광경은 이스라엘 여인들이 성전 북문에 앉아 이방신 '담무스'를 섬긴 사실이었다.

담무스는 고대 바벨론 시대부터 숭배된 남신(男神)으로 여신 이슈타르와 함께 생산의 신으로 숭배되었다. 에스겔이 환상으로 본 그들의 우상숭배는 그 뿐만이 아니었다.

성전 현관과 제단 사이에서 25명이 여호와의 전을 등지고 낯을 동으로 향하여 동방 태양에 경배하는 참람한 광경을 보았다. 이런 패악한 태양신 우상숭배는 므낫세 왕 때부터 성행하여 예루살렘이 패망할 때까지 계속되었다. 동방 태양에 경배하던 25인은 24제사장 반열의 대표자와 대제사장을 포함한 숫자였을 것이다. 왕도 타락하고 백성들의 지도자들인 장로들도 타락하고 여자들과 제사장들까지 이토록 천인공노할 우상 숭배에 빠졌으니 그들이 망하지 않은 것이 오히려 이상할 지경이었던 것이다.

오늘 우리 교회 안을 살펴보자. 교회에 다닌다고 하면서 무당을 찾아다니고 음행과 돈의 노예가 된 자들이 많다. 거짓말도 예사로 한다. 이것은 성전 안에서 우상을 숭배하여 하나님의 진노를 촉발했던 이스라엘 백성들과 똑 같은 모습이다. 한국 교회가 회개하고 변화되지 않으면 우리에게는 소망이 없다. 아멘.

● 오늘의 말씀에 대한 나의 묵상 ●

오늘의 본문 성경을 읽으시고 깨달은 점이나 기억하고 싶은 점 혹은 기도문을 기록합니다.

겔 10장~13장

● 묵상 자료 ●

1. 에스겔 13:18의 해석

"이르기를 주 여호와의 말씀에 사람의 영혼을 사냥하고자 하여 방석을 모든 팔뚝에 꿰어 매고 수건을 키가 큰 자나 작은 자의 머리를 위하여 만드는 부녀들에게 화 있을찐저, 너희가 어찌하여 내 백성의 영혼을 사냥하면서 자기를 위하여 영혼을 살리려 하느냐" 겔 13:18

언뜻 이 구절을 읽으면 무슨 뜻인지 이해하기가 어렵다. 위 본문은 당시 유다의 거짓 여선지자들의 행동인데 이것이 무엇을 의미하는가에 대해서는 대체로 두 가지 견해가 있다.

하나는 그들이 선포한 예언을 잘 설명하기 위해서 취한 행위라는 견해로 "방석"은 편안한 안식을, 머리의 "수건"은 자유와 승리를 상징하는 것이라고 보는 것이다.

또 다른 견해는 하나의 미신적인 행위라고 보는 견해인데 주술이 담긴 방석을 신의 지시를 받는 방편으로서 팔뚝에 달아 매고, 사람들의 머리에는 수건을 얹어 예언을 받을 준비를 시킨 것이라고 보는 견해이다(바울 성경 연구 씨리즈, 에스겔 p76에서 참고).

예레미야처럼 에스겔 선지자도 거짓 선지자들의 비리를 낱낱이 지적하고 그들이 받을 심판을 엄중히 경고한다. 우리가 사는 이 시대도 너무나 많은 거짓 선지들이 횡행하고 있다. 우리에게 영적 분별력을 필요로 하는 이유가 여기에 있다. 현재 아프리카에서도 각종 거짓 선지자와 이단들이 아프리카 교회를 바이러스처럼 병들게 하고 있다. 희한한 부흥사들이 여기저기 태형 텐트를 치고 사람들을 모아 부흥회를 한다. 심지어 사람들을 속이기 위해 서로 짜고 집회 중 사람을 쓰러지게 하고 죽은 척 한 다음 관에 집어 넣고 관에 안수하고 기도하여 그 사람을 살려내는 퍼포먼스를 한다. 무지한 청중들은 환호성을 지르고 가짜 목사에게 속아 헌금을 바친다. 물도 팔고 기름도 팔면서 거기에 강사가 안수하여 기도하였기에 능력이 있어 무슨 병이든지 낫는다고 속여 장사를 한다. 여호와의 증인들이 집집마다 전도하러 다니고 있고 시온주의라는 아프리카의 대표적 이단들이 뭇사람들의 영혼을 사냥하고 있다.

이런 혼돈스러운 아프리카 땅에서 오직 예수, 오직 성경을 부르짖으며 한국 선교사들이 분전하고 한다. 아프리카 대륙을 향한 한국 교회의 관심이 더 필요한 때이다.

● 오늘의 말씀에 대한 나의 묵상 ●

오늘의 본문 성경을 읽으시고 깨달은 점이나 기억하고 싶은 점 혹은 기도문을 기록합니다.

● 묵상 자료 ●

1. 마음 속에 있는 우상들(겔 14장)

예루살렘 성전 안에 있던 가증한 우상들을 보았던(겔8장) 에스겔 선지자는 이제 바벨론에 포로로 살고 있던 장로들의 마음 속에 있는 우상들을 보았다.

"인자야 이 사람들이 자기 우상을 마음에 들이며 죄악의 거치는 것을 자기 앞에 두었으니 그들이 내게 묻기를 내가 조금인들 용납하랴 그런즉 너는 그들에게 말하여 이르라 나 주 여호와가 말하노라 이스라엘 족속 중에 무릇 그 우상을 마음에 들이며 죄악의 거치는 것을 자기 앞에 두고 선지자에게 나아오는 자에게는 나 여호와가 그 우상의 많은대로 응답하리니 이는 이스라엘 족속이 다 그 우상으로 인하여 나를 배반하였으므로 내가 그들의 마음에 먹은대로 그들을 잡으려 함이니라"
겔 14:3~5

하나님은 그들을 유다에서 바벨론으로 유배시키심으로 그들을 징계하셨다. 그러나 그 진노 중에도 자비를 베푸셔서 그들의 목숨을 살려주셨다. 그런데 그 모든 긍휼에도 불구하고 그들은 회개하지 않았다. 그런 상태에서 선지자에게 하나님의 뜻을 물으며 영적인 사람들인 체 했다. 그러나 하나님은 그들의 속을 들여다 보시고 그들의 죄악을 하나님의 종에게 알려 주셨다. 그래서 하나님은 그 당시라면 노아나 다니엘이나 욥이 와서 중보 기도해도 예루살렘의 완전 멸망을 구할 수 없을 거라고 하셨다.

우리 인간은 좀처럼 변하지 않는다. 우리 생각에는 죄 때문에 망하여 포로로 잡혀간 이스라엘의 장로들이라면 완전히 변하여 회개하고 새 사람 될 것 같지만 실제로는 그들이 변화되지 않았다는 것이다.

2008년에 내가 선교지에서 교통사고를 당해 뼈가 10군데나 부러지고 3개월을 아프리카 병원에서 기저귀차고 누워 있을 때 나는 이제 내가 성인의 수준으로 변화될 줄 알았다. 어느 날 24시간 병원 천장만 보고 누워있을 때 기저귀가 똥으로 가득차 나는 급히 벨을 눌러 간호사를 불렀다. 헌데 문제는 간호사가 아무리 벨을 눌러도 나타나지 않은 것이었다. 1시간쯤 지나 마침내 간호사가 나타났다. 왜 그렇게 빨리 오지 않았느냐고 물으니 그 아프리카 간호사의 대답이 걸작이었다. 커피 한 잔 마시고 왔다는 것이다. 나는 순간 욱하는 성질을 참지 못하고, 분을 참지 못하고 병원이 떠나갈 듯이 소리를 질러 버렸다.

"메니저 오라고 해!"

흑인들에게까지 인종차별 당하는 기분이 들어 화가 폭발해 버린 것이다. 그 후로 나는 나 자신에게 몹시 실망했다. 그 병원 사람들이 다 내가 목사인줄을 아는 데… 인간은 이렇게 뼈가 10개가 부러져도 쉽게 변화되지 않는다.

우리 각자의 마음 속에는 어떤 우상들이 남아 있는가 스스로 살펴보자. 그리고 토설하고 주께로 돌이키자. 아멘.

● 오늘의 말씀에 대한 나의 묵상 ●
오늘의 본문 성경을 읽으시고 깨달은 점이나 기억하고 싶은 점 혹은 기도문을 기록합니다.

....

....

....

....

....

....

● 묵상 자료 ●

1. 배신자 예루살렘의 가증한 죄악

"이르기를 주 여호와께서 예루살렘에 대하여 말씀하시되 네 근본과 난 땅은 가나
안이요 네 아비는 아모리 사람이요 네 어미는 헷사람이라 너의 난 것을 말하건대
네가 날 때에 네 배꼽줄을 자르지 아니하였고 너를 물로 씻어 정결케 하지 아니하
였고 네게 소금을 뿌리지 아니하였고 너를 강보에 싸지도 아니하였나니 너를 돌
아보아 이 중에 한 가지라도 네게 행하여 너를 긍휼히 여긴 자가 없었으므로 네
가 나던 날에 네 몸이 꺼린바 되어 네가 들에 버리웠었느니라 내가 네 곁으로 지
나 갈 때에 네가 피투성이가 되어 발짓하는 것을 보고 네게 이르기를 너는 피투성
이라도 살라 다시 이르기를 너는 피투성이라도 살라 하고 내가 너로 들의 풀 같이
많게 하였더니 네가 크게 자라고 심히 아름다우며 유방이 뚜렷하고 네 머리털이
자랐으나 네가 오히려 벌거벗은 적신이더라 내가 네 곁으로 지나며 보니 네 때가
사랑스러운 때라 내 옷으로 너를 덮어 벌거벗은 것을 가리우고 네게 맹세하고 언
약하여 너로 내게 속하게 하였었느니라 나 주 여호와의 말이니라" 겔 16:3~8

에스겔 16장은 하나님을 배반하고 우상숭배에 빠진 이스라엘을 비유하여 남
편을 배반하고 다른 남자와 관계를 맺는 음부라고 하였다. 버려진 핏덩이를 데
려다가 돌보고 키워주었더니 나중 교만하여져서 하나님께 등을 돌린 유대 민족
을 향한 하나님의 질투와 심판이 적나라하게 표현되어 있다.

처음 들에 버려졌던 아이는 이스라엘을 상징한다. 유대 민족이 어떻게 형성
되었던가? 이스라엘의 초기 족장시대에 아브라함과 이삭과 야곱은 큰 세력도
없이 가나안에 얹혀 살았었다. 당시에 그들은 가나안의 패권을 쥐고 있던 아모
리인들과 헷 사람들의 눈치를 볼 수밖에 없었고 외국인이요 나그네였다. 그들

의 뿌리는 아직 견고하지 못했다. 그래서 본문 성경에 네 근본은 가나안이요, 아버지는 아모리 사람, 어머니는 헷사람이라 표현하였다. 그 속에서 시작된 이스라엘의 국가 형성 과정은 누군가 도와주지 않으면 안 되는 갓 태어난 유아의 경우처럼 매우 위태했었다. 아기가 태어났는데 탯줄도 자르지 아니하고 누군가 돌봐주는 이가 없었다는 것은 오직 여호와 하나님께서 인간들의 외부적인 도움이 없이 이스라엘을 키워내셨다는 것을 강조하는 표현이다. 그들은 나중 애굽에서 종살이하며 피투성이가 되어 울부짖었었다. 그 모습을 보고 아무도 도와주지 않았으나 하나님께서 그들을 바로의 폭정에서 보호해 주셔서 그들은 마침내 주님의 은혜로 들의 풀같이 많게 되었다. 제법 국가를 이룰 만큼 자랐다. 그러나 그들의 모습은 벌거벗은 사람처럼 제대로 틀을 갖추지 못하고 있었는데 하나님께서 모세를 통해 그들에게 율법을 주시고 나라의 기틀을 마련해 주셨다. 그리고 가나안 땅을 정복케 하시어 그들의 머리에 화관을 씌워 주시고 다윗 왕조를 세워주셔서 주변 나라들이 부러워하고 심지어 조공을 바칠 정도로 강대한 나라를 만들어 주셨다.

그러나 그들은 이때부터 자기 힘으로 그런 위업을 이룬 줄 알고 교만해지기 시작하더니 변질되어 하나님께 등을 돌리고 이방 나라의 신들을 바람난 여인처럼 음란하게 섬기고 애굽을 하나님처럼 의지하기 시작했다. 소돔, 고모라의 형제들이나 되는 것처럼 타락한 죄들이 이스라엘 전역에 난무했다. 몸을 파는 것을 직업으로 하는 여자들은 남자들에게 돈이나 선물을 받고 음행을 하지만 이스라엘은 오히려 자기들의 돈을 남자들에게 주어 가면서 음행을 행하였다고 하나님은 탄식하셨다. 불쌍하고 천한 그들을 하나님이 보호하시고 사랑과 정성으로 키워 놓았더니 그들은 바람난 여자처럼 남편을 배신하고 동네 여러 남자들과 음행을 저지르고 다니므로 하나님의 진노가 예루살렘에 임했다고 에스겔 16장은 신랄하게 고발하고 있다.

인간들이 무엇이관데 하나님은 배신당한 연인처럼 질투하시기까지 사랑하실까? 한번 택하시고 사랑하시면 결코 변하지 않으시고 끝까지 언약을 지키시며 돌아보신다. 타락하여 배반하면 끝까지 추적하여 매를 때려서라도 돌이키게 하시고 결국은 독생자까지 보내셔서 말씀을 들려주신다.

나는 개인적으로 사랑하는 사람에게 배신을 제대로 당해 보지 않아 실감하지는 못하지만 애인에게 배신당한 하나님의 마음이 얼마나 쓰라리고 기가 막히셨을까 생각하면 하나님이 참 안되셨다는 생각까지 든다. 하나님은 자신의 찬송을 부르게 하시려고 이스라엘을 열국 중에서 자기 것으로 택하셨건만 그들은 나중에 우상에게 찬양을 돌렸다. 하나님의 영광을 나타내라고 그들에게 복을 주었더니 그들은 하나님께 받은 복을 우상의 제물로 갖다 바쳤다. 참 질이 나쁜 족속들이다. 그런 인간들을 완전히 멸절시키지 않으시고 다시 회복시키시어 하나님을 다시 섬기게 하시는 주님의 사랑을 생각하면 그의 인자하심과 성실하심이 너무나 크고 놀라워 우리는 주님께 감사하지 않을 수 없다.

예레미야가 그의 애가에서 고백했던 것처럼 주의 인자와 긍휼이 무궁하시므로 이스라엘이 진멸되지 아니하였으니 주님의 성실하심이 실로 크시다는 고백이 내 입술에서도 절로 나온다. 확실히 하나님은 사람과 다르시다.

● 오늘의 말씀에 대한 나의 묵상 ●

오늘의 본문 성경을 읽으시고 깨달은 점이나 기억하고 싶은 점 혹은 기도문을 기록합니다.

....
....
....
....
....
....
....
....
....
....

1년 1독 365일 성경통독, 꿀송이 보약큐티
겔 20장~22장

● 묵상 자료 ●

1. 여호와의 칼(겔 21장)

에스겔 21장 전체는 하나님의 심판의 칼로 인해 유다 왕국이 멸망하고 바벨론이 유다를 침공하며 시드기야가 비참한 최후를 맞는다는 내용이다. 덧붙여 암몬에게 내려질 완전한 멸망도 예언되었다. 일단 21장에 나오는 어려운 표현들을 공부해 두면 유익할 것이다.

● **성소를 향하여**(겔 21:2) – "예루살렘을 향하여"와 같은 말이며, 여기서 '성소'는 예루살렘 성전을 가리킨다.
● **내 칼**(겔 21:5) – "칼"은 이스라엘의 죄악을 심판하시는 심판의 도구를 말한다. 구체적으로는 B.C. 612년에 앗수르를 멸망시키고, B.C. 605년에는 갈그미스 전투에서 애굽을 격퇴하여 당대의 지배권을 장악한 바벨론을 말한다. "내 칼"이라고 하신 것은 하나님이 사용하시는 도구로 바벨론이 선택되었다는 의미이다.
● **내 아들의 규**(겔 21:10) – "내 아들"은 시드기야를 의미하고 "규"는 왕권을 상징한다. 같은 절에 나오는 모든 나무는 주변 국가를 상징하며 특히 가장 큰 강대국이었던 바벨론을 가리킨다. 시드기야는 시국을 잘 분별하지 못하여 바벨론을 업신여기다가 두 눈이 뽑히고 비참하게 끌려 갔다.
● **넓적다리를 칠지어다**(겔 21:12) – 극한 슬픔과 탄식을 표현할 때 나타내는 행위이다(렘 31:19). 가슴을 치는 행위보다 더 극한 상황에서 쓰는 표현이다.
● **암몬 족속**(겔 21:20) – 암몬 족속도 에돔, 모압, 시돈과 연합하여 반 바벨론 정책을 썼기 때문에 바벨론의 침략 대상이 되었다.
● **랍바**(겔 21:20) – 당시 암몬의 수도였고, 현재는 요르단의 수도인 암만을

말한다.

- **화살들을 흔들어**(겔 21:21) - 이는 고대 근동 지역에 살던 사람들이 전투의 성공과 실패를 결정할 때 사용하는 일종의 점으로 화살을 화살통에 넣어 흔든 후 먼저 나오는 화살을 좋은 점괘로 선택했다.

- **희생제물의 간을 살핌**(겔 21:21) - 고대 근동 지역의 사람들은 피가 고여 있는 간을 생명이 거하는 장소로 생각하여, 제물을 신에게 드린 후 그 간의 색깔을 살펴보고 전투의 향배를 짐작하였다.

- **마땅히 얻을 자**(겔 21:27) - "다윗 왕권을 계승할 자"란 뜻. 이는 메시아, 곧 예수 그리스도를 가리킨다.

- **칼을 그 칼집에 꽂을지어다**(겔 21:30) - 암몬 족속에게 하는 말로, 바벨론의 침공에 대해 대적하지 말라는 뜻이다.

특별히 에스겔 21:3~4을 보면 여호와의 칼이 의인과 악인 모두에게 임할 것이라고 하는 말씀이 의미심장하다.

"이스라엘 땅에게 이르기를 여호와의 말씀에 내가 너를 대적하여 내 칼을 집에서 빼어 의인과 악인을 네게서 끊을지라 내가 의인과 악인을 네게서 끊을 터이므로 내 칼을 집에서 빼어 무릇 혈기 있는 자를 남에서 북까지 치리니" 겔 21:3~4

사실 이스라엘과 유다가 타락하여 하나님의 분노를 촉발하므로 그들이 이방 족속에게 삼킨바 되었지만 그 나라가 망하여 백성들이 죽고 혹은 포로로 끌려갈 때 그 모든 백성들이 모두가 다 악한 자만 있는 것은 아니었다. 그 중에는 에스겔이나 예레미야 그리고 다니엘 같은 출중한 하나님의 사람들도 섞여 있었다. 그러나 그러한 의인들도 함께 망하는 운명을 피하지는 못하였다. 국가는 공동 운명체이다. 다니엘 같은 믿음의 사람도 포로가 되어 끌려 갔다. 그래서 나만 의로운 것이 중요한 것이 아니라 민족 공동체가 하나님 앞에서 바로 서는 것이 중요한 것이다.

조국 대한민국을 위해 우리가 날마다 기도해야 할 이유가 여기에 있다.

오늘의 본문 성경을 읽으시고 깨달은 점이나 기억하고 싶은 점 혹은 기도문을 기록합니다.

겔 23장~25장

○ 묵상 자료 ○

1. 오홀리바를 고친 충격요법(겔 23장)

에스겔 23장은 역사적으로 볼 때에 설교자들이 가장 설교를 하지 않은 본문 중 하나이다. 그 이유는 내용이 어려워서가 아니라 표현이 적나라해서 회중 가운데서 봉독하기가 민망하기 때문이다. 디모데후서 3:16을 보면 "모든 성경은 하나님의 감동으로 된 것으로 교훈과 책망과 바르게 함과 의로 교육하기에 유익"하다고 기록되었다. 에스겔 23장도 성도들을 교훈하고, 책망하고, 바르게 하고, 의로 교육하기 위해서 성령의 감동으로 기록된 말씀이다. 때로는 민망한 표현이 나올지라도 그러려니 하고 읽어야 한다.

에스겔 23장의 이야기는 애굽 땅에서 시작한다. 애굽 땅에서 한 여인이 두 딸을 낳았다. 그런데 두 딸은 어려서부터 행실이 단정치 못했다. 에스겔 23:4에 보면 그 언니의 이름은 오홀라이며, 동생은 오홀리바이다. 오홀라는 북왕조 이스라엘을 상징하며, 오홀리바는 남유다를 상징한다. 어려서부터 행실이 단정치 못한 두 자매를 하나님이 자신의 소유로 삼으셨다. 아내로 삼으셨다는 것이다. 그런데 두 자매의 행실은 이렇게 훌륭한 남편을 만나고 자녀를 낳은 후에도 변함없이 간음을 행했다. 그래서 남편 되신 하나님이 진노하셨다. 그들과 연애하던 이방 남자들은 사랑이 변하여 미움이 되어 오홀라를 죽이고 오홀리바를 고통 주며 심문하는 존재가 되었다.

북왕국 이스라엘은 백성들이 하나님께 예배하기 위해서 예루살렘으로 가는 것을 두려워했다. 여로보암은 이것을 싫어하여 금송아지 두 개를 만들어 단(이스라엘의 북쪽)과 벧엘(남쪽)에 하나씩 놓고 산당을 만들고 레위 사람이 아니 다른 사람들을 제사장으로 임명하고, 절기도 비슷하게 만들어 '짝퉁종교'를 만들었다. 하나님을 섬긴다고 하면서 사실은 제멋대로 종교를 만들어 낸 것이다. 그래서 북 왕국은 제멋대로 장막을 짓고, 종교를 만들었다고 그 이름을 오홀라(그녀의 장막)라고 붙이게 된 것이다.

르호보암은 유다와 베냐민 두 지파만을 모아 남왕국 유다를 형성했다. 남왕국 유다의 수도는 예루살렘이었다. 예루살렘에는 하나님의 성전이 있었다. 레위인들이 제사장이었고, 하나님 말씀을 따라 절기를 지켰다. 그래서 신앙생활을 올바로 하려고 하는 사람은 예루살렘 남쪽으로 몰려들었다. 그러므로 남왕국을 '나의 장막이 그녀 안에 있다' 의미인 오홀리바로 이름을 지은 것이다.

에스겔 23장의 구조는 단순하다. 1~10까지는 오홀라의 죄이고 11~21까지는 오홀리바의 죄이다. 22~49까지는 두 자매를 하나님이 심판하는 내용이다.

오홀리바는 언니 오홀라 보다 자신이 훨씬 의롭다고 생각하는 자만심에 빠져 있었다. 오홀리바는 큰 착각을 하고 있었다. 예수님 당시에도 남왕국 유다 사람들은 사마리아 사람들을 멸시했다. 에스겔이 예언할 당시에도 마찬가지였다. 남왕국 유다는 예루살렘에 성전이 있고 다윗에게 주신 하나님의 언약이 있고, 다윗의 후손들이 왕조를 지키고 있고, 레위인들이 제사장이고 하나님의 말씀에 따라 절기를 지키고 있었다. 경건의 모양은 모두 갖추고 있었지만 경건의 능력은 없었다.

오홀리바는 연애하던 바벨론에 침공을 받아 멸망당했다. 에스겔 23: 22이다.

"그러므로 오홀리바야 나 주 여호와가 말하노라. 내가 너의 연애하다가 싫어하던 자들을 격동시켜서 그들로 사방에서 와서 너를 치게 하리니"

우리는 오늘 누구와 연애하고 있는가? 세상인가? 하나님인가?

오늘의 본문 성경을 읽으시고 깨달은 점이나 기억하고 싶은 점 혹은 기도문을 기록합니다.

9월 2일

1년 1독 365일 성경통독, 꿀송이 보약큐티

겔 26장~28장

● 묵상 자료 ●

1. 두로에 대한 애가(겔 27장)

에스겔 26장부터 성경은 많은 부분을 할애하여 두로와 시돈에 대한 심판을 선포한다. 두로는 당시 지중해에서 동서남북을 연결하는 가장 중요한 무역 도시로서 그 성을 중심으로 매우 부요하며 강성한 나라를 형성하고 있었다. 그들은 스스로를 온전히 아름답다고 자찬했다. 두로는 마주 대하는 섬이 있었고 그 섬이 더 중심이었는데 "네 땅이 바다 가운데 있음이여(겔 27:4)"라고 말씀하신 것과 같다. 두로를 세운 자들은 그 아름다움을 긍지로 여기며 부요한 물질로 아름답게 꾸미는데 열중했다고 한다.

당시 두로의 영광은 실로 찬란했다. 그들은 스닐(헤르몬 산)의 잣나무 판자로 배를, 레바논의 백향목으로 돛대를, 바산의 오크나무로 노를, 깃딤섬의 회향목으로 상아 갑판을, 애굽의 수놓은 베로 돛을 만들어 깃발을 삼았고, 엘리사 섬의 청색, 자색 베로 차일(갑판 위의 천막)을 만들었다. 시돈과 아르왓 사람들은 뱃사공들이었고, 두로의 박사들은 선장들이었고, 그발의 노인들은 배의 틈을 막는 자들이었고, 바사와 룻과 붓 사람들, 또 아르왓 사람들은 두로의 병사들이었고, 그들은 방패와 투구를 갖추었다.

두로는 당시에 세계적 무역 항구이며, 거기에는 다시스의 은과 철과 주석과 납, 야완과 두발과 메섹의 노예들, 놋그릇들, 도갈마의 말들과 전마(戰馬)들과 노새들, 드단의 상아와 흑단, 아람의 남보석, 자색 베, 수놓은 것, 가는 베, 산호, 홍보석, 유다와 이스라엘의 밀, 꿀, 기름, 유향, 다메섹의 포도주, 흰 양털, 단의 백철, 계피, 창포, 드단의 짐승을 탈 때 까는 담요, 아라비아와 게달의 어린양, 숫양, 염소, 수바와 라아마의 각종 고급 향재료와 보석과 황금, 간네, 에덴, 스바, 앗수르, 길맛의 청색옷, 수놓은 물품들 등 없는 것이 없을 정도로 부요하고 화려한 해양국가였다.

그러나 이렇게 풍부하고 부요하고 강성했던 두로가 속절없이 멸망할 것이라고 에스겔은 선포한다. 본 장의 교훈은 우리의 현재의 부요와 영광이 아무리 두로와 시돈처럼 크다 할지라도 우리가 범죄하고 교만하여 하나님과 대적이 되면 다 멸망할 수밖에 없다는 것이다. 그러므로 우리가 하나님과 대적이 되지 않는 것이 중요하다. 우리는 하나님과 주 예수 그리스도께 대한 믿음과 순종, 의와 거룩과 사랑 안에서 살아가야 한다. 부자일수록 남보다 잘난 것이 있을수록 우리는 철저하게 하나님 앞에 겸손해야 한다. 이 애가대로 두로는 오늘날 그 영광의 흔적이 없고 6천 명 정도의 사람들이 사는, 그물 말리는 빈곤한 어촌에 불과하다고 한다.

● 오늘의 말씀에 대한 나의 묵상 ●

오늘의 본문 성경을 읽으시고 깨달은 점이나 기억하고 싶은 점 혹은 기도문을 기록합니다.

겔 29장~32장

● 묵상 자료 ●

1. 애굽을 위한 애가(겔 29장)

에스겔 29장~32장 네 장에 걸쳐 성경은 애굽의 멸망에 대해 길게 예언하고
있다.

하나님은 애굽의 패망에 대한 슬픈 애가를 지어 여러 나라 여자들이 구슬프
게 그 노래를 부르게 하셨다(겔 32:16). 애굽은 당시의 많은 나라들이 사자처럼
용맹하고 약소국을 보호해 줄 존재로 여겼으나 하나님의 평가는 달랐다. 그들
이 사자가 아니라 큰 악어라고 하셨다(겔 32:2). 이 큰 악어가 강을 휘저어 강을
더럽게 하였는데 함께 사는 다른 물고기들에게 큰 피해를 입혔다. 이는 애굽
의 우상숭배가 주변국에 영향을 미쳐 다른 나라들까지 더럽힌 것을 말하는 것
이다.

그들은 한때 레바논의 백향목 같이 번성하기도 하였다. 그러나 하나님은 애
굽왕의 두 팔을 사정없이 꺾어 버리셨다. 바벨론 왕의 팔은 들어주고 바로의 팔
은 꺾어 버리셔서 결국 바벨론에게 패퇴하게 만드셨다. 하나님이 내 팔을 들어
주시느냐, 꺾어 버리시느냐는 내 운명을 결정한다. 복싱 경기를 마치고 심판이
양 선수의 손을 잡고 있다. 누구의 손이 올라가느냐가 승패를 나타낸다. 이와
같이 하나님은 우리의 손을 잡고 계신다. 내 손을 올려주시면 나는 인생의 승자
가 된다. 그러나 하나님이 내 팔을 내리시면 나는 패자의 삶을 피할 수가 없다.
뭇 나라와 모든 인생의 흥망성쇠가 하나님의 의중에 달려 있는 것이다. 애굽은
이전의 강국 앗수르가 망한 것처럼 망하게 될 것이라고 에스겔은 예언한다. 앗
수르가 망하여 음부로 내려간 것처럼 그들도 구덩이로 내려 갈 것이다.

"나 주 여호와가 말하노라 그가 음부에 내려가던 날에 내가 그를 위하여 애곡하게 하며 깊은 바다를 덮으며 모든 강을 쉬게 하며 큰 물을 그치게 하고 레바논으로 그를 위하여 애곡하게 하며 들의 모든 나무로 그로 인하여 쇠잔하게 하였느니라 내가 그로 구덩이에 내려가는 자와 함께 음부에 떨어뜨리던 때에 열국으로 그 떨어지는 소리를 인하여 진동하게 하였고 물 대임을 받은 에덴의 모든 나무 곧 레바논의 뛰어나고 아름다운 나무들로 지하에서 위로를 받게 하였느니라 그러나 그들도 그와 함께 음부에 내려 칼에 살륙을 당한 자에게 이르렀나니 그들은 옛적에 그의 팔이 된 자요 열국 중에서 그 그늘 아래 거하던 자니라. 너의 영화와 광대함이 에덴 모든 나무 중에 어떤 것과 같은고 그러나 네가 에덴 나무와 함께 지하에 내려갈 것이요 거기서 할례 받지 못하고 칼에 살륙 당한 자 중에 누우리라. 이들은 바로와 그 모든 군대니라 나 주 여호와의 말이니라 하라" 겔 31:15~18

애굽이 망하여 그 백성들이 죽어 지옥에 떨어 졌는데 미리 지옥에 와 있던 이전에 망했던 주변 나라들의 영혼들이 지옥에서 위로를 받았다고 한다. 왜냐면 그 막강하던 애굽도 결국은 망하여 자기들이 있는 음부에까지 내려오니 그것을 보고 위로를 받는다는 것이다. 당시 음부, 즉 지하 구덩이 지옥으로 떨어진 나라들은 애굽뿐만 아니라 앗수르, 엘람, 메섹과 두발, 에돔, 시돈 등의 나라가 성경에 언급되어 있다. 모두 애굽 이전에 교만하여 망했던 나라들이다. 그들이 지옥에서 서로 마주쳐 보면서 서로를 인해 조금의 위로를 받는다는 게 불쌍하다. 나만 지옥 온 게 아니구나… 하는 것이 그들에게는 조금의 위로는 될지 모르겠지만 천국 가는 것에 비교할 수가 있겠는가? 지금도 예수 믿고 천국 가자고 사람들에게 전도하면 완악한 사람들은 복음을 거절하면서 혹시 지옥이 있다고 해도 나만 지옥 가는 것이 아닐 테니 괜찮다고 스스로를 위로하며 멸망길에서 나오려 하지 않는다.

그런데 이 애굽의 패망의 애가를 읽으면서도 우리가 놓치지 말아야 할 것은 모든 열국이 다 음부로 떨어졌어도 '이스라엘의 멸망'에 대해서는 단 한번도 음부로 떨어졌다고 기록되어 있지 않다는 것을 기억할 필요가 있다. 이는 이스라엘의 죄악이 그들보다 적다거나 그들에게 선한 모습이 조금이라도 남아 있어서가 결코 아니다. 순전히 '하나님의 언약을 받은 백성'이라는 점 때문임을 명심해야 한다.

우리가 천국에 이를 때 내가 남보다 착해서가 아니라 순전히 예수님의 보혈의 공로 때문임을 잊으면 안 되는 것이다. 왜 하나님은 애가를 지어 애굽의 패망에 대한 슬픈 노래를 부르게 하셨는가? 그것은 애굽이 불쌍하기 때문에서가 아니었다. 슬픔의 노래는 사람들의 마음을 움직인다. 열국의 여인들이 하나님의 징계를 받아 망한 애굽의 애가를 부를 때 하나님의 백성들에게 이 노래는 무서운 교훈이 될 것이기 때문이었다.

오늘날 하나님을 알지 못하는 세상 사람들이 인생의 허무함과 속절없음을 노래할 때 그것을 듣는 우리 그리스도인들은 어떤 교훈을 받는가? '아~! 하나님이 마음에 없으니 저들이 저런 노래를 부르는구나' 하고 우리는 그들에 대한 연민의 정을 갖고 그들에게 복음을 전해야겠다는 소원을 품게 된다. 어쨌든 애굽의 슬픈 노래를 지어 부르게 하신 하나님은 그 노래를 듣는 모든 자들에게 인생의 허망함과 하나님의 영원성을 생각케 하시려는 의도가 있으셨다.

● 오늘의 말씀에 대한 나의 묵상 ●

오늘의 본문 성경을 읽으시고 깨달은 점이나 기억하고 싶은 점 혹은 기도문을 기록합니다.

겔 33장~36장

● 묵상 자료 ●

1. 나 여호와가 거기 있었느니라(겔 35장)

에스겔 35장은 이스라엘의 원수인 에돔의 멸망을 예언하고 있다. 그런데 에스겔 35장에 에돔의 멸망이 처음 나오는 것이 아니고 에스겔 25장에도 이미 에돔의 멸망이 예언되어 있다(겔 25:12~13). 에돔 사람들이 이스라엘을 원수 취급함으로 그 죄로 말미암아 멸망될 것이라는 말씀이다. 에돔의 남쪽인 데만에서부터 북쪽 끝인 드단까지 황무지가 되리라고 예언한다. 역사적으로 에서의 후손인 에돔과 야곱의 후손인 이스라엘은 늘 원수 관계였다. 에서와 야곱은 이삭과 리브가의 두 아들이요, 쌍둥이 형제임에도 철천지원수가 되었다. 이유는 동생인 야곱이 형인 에서의 축복을 빼앗았기 때문이다. 그러나 사실은 에서가 팥죽 한 그릇에 축복을 판 것이다. 팥죽 때문에 축복을 팔아먹은 에서를 성경은 망령된 자라(히 12:16)고 말한다. 말라기 1:2~4의 말씀이다.

"내가 야곱을 사랑하였고 에서는 미워하였으며 그의 산들을 황무케 하였고 그의 산업을 광야의 시랑에게 붙였느니라 에돔은 말하기를 우리가 무너뜨림을 당하였으나 황폐된 곳을 다시 쌓으리라 하거니와 나 만군의 여호와는 이르노라 그들은 쌓을찌라도 나는 헐리라"

에서의 후손인 에돔은 아말렉과 함께 구약시대의 하나님의 백성인 이스라엘의 최고의 원수였다. 우리는 에스겔 35장을 읽으면서 한 가지 질문이 떠오른다. '에스겔 25장에서 이미 에돔의 멸망이 예언되었는데 왜 에스겔 35장에서 또 언급하는가?' 하는 것이다. 에스겔 33장 이후의 주제는 이스라엘을 회복시키겠다는 것인데 왜 에돔의 멸망을 이스라엘의 회복을 말씀하는 가운데 끼어넣어 다시 언급하는 것일까? 답은 에돔의 멸망과 이스라엘의 회복을 비교하는데 목적이 있다. 즉, 이스라엘도 죄를 지었고 에돔도 죄를 지었지만 에돔은 영원히 황무하여 회복되지 않고 이스라엘은 심판을 받아도 회복이 된다는 것을 비교하고자 하는 것이다.

에돔은 한 때 이스라엘과 유다가 망해서 그것이 자기 차지가 되었다고 좋아했었다. 에스겔 35:10이다.

"네가 말하기를 이 두 민족과 이 두 땅은 다 내게로 돌아와서 내 기업이 되리라 하였도다 그러나 나 여호와가 거기 있었느니라"

이 본문에서 두 민족은 이스라엘과 유다이다. 이스라엘과 유다가 망했을 때 그들은 좋아하며 자신들의 기업으로 삼으려고 획책하였다. 그러나 그때에 그곳에 하나님이 계셔서 그 말을 모두 듣고 있었다. 그들이 한 말은 하나님을 대적하는 말이었다. 왜냐하면, 큰 자가 작은 자를 섬기겠다고 하나님은 말씀하셨기 때문이다. 그런데 에돔은 하나님에게 틀렸다고 대들었다. 에스겔 35:13이다.

"너희가 나를 대적하여 입으로 자랑하며 나를 대적하여 여러 가지로 말한 것을 내가 들었노라"

그래서 하나님은 에돔에 대한 심판을 말씀하시며 영원히 일어나지 못할 것이라고 선언하셨다(겔 35:4, 6, 9). 사람이 죄를 지어도 다른 사람을 괴롭히는 죄를 지으면 그 가정과 후손을 심판하시고 일어나지 못하게 하신다. 에돔은 느부갓네살 왕에게 결정타를 맞고, 알렉산더 대왕에게 정복당해 망했다. 그리고 에돔은 하스모니안 왕조 때에 모두 할례를 받고 이스라엘에 편입되었다. 결국 에돔은 정체성을 상실해 버리고 역사의 무대에서 완전히 사라지고 말았던 것이다.

에돔과 이스라엘은 모두 죄를 지어 하나님의 심판을 받았다. 그러나 에돔은 망했고 이스라엘은 회복되었다. 에스겔 35장이 에돔의 영원한 멸망을 예언한

장이라고 한다면 에스겔 36장은 이스라엘은 심판 받아도 회복된다는 내용이다. 에스겔 36:11, 15이다

"내가 너희 위에 사람과 짐승으로 많게 하되 생육이 중다하고 번성하게 할 것이라 너희 전 지위대로 사람이 거하게 하여 너희를 처음보다 낫게 대접하리니 너희가 나를 여호와인 줄 알리라"

"내가 또 너로 열국의 수욕을 듣지 않게 하며 만민의 비방을 다시 받지 않게 하며 네 나라 백성을 다시 넘어뜨리지 않게 하리라 나 주 여호와의 말이니라 하셨다 하라"

가룟 유다는 예수님을 은 30에 팔았다. 베드로는 예수님을 저주했다. 오십보 백보이다. 그러나 가룟 유다는 영원히 멸망했고 베드로는 위대한 사도가 되어 지금도 존경받고 있다. 이 차이의 원인은 무엇인가? 로마서 9:11~13에 분명한 답을 주고 있다.

"그 자식들이 아직 나지도 아니하고 무슨 선이나 악을 행하지 아니한 때에 택하심을 따라 되는 하나님의 뜻이 행위로 말미암지 않고 오직 부르시는 이에게로 말미암아 서게 하려 하사 리브가에게 이르시되 큰 자가 어린 자를 섬기리라 하셨나니 기록된바 내가 야곱은 사랑하고 에서는 미워하였다 하심과 같으니라"

하나님은 두 사람이 태어나기도 전에 주권적인 은혜로서 야곱은 택하시고 에서는 택하지 않으셨다. 야곱에게는 복을 주시고 에서에게는 복을 주시지 않기로 하신 것이다. 어떤 사람들은 이것을 보고 하나님은 불공평하다고 말한다. 그러나 바울은 하나님은 불의가 없으신 분이라고 말한다(롬 9:14).
은혜라고 하는 것은 원래 주지 않아도 된다. 하나님이 야곱에게 은혜를 주실 의무가 없다. 하나님이 우리에게 은혜 주실 의무가 없다. 우리가 받을 자격도 없다. 은혜는 주지 않아도 되는 것인데, 그럼에도 불구하고 하나님께서 주시는 것이 은혜이다. 우리는 하나님의 주권(Sovereignty of God)을 믿어야 한다. 하나

님은 긍휼히 여길 자를 긍휼히 여기시고 은혜 주실 자에게 은혜를 주신다. 하나
님은 야곱에게 택하심의 은혜(grace of election)를 주셨다. 그러므로 심판 중에
도 다시 회복시키는 견인의 은혜(grace of perseverance)도 주시는 것이다. 하나
님이 회복하는 사람은 하나님이 택하셨다는 증거이다. 택함 받은 사람은 신앙
을 지키는 견인의 은혜도 받게된다. 에스겔 35:10을 다시 보자.

"네가 말하기를 이 두 민족과 이 두 땅은 다 내게로 돌아와서 내 기업이 되리라 하
였도다 그러나 나 여호와가 거기 있었느니라"

히브리어로 "나 여호와가 거기 있었느니라"는 "여호와 삼마"이다. 에스겔의
마지막 절은 48:35인데 회복될 이스라엘 땅에 관한 예언의 말씀이다.

"그 사면의 도합이 일만 팔천척이라 그날 후로는 그 성읍의 이름을 여호와삼마라
하리라" 아멘.

하나님의 이름 가운데 에스겔서에만 나오는 이름이 "여호와 삼마"이다. 이
스라엘이 쓰러질 때 에돔 족속이 즐거워하면서 하나님을 향해서 대적하며 비웃
었지만 하나님이 그곳에 계셨다. 살아계신 하나님이 돌보시는 땅을 에돔이 어
떻게 함부로 차지한단 말인가? 가나안 땅은 여호와 삼마의 은혜가 있다. 하나
님이 그곳에 계신다. 하나님은 당신의 백성은 징벌해도 때가 되면 고토에서 회
복시키지만 에돔은 영원히 멸망시키신다. 이스라엘 백성이 때로는 악하여 징벌
을 받을지라도 에돔처럼 영원히 황무하지 않게 되는 이유는 여호와 삼마의 하
나님이 그들과 함께 계시기 때문이다.

교회가 약하고 미련하고 때로는 세상보다 더 악한 죄를 저지른 경우가 있다
할지라도 교회가 망하지 않고 확장되는 이유는 우리가 잘나서가 아니다. 여호
와 삼마, 하나님이 그곳에 계시기 때문이다. 하나님은 교회에 계시며, 진리를
보존하시고, 성령의 능력을 부으시고, 악한 사단의 모든 공격에서 보호하셔서
영광을 받으신다. 아멘. 아멘.

오늘의 본문 성경을 읽으시고 깨달은 점이나 기억하고 싶은 점 혹은 기도문을 기록합니다.

겔 37장~39장

● 묵상 자료 ●

1. 에스겔 골짜기의 환상(겔 37장)

에스겔이 본 유명한 마른 뼈의 환상이 에스겔 37장에 적혀 있다. 에스겔이 살던 시대는 이스라엘 역사상 가장 암울하고 절망적인 시대였다. 이스라엘이 하나님의 백성이었지만 하나님을 떠나 부정과 우상숭배로 가득 찬 배역의 삶을 살았기에 하나님께서는 강대국 바벨론을 사용해 이스라엘 백성들을 심판하시고 고난을 주셨다. 예루살렘 성은 함락되고 솔로몬 성전은 훼손되고 이스라엘 백성은 오랜 세월 포로 생활을 했다.

그러나 이것이 결론이 아니었다. 하나님께서 회복의 은혜를 베푸신 것이다. 주님은 어느 날 에스겔을 불러 마른 뼈들이 가득한 골짜기로 데려가는 환상을 보여주셨다. 가죽도 없고 힘줄도 없이 뼈만 남아 흐트러진 마른 뼈들은 패배하여 절망 속에 빠진 이스라엘 백성의 모습을 나타낸다. 마른 뼈를 보는 에스겔에게 하나님께서 처음 하신 말씀이 "인자야 이 뼈들이 능히 살겠느냐"는 질문이었다. 에스겔은 "주께서 아시나이다" 하고 대답했다. 이때 하나님께서 뼈들에게 살아나라고 명령하라는 지시를 내리셨다. 죽은 뼈들에게 말하는 모습을 상상해 보라. 에스겔은 하나님의 명령을 좇아 즉시 뼈들에게 명령했다. 그때에 기적이 일어나 마른 뼈들이 살아났다. 그런데 그 안에 아직 생기가 없었다. 이때 하나님은 또 생기에게 명령하여 그들에게 들어가라고 하라 하셨다.

하나님의 성령이 역사할 때 능력이 나타난다. 에스겔이 하나님의 명대로 대언하니 동서남북 우주에 숨어있는 하나님의 생명의 에너지가 죽은 시체 안으로 들어가 시체가 움직이게 되고 군대가 되었다.

우리 현대인들은 상식적이고 이성적인 것은 익숙해서 잘 알고 자신이 있지만 이런 영적 활동 같은 하나님의 기적에 대해서는 경험이 없기 때문에 조심스러워하고 두려워하며 신뢰하지 못하는 경향이 있다. 그러나 예수님은 지상에 있을 때 성령의 생기를 하나도 의심 없이 과감하게 그대로 사용하셨다. 내가 할 수 있는 것이 있고 하나님 만이 하실 수 있는 일이 있다. 12절을 보자.

"그러므로 너는 대언하여 그들에게 이르기를 주 여호와의 말씀에 내 백성들아 내가 너희 무덤을 열고 너희로 거기서 나오게 하고 이스라엘 땅으로 들어가게 하리라"

나는 우리 모두가 절망의 무덤에서 나오길 축원한다. 병에서, 귀신의 속박에서 절망에서 나와 찬송을 부르고 기도하고 뛰는 기적이 있길 선포한다. 통독을 함께 하는 여러분에게 하나님의 성령의 생기가 들어가 모든 일에 의욕이 있고 담대한 군사처럼 승리의 삶을 누리길 원한다.

15절부터는 회복과 부활의 메시지가 선포되는데 이스라엘이 더 이상 둘이 아니라 하나로 통일될 것을 예언한다. 그리고 그 통일 왕국의 지도자는 다윗이 될 거라고 하신다(겔 37:24). 그리고 그 통일 왕국에 하나님의 처소가 영원히 함께 할거라고 약속 하신다(겔 37:29). 이는 장차 도래할 메시아 왕국을 예언하는 성경이다. 다윗왕은 예수 그리스도를 예표하는 것이다. 주 예수께서 영원토록 왕이 되셔서 그의 백성들을 온 세상에서 모으시고 통일왕국을 이루사 영원토록 새 하늘과 새 땅에서 다스릴 것이다. 아멘. 할렐루야!

에스겔 37장은 독자에게 새 예루살렘과 메시아의 천년왕국을 증거하는 요한 계시록을 대하는 것 같은 느낌을 준다. 우리를 위해 회복과 메시아 왕국을 예비 하신 하나님께 존귀와 영광과 감사를 올려드리자. 아멘.

오늘의 본문 성경을 읽으시고 깨달은 점이나 기억하고 싶은 점 혹은 기도문을 기록합니다.

9월 6일

1년 1독 365 일 성경통독, 꿀송이 보약큐티

겔 40장~42장

● 묵상 자료 ●

1. 새 성전에 대한 환상

에스겔 40장에서 48장까지는 새 성전에 대한 환상을 기록하고 있는데 에스겔서의 마지막 단원이라고 할 수 있는 부분이다. 이 마지막 부분을 크게 세 가지 요점으로 나누면 다음과 같다. 40장에서 43장까지는 회복된 새로운 성전에 대한 환상이고, 44장에서 46장까지는 새로운 성전을 통해서 다시 회복된 새로운 예배에 대한 예언이고, 47장과 48장은 하나님이 회복된 백성들에게 다시 주시는 새로운 기업에 대한 약속이 기록되어 있다. 세 가지 요점을 기억하자. "새로운 성전, 새로운 예배, 새로운 기업."

에스겔서 40장에서 48장까지의 예언이 구체적으로 어떤 시기를 겨냥한 것인가에 대해서는 다양한 해석들이 있다. 성경의 예언 해석에서 가장 어려운 부분 가운데 하나가 바로 이 역사적 시기에 관한 문제이다. 그 이유는 성경의 예언자들이 앞 일을 예언할 때 마치 망원경으로 들여다보듯이 역사를 보기 때문이다. 즉, 어느 한 시기만 보지 않고 연이어진 산등성이를 보듯이 역사를 본다는 것이다. 이렇게 할 때 두 사건 사이에는 상당한 시간적 간격이 있음에도 불구하고 바로 연이어진 사건인 것처럼 느껴진다. 우리가 망원경으로 산을 바라볼 때 한 망원경의 렌즈 안에 가까운 거리에 있는 광경과 좀더 먼 곳에 있는 광경이 같이 잡히는 것과 마찬가지라고 할 수 있다.

예를 들어서 이사야서의 중요한 예언 가운데 하나인 고레스라는 사람의 출현에 대해서 생각해 보자. 고레스는 바벨론의 포로 되었던 이스라엘 백성들을 포로 된 상태에서부터 해방시키는 데 결정적인 역할을 했던 인물로 바사의 첫 황제이다. 역사책을 보면 "싸이러스"라고 되어 있고, 성경에는 "고레스"로 되어 있다. 이사야서는 이 고레스를 가리켜서 "동방의 의인"(사 41:2)이라고 말한다.

재미있는 것은 이단 박태선 씨가 이사야서의 이 부분을 보다가 "동방의 의인"은 자기라고 주장했다는 점이다. 그런데 그때만 해도 한국 교인들이 성경에 대한 기초적인 지식이 없었던 터라 그가 행하는 기적 몇 개를 보고서 현혹되어서 그를 추종했다. 박태선 씨의 설교집이 있는데 "동방의 의인"에 대해서 해석한 설교를 읽어 보면 아주 가관이다. 나는 그가 나타나서 활동을 한 것도 신기하지만 그 사람을 열심히 따라다니는 한국 교인들이 있었다는 사실에 더 놀란다. 어떻게 그럴 수 있을까? 이것이 성경에 대한 무지가 초래한 비극이다.

신천지나 하나님의 교회인 안상홍 증인회, 여호와의 증인, 통일교에 다니는 자들도 마찬가지이다. 이사야서에서 "동방의 의인"이란 역사적인 인물, 고레스를 가리키는 것이다. 그러나 고레스와 관련된 예언의 부분을 가만히 보면, 그것은 고레스에게만 적용된 것이 아니라 이 고레스라는 인물의 출현을 통해서 이스라엘 백성들을 정치적인 억압에서 벗어나게 하는 것처럼 전 인류를 죄악의 사슬에서부터 해방할 진정한 의미에서의 구세주가 올 것이라는 사실을 동시에 예언한다. 즉, 이 고레스에 대한 예언이 우리 주님 구세주의 예언과 동시에 등장한다는 것이다. 이것이 바로 예언 해석에서 시기에 관한 해석의 어려운 점이다.

에스겔 40~48장의 내용은 포로로 끌려갔던 이스라엘 백성들이 이스라엘 땅에 다시 돌아와서 성전을 짓고 다시 하나님을 예배하기 시작할 것이라는 사실에 관한 예언이다. 그러나 한 걸음 더 나아가서 그것은 이제 신약 시대에 메시야 되신 예수 그리스도로 말미암아 이루어질 새로운 언약의 시대, 바로 이 시대의 새로운 언약에 관한 상징적인 교훈들을 함축시킨 예언으로도 볼 수 있다.

"우리가 사로잡힌 지 이십오 년이요 성이 함락된 후 십사 년 정월 십 일 곧 그 날에 여호와의 권능이 내게 임하여 나를 데리고 이스라엘 땅으로 가시되 하나님이 이상 중에 나를 데리고 그 땅에 이르러 나를 극히 높은 산 위에 내려놓으시는데 거기서 남( )으로 향하여 성읍 형상 같은 것이 있더라 나를 데리시고 거기 이르시니 모양이 놋같이 빛난 사람 하나가 손에 삼줄과 척량하는 장대를 가지고 문에 서서 있더니 그 사람이 내게 이르되 인자야 내가 네게 보이는 그것을 눈으로 보고 귀로 들으며 네 마음으로 생각할지어다 내가 이것을 네게 보이려고 이리로 데리고 왔나니 너는 본 것을 다 이스라엘 족속에게 고할지어다 하더라" 겔 40:1~4

여기에서 우선 한 사람이 등장한다. 척량하는 장대를 지닌 어떤 사람이 등장하는데 이는 성육신 하시기 전의 예수 그리스도이시다. 예수님은 이 땅에 육신을 입고 오시기 전, 구약 시대에도 종종 나타나셨는데 그때에 두 가지 모습으로 등장하셨다. 하나는 일시적으로 잠깐 나타나셨다가 사라지시는 천사와 같이 등장하셨는데 예수께서는 이 천사의 모습으로 구약 시대에 활동하시기도 했다. 또 하나의 형태는 사람의 모습이다. 예수님이 사람처럼 등장하셨다. 특정한 어떤 인간이 아니라 사람의 모습으로 나타나셔서 어떤 사역을 성취하시는 성자 하나님, 그리스도의 모습이었다. 이렇게 그리스도는 구약 시대에 천사형으로, 또는 사람형으로 나타나셨는데 본문의 이 구절은 바로 성육신하시기 이전에 사람의 형태로 나타나신 예수님의 모습 가운데 하나이다. 계속되는 말씀을 보면 이제 새롭게 회복될 성전의 모습이 묘사되어 있다. 5절 이하를 보면 새롭게 건설할 성전의 벽은 어떻고 또 문은 어떻게 설치하고 층계의 모습은 어떻고 현관은 어떻고, 또 성전의 바깥 뜰과 안의 뜰, 입구 등에 대한 묘사가 되어 있다. 이제 그 묘사의 맨 마지막 부분인 49절을 보자.

"그 현관의 너비는 스무척이요, 길이는 열한 척이며 문간으로 올라가는 층계가 있고 문 벽 곁에는 기둥이 있는데 하나는 이쪽에 있고 하나는 저쪽에 있더라"
겔 40:49

이 말씀은 기둥 두 개에 대한 묘사이다. 이 기둥 두 개는 무엇을 연상시키는가? 옛날 솔로몬의 성전에도 두 개의 기둥이 있었다. 한 기둥은 야긴, 또 하나의 기둥은 보아스라고 불렸는데 이들은 성전의 중심을 이루는 기둥이었다. 여기에서 두 개의 기둥의 환상을 보여주는 이유는 이렇게 성전이 다시 회복된다는 것을 암시하기 위함이다. 그런데 40장이 열리는 이 부분에서 척량하는 막대기를 들고 등장하신 예수 그리스도의 모습은 무엇을 의미할까? 이는 성자 하나님의 심판하시는 사역과 깊은 관련을 맺고 있다. 즉, 그분은 성전의 감독자이시다. 오늘 우리에게 적용시킨다면 주님은 우리의 교회를 감독하시고 주관하신다. 다시 본문인 40장 3절을 보자. 예수님의 또 다른 이미지를 볼 수 있다.

"나를 데리시고 거기 이르시니 모양이 놋같이 빛난 사람 하나가 손에 삼줄과 척량하는 장대를 가지고 문에 서서 있더니"

여기 "놋"의 이미지에 대해 특별히 주목하자. 거의 예외 없이 구약에서, 특별히 모세오경에서부터 "놋"이란 언제나 하나님의 심판을 상징할 때 쓰여지던 중요한 이미지이다. 주님이 심판자로 임하시는 모습을 보여주는 것이다. 이렇게 "놋"이란 교만을 꺾으시는 하나님의 심판이라는 이미지와 관련이 있다.

다시 본문을 보면 이제 심판은 끝났고 새로운 성전이 세워질 것을 예언하면서 주님이 등장하실 때 손에는 척량하는 막대를 들고 계신다. 그 분의 인상은 놋과 같다. 그분은 이 새로운 질서 속에서 다시 하나님의 공동체를 감독하시고 판단하실 것이다. 지금까지 이루어졌던 그 심판도 그분이 행하신 사역이었다. 그러나 그분은 이제 새로운 시대, 새로운 질서 속에서 다시 하나님의 공동체를 감독하는 자로 등장하시는 것이다. 감독자 되신 그분이 이렇게 말씀하신다. 본문 4절을 보자.

"그 사람이 내게 이르되 인자야 내가 네게 보이는 그것을 눈으로 보고 귀로 들으며 네 마음으로 생각할지어다…"

하나님이 그에게 보이는 모든 계시와 하나님의 말씀을 눈으로 보고 귀로 들으며 마음으로 생각하라는 것이다. 하나님의 말씀에 대한 하나님의 백성들의 전인격적인 응답을 강조할 때 이 세 가지 표현이 항상 등장한다.

"귀로 듣고 눈으로 보고 마음으로 생각하라"

요한계시록 1:3을 보면 계시록의 첫번째 메시지를 기록하면서 다음과 같이 말씀하셨다.

"이 예언의 말씀을 읽는 자와 듣는 자들과 그 가운데 기록한 것을 지키는 자들이 복이 있나니 때가 가까움이라"

여기서도 세 가지가 강조된다. "말씀을 읽는 자, 듣는 자, 지키는 자." 말씀을 읽을 때 우리는 눈으로 읽는다. 그리고 귀로 듣는다. 그리고 마음으로 간직한다. 말씀을 묵상할 때 이 세 가지를 다 동원해야 한다. 눈으로 보고 귀로 듣고 마음으로 말씀을 해석하고 행동으로 옮기는 것이다.

이제 40:5 이하의 말씀을 살펴보자. 여기에는 앞으로 새롭게 회복될 성전의 담 그리고 문, 성전의 층계, 성전의 현관 등 여러 가지 이미지들이 계속 나온다. 그러나 한 가지 매우 중요한 것이 있는데 그것은 6절과 10절에 나오는 동향한 문이다. 성전이 무너질 때, 심판될 때 동쪽 문을 통해서 어떤 사건이 일어났던가? 하나님의 성령께서 동쪽 문으로 서서히 떠나가시던 장면을 기억할 것이다 (겔 10장). 우리는 하나님의 영광의 임재가 동쪽 문을 떠나서 동쪽에 있는 감람산으로 올라가서 서서히 예루살렘 시가지를 넘어 성전과 그 백성을 떠나가시는 모습을 보았다. 이제 새로운 성전이 회복될 것을 예언하면서 이 성전의 중요한 것으로 동문이 또 한번 강조되고 있는 것이다. 42:20을 보자.

"그가 이와 같이 그 사방을 척량하니 그 사방 담 안 마당의 장과 광이 오백 척씩이라. 그 담은 거룩한 것과 속된 것을 구별하는 것이더라"

이렇게 주님의 계획대로 회복되면서 마지막으로 담이 세워진다. 그 담을 통해서 담 안의 거룩한 것과 담 밖의 속된 것이 구별된다. 하나님의 말씀은 우리를 세속에서 구별시켜 주는 담과 같은 역할을 한다. 오늘도 말씀을 우리 마음에 품고 사는 우리가 되어야겠다. 아멘.

오늘의 본문 성경을 읽으시고 깨달은 점이나 기억하고 싶은 점 혹은 기도문을 기록합니다.

1년 1독 365일 성경통독, 꿀송이 보약큐티
겔 43장~45장

● 묵상 자료 ●

1. 주의 영광이 성전 동편으로 돌아오다(겔 43장)

에스겔 43장은 주님의 영광이 성전으로 돌아오는 감격스런 장면이 나온다.

"그 후에 그가 나를 데리고 문에 이르니 곧 동향한 문이라 이스라엘 하나님의 영
광이 동편에서부터 오는데 하나님의 음성이 많은 물소리 같고 땅은 그 영광으로
인하여 빛나니" 겔 43:1~2

이스라엘 백성들은 이 구절을 읽으면서 아마도 눈물을 흘렸을 것이다. 이것
은 매우 감격적인 장면이기 때문이다. 성전에서 하나님의 영광이 떠나갔었다.
그리고 오랫동안 성전도 무너지고 백성들도 버림받은 상태로 있었다. 그러나
하나님의 뜻을 따라서 성전은 회복될 것이고 주의 백성들은 다시 하나님을 경
외할 것이다. 그들은 우상을 버리고 죄를 떠날 것이다. 그렇게 할 때 하나님의
영광이 다시 돌아온다.

여기서 재미있는 사실을 한 가지 발견할 수 있는데 하나님의 영광이 떠날 때
는 서서히 떠났었다(겔 10장). 한 단계 한 단계씩 떠났다. 교회가 망할 때도 조금
씩 조금씩 망한다. 한꺼번에 망하는 것이 아니다. 사람이 부패할 때도 조금씩
조금씩 자신도 모르게 부패한다. 우리 개인의 신앙 생활도 마찬가지이다. 한꺼
번에 하나님과의 관계가 끊어지지 않는다. 한 가지 한 가지, 주님을 향한 열심을
서서히 잃어 가기 시작한다. 그리고 다른 것에 관심을 서서히 갖기 시작한다. 그
와 동시에 나와 함께했던 하나님의 영광도 내게서 서서히 떠나가는 것이다.

그러나 놀라운 사실은 이스라엘 백성들의 회개와 함께 다시 하나님의 영광

이 돌아올 때는 한 순간에 돌아온다는 것이다. 이것이 부흥이다. 하나님의 영광이 회복될 때에는 서서히 회복되는 것이 아니다. 어느 날 갑자기 터진다. 수많은 사람들이 회개하고 주를 향해서 달려오며 회개하는 역사가 폭발적으로 한 순간에 일어난다. 교회 역사를 보면, 이런 부흥이, 진정한 의미에서의 부흥이 일어날 때가 있었다. 백성들이 회개했을 때 하나님의 영광이 다시 돌아왔다. 이제 43:3을 보자.

"그 모양이 내가 본 이상(異象) 곧 전에 성읍을 멸하러 올 때에 보던 이상 같고 그 발 하숫가에서 보던 이상과도 같기로 내가 곧 얼굴을 땅에 대고 엎드렸더니"

성전을 회복하시기 위해서 돌아오신 주님은 성전을 심판하시던 바로 그분이라는 것이다. 그분은 어제나 오늘이나 내일이나 영원토록 동일하시다. 자기 백성들이 죄악 속에 빠졌을 때에 심판하시던 주님은 그 백성들이 회개했을 때 다시 회복시키시는 동일하신 주님이라는 사실을 우리는 이 장면에서 확인한다. 계속해서 4절을 보자.

"여호와의 영광이 동문으로 말미암아 전으로 들어가고"

이제, 완전한 성전이 되었다. 하나님의 영광이 떠나가면 성전이 아니다. 건물 자체는 아무런 의미가 없다. 건물이 성전 모양을 갖추었기 때문에 성전인 것이 아니다. 여기에 하나님의 영광이 임재하시기 때문에 성전인 것이다.
에스겔서는 "여호와 삼마"로 마치고 있다. "여호와께서 거기 계신다"라는 복된 말씀이다. 이스라엘 백성의 불순종으로 예루살렘 성전을 떠났던 하나님의 영광은 주의 긍휼과 자비에 힘입어 용서함을 받고 새예루살렘에 다시 임하여 거기 영원히 자신의 백성들과 여호와 삼마로 함께 하신다. 이것이 에스겔의 결론이요, 기독교 복음의 총 결론이다. 그래서 성경의 마지막 책인 요한계시록도 새 예루살렘의 영광을 보여주며 마치는 것이다.

여호와 삼마!

주께서 거기 자기 백성들과 함께 계신다는 이 사실이 우리에게는 너무나 중요한 복된 진리이다. 아멘.

오늘의 본문 성경을 읽으시고 깨달은 점이나 기억하고 싶은 점 혹은 기도문을 기록합니다.

겔 46장~48장

● 묵상 자료 ●

1. 에스겔의 성전 환상에 대하여(겔 40장~48장)

에스겔 40장~48장은 아마도 성경에서 가장 논란이 많은 부분 중 하나일 것이다. 도대체 역사상 실재하지 않은 이런 면밀한 성전 구조와 상세한 제사 규정을 왜 이렇게 여러 장에 걸쳐 기술하였을까? 에스겔 40~48장에서 주요 쟁점이 되는 것을 하나씩 살펴보자.

1) 상징적 모델인가? 아니면 실제적 모델인가?

에스겔서의 성전에 관한 논란의 가장 큰 줄기는 이것을 영적으로 해석해야 할지 혹은 문자 그대로 해석해야 할지이다. 에스겔서에 나타난 구체적인 건물 척량은 문자적 해석의 주요 논거이다. 만약 상징이라면, 요한 계시록이나 다니엘서 등에 나타난 '짐승', '말탄 자' 식의 서술로 충분한데, 마치 모세의 성막을 연상시키는 꼼꼼한 설계를 단순히 영적/상징적으로만 보는 것은 이 척량 규정들의 의미를 제대로 설명하지 못한다. 하지만 예수 그리스도의 영원한 단번의 제사로 율법의 요구가 성취된 신약시대에는 과거 구약시대에 비밀로 감추어졌던 것이(골 1:26) 드러났다. 모세의 성막도, 솔로몬의 성전도 신약의 그림자이며, 하나님이 명하신 그 자세한 규정들이 예수 그리스도의 십자가 진리를 통해 상징으로 해석될 수 있다. 베드로는 구약 선지자들의 예언이 그 시대와 사람들을 위한 것이 아니라 바로 신약 시대 우리를 위한 것이라고 말한다. 따라서 에스겔의 성전을 영적으로 해석하는 것이 문자적 해석에 비해 오히려 더 성경적일 수 있다.

2) 과거에 존재한 것인가? 아니면 미래에 실제로 건설될 것인가?

에스겔 성전이 스룹바벨 성전 혹은 헤롯 성전으로 실현된 예언이라는 견해가 있다. 하지만 솔로몬의 제1성전도, 스룹바벨이 재건하고 헤롯이 대대적으로 보수한 제2성전도 에스겔서의 성전과는 같지 않으며, 또한 에스겔 48장의 12지파 모두가 동일한 몫으로 나눠 받는 땅 분배는 과거에 이루어진 적이 없다. 따라서 이 해석은 올바르지 않다고 사료된다.

에스겔 성전을 이루어지지 못한 계시로 보는 의견도 있다. 포로 귀환한 이스라엘 것이다. 하지만 이 견해는 곧 하나님의 예언이 인간의 행위에 의해 좌우됨을 말하는 것이기에 성경적이지 않다고 생각한다. 다른 견해로, 에스겔 성전은 포로 생활에서 돌아온 이스라엘 백성에게 다시금 거룩함과 예배에 관하여 가르치기 위한 것이었다는 견해도 있다. 어떻게 보면 가장 건전한 해석이라 여겨진다. 가장 확실한 것은 에스겔이 본 성전 환상은 우리 주 예수 그리스도가 이 땅에 오셔서 성전 된 자신을 십자가에 죽게 하시고 삼일 만에 부활하심으로 온전히 실현되었다고 해석하는 것이 가장 복음적일 것이다.

3) 미래에 물리적으로 건설될 성전이라면 시기는? 천년왕국? 아니면 영원?

에스겔 성전의 물리적 실현을 주장하는 측에서는 대체로 천년왕국설을 지지하는 듯하다. "영원설"이 타당하지 않은 이유는,

(1) 요한계시록 21장에 나타난 하늘에서 내려오는 거룩한 성 예루살렘에는 성전이 없다. 왜냐하면 주 하나님 전능하신 이와 어린 양이 직접 성전 되시기 때문이다.

(2) 에스겔서에서 땅의 경계로 바다가 사용된다. 하지만 새 하늘과 새 땅에서 바다는 사라진다고 기록되어 있다

에스겔서에는 제사에 관한 규정들이 나오며, 그 곳의 제사장들은 땀을 흘리고, 결혼을 하고, 군주는 백성의 산업을 뺏지 말 것이 기록되어 있는 등 요한계시록에 묘사된 새 예루살렘과는 큰 차이를 보인다.

에스겔 성전 규정에는 '외국인'에 대한 규정, '날 수'에 관한 규정, 심지어 죄를 범한 레위인들에 대한 규례가 나오는데, 모두 영원 시대의 새 예루살렘에 적합치 않다

4) 제3성전? 혹은 제4성전?

에스겔 성전이 물리적으로 천년왕국에 건설될 것이라 주장하는 의견도 전천 년설을 주장하느냐, 후천년설(환난후 휴거를 주장)을 주장하느냐에 따라 제3성전 이 될 것인지, 제4성전이 될 것인지로 의견이 나뉜다.

환난 전에 예수님이 재림하시고 천년왕국이 시작될 것으로 보는 전천년설 은 에스겔 성전이 바로 지금 유대인들이 준비하는 제3성전이 될 것이라고 얘 기한다는 의견이 있다. 여기서 세대주의적 전천년설, 역사적 전천년설, 무천년 설, 후천년설에 대한 논의까지 하는 것은 너무 방대하기에 그 이상의 설명은 생 략해야 할 것 같다. 다만 제3성전으로 주장하든, 제4성전으로 주장하든 에스겔 성전의 문자적 실현을 주장한다는 측면에선 같다.

후천년설(천년왕국이 환난 후에 있을 것으로 보는 의견) 가운데 에스겔 성전의 물 리적 실현을 주장하는 의견은 제3성전은 이스라엘의 정치적, 민족적 메시아(적 그리스도)의 출현과 관련 있다고 보면서(마 24:15~21, 살후 2:1~4, 슥 11:16) 다니 엘서와 요한계시록 등에 기록된 환난기간이 지난 후 에스겔 성전이 제4성전, 즉 천년왕국 성전으로 건설될 것이라 보고 있다.

이래서 환상과 예언에 관한 성경은 어렵게 느껴진다. 그러나 각종 견해와 설을 우리가 다 이해하지 못한다 하더라도 주 예수님이 성전이 되시고 십자가 에서 피흘리심으로 모든 구약의 제사를 완성하셨다는 사실만을 잊지 않으면 좋겠다.

● 오늘의 말씀에 대한 나의 묵상 ●

오늘의 본문 성경을 읽으시고 깨달은 점이나 기억하고 싶은 점 혹은 기도문을 기록합니다.

단 1장~3장

● 묵상 자료 ●

1. 다니엘은 어떤 책인가?

다니엘서와 에스겔서는 신약의 요한계시록과 함께 "묵시문학"이라고 불리운다. 하나님께서 꿈과 환상으로 미래에 일어날 일들을 계시해 주시는 내용이 들어 있기 때문이다. 다니엘서는 영원한 하나님 나라와 만왕의 왕이신 예수 그리스도의 통치를 선명하게 보여주는 책이다. 다니엘 2장에 나오는 바벨론 왕 느브갓네살의 꿈은 그 후 전개될 세계사를 하나님이 미리 뚜렷하게 보여주는 계시의 방편으로 주어진 것이었다. 느브갓네살이 꾼 꿈에는 한 거대한 신상이 나오는데 이는 세상 나라를 말하는 것이었고 머리가 순금, 가슴과 두 팔은 은, 배와 넓적다리는 놋, 종아리는 쇠, 발은 쇠와 진흙으로 되어 있었던 것은 바벨론과 메대 바사, 그리스와 로마 그리고 열국으로 이어지는 세계 역사를 미리 보여주는 예언의 말씀이었다. 결국에는 산에서 뜬 돌 하나가 나타나 그 신상을 가루처럼 부셔 버리고 이 돌이 점점 커져서 온 땅을 덮는 태산을 이루는 것은 (단 2:45) 우리 주 예수 그리스도가 오셔서 세상 나라를 심판하시고 새 하늘과 새 땅을 만드시고 영원히 다스리실 것을 생생하게 보여주시는 계시의 말씀이다. 할렐루야!

다니엘서는 바벨론에게 예루살렘이 멸망한 때부터 로마에 의해 예루살렘이 다시 멸망할 때까지의 긴 역사를 다룬다. 시간적으로는 600년 이상의 역사를 미리 바라보고 더 나아가 인류의 최후와 그리스도의 재림까지의 역사를 내다보고 있다. 다니엘서는 독특하게도 모두 히브리어로 되어 있지 않고 2:4에서 7장까지는 다니엘이 살았던 이방의 언어인 아람어로 기록되어 있다.

다니엘서의 구조는 1장부터 6장까지는 비교적 읽기 쉽지만 7장부터 마지막

까지는 예언들과 묵시로 되어 있어 난해하다. 그러나 이스라엘과 주변국들에 대한 이해가 있다면 예언들을 깨닫는데 도움이 될 것이다. 신구약 중간사에 대한 지식도 필요하다. 즉, 바벨론, 페르시아, 헬라, 그리고 알렉산더 대왕 이후의 분열된 네 나라들과 이후 대 통일을 이룬 로마 제국에 대한 이해가 필요한 것이다. 10장~12장은 다니엘서의 결론이다. 모두가 예언들로 되어 있는데 이것은 다니엘 때부터 약 300년 이후에 일어날 일들이다. 즉, 알렉산더 대왕 죽음 이후 네 나라로 나뉘어 팔레스타인을 중심으로 서로 쟁탈전을 벌이는 상황이다. 특히 안티오커스 4세인 에피파네스가 이스라엘에게 행할 악한 일들과 그의 종말에 대한 것이다. 그 예언 속에는 동시에 세상 종말과 예수그리스도의 재림도 함께 포함된다.

다니엘 11:32에 보면 "오직 자기의 하나님을 아는 백성은 강하여 용맹을 떨치리라"고 했다. 아무리 세상의 불신 세력들이 교회를 무시하고 핍박해도 다니엘과 세 친구들처럼 믿음으로 담대하게 나아가면 하나님은 승리를 주실 것이다. 하나님과 하나님의 말씀을 알면 알수록 강하여 지며 용맹을 떨치게 되어 있다.

2. 그리 아니하실지라도…

"사드락과 메삭과 아벳느고가 왕에게 대답하여 이르되 느브갓네살이여 우리가 이 일에 대하여 왕에게 대답할 필요가 없나이다 왕이여 우리가 섬기는 하나님이 계시다면 우리를 맹렬히 타는 풀무불 가운데서 능히 건져 내시겠고 왕의 손에서도 건져 내시리이다 그리 아니하실지라도 왕이여 우리가 왕의 신들을 섬기지도 아니하고 왕이 세우신 금 신상에게 절하지도 아니할 줄을 아옵소서" 단 3:16~18

사단이 성도들을 넘어뜨리고 실패하게 만드는 방법 가운데 하나가 위협과 속임수를 가지고 타협하게 만드는 것이다. 사단은 거짓의 아비라 속임수에 능해서 성도들로 하여금 마귀와 타협하게 만들고, 죄와 타협하게 만들어서 우리를 넘어뜨리고 패배케 만든다.

본문에 보면, 바벨론 왕 느부갓네살이 큰 금신상을 만들어 놓고 나팔과 모든 악기 소리가 들릴 때, 모든 백성은 그 앞에 엎드려 절하라고 명령을 내렸다. 그러나 다니엘의 세 친구 사드락과 메삭과 아벳느고는 우상에게 절하는 것은 십계명의 제1, 2계명을 범하는 무서운 죄가 되므로 단호하게 거절했다. 지금껏 타락한 이스라엘 백성들에게 질렸던 우리들은 이 장면에서 정말 박수를 치고 싶을 정도로 카타르시스를 느낀다. 당연히 살아계신 하나님이 우리를 지켜주시겠지만 설령 그리 아니하실지라도 우상에게 절할 수 없고 목숨을 잃으면 잃겠다고 단호히 버틴 것이다. 이 말을 들은 느부갓네살 왕은 화가 머리끝까지 나서 낯빛이 변하여 풀무불을 평소보다 칠 배나 뜨겁게 하여 세 청년을 묶어서 집어넣어 버렸다. 그런데 그 세 청년을 집어넣던 사람은 불이 너무 뜨거워 타 죽었는데도 그 세 청년은 그 안에서 불 속에서 죽지 않고 돌아다니는데 자세히 보니 하나님의 아들의 모양을 한 사람 하나가 그들과 같이 하여 네 사람이 빙글빙글 돌아다니고 있었다. 왕이 깜짝 놀라서 "지극히 높은 신 하나님의 종, 사드락, 메삭, 아벳느고야! 이리 나오라"고 불렀다. 참으로 간사한 왕이다. 나와 보니 세 청년만 나왔는데 옷도 안 타고 머리카락 하나도 타지 않고 살아난 것을 보고 왕이 하나님을 높이 찬양하면서 그들을 모함하던 사람들은 다 쪼개어 죽이고 그들의 집을 거름터로 삼았다는 말씀이다.

여기서 우리는 이 세 청년의 타협하지 않는 굳센 신앙에 놀란다. 극렬히 타는 풀무불에서도 건져 주실 것을 믿을 뿐 아니라 그렇지 않고 타 죽더라도 우상 앞에 절대로 절하지 않겠다는, 타협이 없는 신앙이 참으로 존경스럽다. 그 불 속에서 함께 하시던 인자 같은 이는 예수님이셨다. 마귀는 오늘날도 우리로 하여금 무서운 공갈과 위협과 핍박으로 타협하게 만들고 자기 앞에 무릎 꿇게 하려고 온갖 계략을 다 쓰고 있다. 그러나 우리는 다니엘의 세 친구들 같은 담대한 신앙으로 맞서야 한다. 진실한 신앙은 어떠한 핍박의 위협 앞에도 타협하지 않고 신앙의 지조를 지키는 것이다. 이런 사람들을 통하여 하나님의 영광이 드러나고 하나님은 놀라운 기적과 축복을 베푸신다.

초대 교회 때 마틴 아리투사(Martin Arethusa)라는 감독은 자기 도성 안에 황제가 세운 우상을 교인들을 동원하여 다 파괴해 버렸다. 그때 줄리안 황제가 무력을 가지고 위협하면서 당장 재건하지 않으면 사형에 처하겠다고 했다. 황제의 진노가 아리투사 감독에게 떨어졌는데도 그는 굽히지 않았다. 나중에는 타협해 오기를 다 그만 두고 우상의 재건을 위해서 단 한 푼의 기부금이라도 내면 생명을 살려주겠다고 했다. 그러나 그 쉬운 타협안도 받아들이지 않고 결사 각오로 버티다가 마침내 체포되어 몸을 칼로 쭉쭉 째 놓고 그 위에 꿀을 발라서 벌들이 몰려와서 쏘아 죽이게 하는 참혹한 형벌을 받았다. 그래도 그는 끝내 굴복하지 않고 순교했다.

기독교 역사상 빛을 남기고 많은 은혜를 끼친 위대한 성도들은 어떤 핍박의 위협 앞에서도 이렇게 타협하지 않고 신앙의 지조를 지켰던 것이다. 훌륭한 신자일수록 작은 죄라도 두렵게 여긴다. 마귀는 처음에 죄 같지도 않게 보이는 작은 죄를 가지고 와서 성도를 유혹하기도 한다. 그러나 그것이 나중에 무서운 결과를 가져온다. 큰 산을 불태우는 것이 처음엔 작은 성냥불 하나로 시작한다. 그까짓 작은 성냥불은 어린 아기가 밟아도 꺼지고 한 방울의 비가 떨어져도 꺼질텐데 무슨 문제가 되겠냐고 생각하지만, 결국은 큰 산을 불태우며 많은 재산 피해와 인명 피해를 내는 것이다. 알코올 중독도 처음 한두 번은 기분 좋다고 마시기 시작하다가 나중에 폐인이 된다. 투전으로 재산 다 날리고 패가망신하는 것도 처음에는 재미 삼아 하다가 그렇게 된다는 것이다.

오늘 우리에게도 다니엘서에 나타난 "그리 아니하실지라도"의 신앙이 요구된다. 내가 섬기는 하나님이 살아계신다면 당연히 하나님이 모든 환란에서 나를 건지실 것이지만 설령 그리 아니하셔도 우리는 하나님을 배반하고 살 수는 없는 것이다. 아멘.

오늘의 본문 성경을 읽으시고 깨달은 점이나 기억하고 싶은 점 혹은 기도문을 기록합니다.

....

....

....

....

1년 1독 365일 성경통독, 꿀송이 보약큐티

단 4장~6장

◦ 묵상 자료 ◦

1. 역전시키시는 하나님(단6장)

다니엘이 결국 사자굴에 떨어졌다.

하나님께 기도하는 것을 금하려고 마귀는 간사한 사람들을 충동하여 다니엘의 기도생활에 태클을 걸었다. 우리의 삶에도 신앙을 지키려다가 사자굴에 떨어지는 순간이 있다. 인간적인 모든 노력이 끝장나고 누구도 도울 수 없는 상황에 놓일 때가 있다. "이에 돌을 굴려다가 굴 아구를 막으매" 아무도 구해줄 수 없도록 사자굴을 봉인했다. 예수께서 십자가에 달려 죽으신 후 돌무덤에 머문 순간이 겹친다. 모든 희망이 끝난 절망의 순간이다(마 16:21). "예루살렘에 올라가 장로들과 대제사장들과 서기관들에게 많은 고난을 받고 죽임을 당하고 제삼일에 살아나야 할 것을 제자들에게 비로소 가르치시니" 고난과 죽음이 끝이 아니고 제3일에 다시 살아나리라. 이것이 십자가와 부활의 복음이다. 다리오왕은 다니엘을 향해 마지막으로 외쳤다.

"너의 항상 섬기는 네 하나님이 너를 구원하시리라"

모든 것이 다 끝난 절망의 순간, 오직 하나님의 손을 의지해야 한다. 다니엘이 사자 굴에 빠진 그 시간 동안 "왕이 궁에 돌아가서는 밤이 맞도록 금식하고 그 앞에 기악을 그치고 침수를 폐하니라" 아무것도 먹지 않고 뜬눈으로 밤을 새웠다는 것이다. 위기의 순간, 절망의 순간에 금식하며 기도해야 한다. 우리가 이방인만도 못해서야 되겠는가?

다음날 일찍 왕이 질문하니 다니엘이 대답했다.

"나의 하나님이 이미 그 천사를 보내어 사자들의 입을 봉하셨으므로 사자들이 나를 상해치 아니하였사오니 이는 나의 무죄함이 그 앞에 명백함이오며 또 왕이여 나는 왕의 앞에서도 해를 끼치지 아니하였나이다"

이 사건은 단순히 사자굴에서 살아나온 신기한 사건이 아니다. 다니엘이 믿는 하나님이 구원하기에 능하신지 아니신지, 계시는지, 안 계시는지를 드러내는 사건이다.

하나님이 다니엘을 털끝 하나 상하지 않도록 지켜주셨다. 어떻게 이런 기적이 가능했나? "이는 그가 자기 하나님을 의뢰함이었더라" 믿음은 의뢰다. 사자굴에 빠졌을 때 곧 삶에서 만나는 위기의 순간에 무엇을 의뢰하는지 드러난다. 의뢰는 신뢰를 바탕으로 한다. 신뢰는 경외다. 경외는 하나님을 바라보는 믿음의 시선이다. 시편 기자는 이렇게 기도했다.

"사람들이 종일 나더러 하는 말이 네 하나님이 어디 있느뇨 하니 내 눈물이 주야로 내 음식이 되었도다...내 영혼아 네가 어찌하여 낙망하며 어찌하여 내 속에서 불안하여 하는고 너는 하나님을 바라라 그 얼굴의 도우심을 인하여 내가 오히려 찬송하리로다" 시 42편

다니엘을 죽이려고 했던 자들은 자기들이 남을 죽이려고 파놓은 함정에 빠져서 비참한 죽음을 당했다. 타인에게 '함정을 파는 인생'은 자기 스스로 그 함정에 빠진다. 우리는 주 예수의 최후 승리를 믿는다. "너희가 선한데 지혜롭고 악한데 미련하기를 원하노라 평강의 하나님이 속히 사단을 너희 발아래서 상하게 하시리라"(롬 16:19)라는 말씀을 기억해야 한다. 때가 이르면 하나님께서 친히 사단을 멸하신다.

다니엘은 시대와 상황을 넘어(바벨론, 메대-바사로 권력이 바뀌어도) 끝이 아름다운 인생, 끝까지 아름다운 인생이었다. 시대와 상황은 변한다. 돈과 권력, 인기와 건강은 변한다. 변하는 것을 의지하면 변하는 것들이 무너져 내리는 날, 자신이 의지하던 것들과 함께 망한다. 하지만 영원하신 하나님의 말씀을 의지하며 하나님을 경외하는 인생은 어떤 시대와 어떤 환경, 어떤 인생의 문제를 만나

도 흔들리지 않는다. 다니엘처럼 '비가 오고 창수가 나는 날'에도 우리의 인생이 하나님을 경외하는 믿음의 반석 위에 세워지길 소망한다. 아멘.

오늘의 본문 성경을 읽으시고 깨달은 점이나 기억하고 싶은 점 혹은 기도문을 기록합니다.

● 묵상 자료 ●

1. 숫양과 숫염소 환상(단 8장)

다니엘서를 읽을 때 8장과 11장의 어려운 이상(vision)을 잘 이해만 하면 전체적으로 쉬워진다. 그래서 특별히 독해하기가 어려운 8장과 11장을 시간을 들여 살펴보자.

"나 다니엘에게 처음에 나타난 이상(異像, vison) 후 벨사살 왕 3년에 다시 이상이 나타나니라. 내가 이상을 보았는데 내가 그것을 볼 때에 내 몸은 엘람도(道) 수산성에 있었고 내가 이상을 보기는 을래 강변에서니라. 내가 눈을 들어 본즉 강가에 두 뿔 가진 숫양이 섰는데 그 두 뿔이 다 길어도 한 뿔은 다른 뿔보다도 길었고 그 긴 것은 나중에 난 것이더라. 내가 본즉 그 숫양이 서와 북과 남을 향하여 받으나 그것을 당할 짐승이 하나도 없고 그 손에서 능히 구할 이가 절대로 없으므로 그것이 임의로 행하고 스스로 강대하더라" 단 8:1~4

을래강은 수산성 부근의 강이다. 숫양은 뒤에 20절에 해석된 대로 메대와 바사 나라를 상징하고. 나중에 난 더 긴 뿔은 바사 나라를 가리킨다. 메대와 바사는 바벨론 동쪽 지역의 나라였고 서쪽(바벨론)과 북쪽(소아시아)과 남쪽(애굽)을 향해 세력을 확장해 갔다.

"내가 생각할 때에 한 숫염소가 서편에서부터 와서 온 지면에 두루 다니되 땅에 닿지 아니하며 그 염소 두 눈 사이에는 현저한 뿔이 있더라 그것이 두 뿔 가진 숫양 곧 내가 본 바 강가에 섰던 양에게로 나아가되 분노한 힘으로 그것에게로 달려

가더니 내가 본즉 그것이 숫양에게로 가까이 나아가서는 더욱 성내어 그 숫양을 쳐서 그 두 뿔을 꺾으나 숫양에게는 그것을 대적할 힘이 없으므로 그것이 숫양을 땅에 엎드러뜨리고 짓밟았으나 능히 숫양을 그 손에서 벗어나게 할 이가 없었더라 숫염소가 스스로 심히 강대하여 가더니 강성할 때에 그 큰 뿔이 꺾이고 그 대신에 현저한 뿔 넷이 하늘 사방을 향하여 났더라" 단 8:5~8

"땅에 닿지 않음"은 그의 움직임이 굉장히 빠름을 나타낸다. 숫염소는 21절에 해석된 대로 서쪽 지역의 헬라 나라를 가리키고(21절) 그 현저한 뿔은 그 첫째 왕인 알렉산더 대왕을 가리킨다. 그것이 두 뿔 가진 숫양의 두 뿔을 꺾었다. 즉, 메대와 바사를 정복한 것이다. 그러나 그 숫염소가 강성할 때에 그 큰 뿔이 꺾이고 뿔 넷이 하늘 사방을 향하여 났듯이, 알렉산더 대왕의 죽음 이후 그 나라는 그의 네 장군들에 의해 서쪽의 캣산더 왕국(헬라와 마케도냐 지역), 동쪽의 실루커스 왕국(수리아, 바벨론, 인도 지역), 북쪽의 리시마쿠스 왕국(트레이스, 비두니야, 소아시아 지역), 남쪽의 프톨레미 왕국(애굽 지역) 등 넷으로 나뉘었다.

"그 중 한 뿔에서 또 작은 뿔 하나가 나서 남편과 동편과 또 영화로운 땅을 향하여 심히 커지더니 그것이 하늘 군대에 미칠 만큼 커져서 그 군대와 별 중에 몇을 땅에 떨어뜨리고 그것을 짓밟고 또 스스로 높아져서 군대의 주재를 대적하며 그에게 매일 드리는 제사를 제하여 버렸고 그의 성소를 헐었으며 범죄함을 인하여 백성과 매일 드리는 제사가 그것에게 붙인 바 되었고 그것이 또 진리를 땅에 던지며 자의로 행하여 형통하였더라" 단 8:9~12

숫염소의 네 뿔 중 하나는 수리아 지역의 실루커스 왕국을 가리키고 거기에서 난 작은 뿔은 실루커스의 제8대 왕 역사적으로 악명 높았던 안티오커스 4세를 가리킨다. 그는 자신을 신의 화신(化身)이라고 불렀으므로 "에피파네스"라는 별명이 붙었다. 그 당시 역사를 기록한 마카비 1서에 보면, 안티오커스 왕은 예루살렘과 유다의 도시들에 다음과 같은 칙령을 내렸다.

『유대인들은 이교도들의 관습을 따를 것, 성소 안에서 제사를 드리지 말 것,

안식일과 절기들을 지키지 말 것, 이교의 제단과 신당을 세울 것, 돼지와 부정한 동물들을 제물로 잡아 바칠 것, 남자 아이들에게 할례를 주지 말 것, 모든 종류의 음란과 모독의 행위로 스스로를 더럽힐 것(마카비 1서 1:44~50)』

안티오커스 4세는 하나님을 대적하고 하나님의 백성 이스라엘을 핍박한 매우 악한 왕이었다.

"내가 들은즉 거룩한 자가 말하더니 다른 거룩한 자가 그 말하는 자에게 묻되 이상에 나타난바 매일 드리는 제사와 망하게 하는 죄악에 대한 일과 성소와 백성이 내어준 바 되며 짓밟힐 일이 어느 때까지 이를꼬 하매 그가 내게 이르되 이천삼백 주야까지니 그때에 성소가 정결하게 함을 입으리라 하였느니라" 단 8:13~14

2300주야는 2300일 즉, 약 6년 반을 가리킨다. 그것은 안티오커스 왕이 유대의 대제사장 오니아스 3세를 죽인 때(주전 171년)로부터 예루살렘 성전을 더럽힌 때(주전 167년)를 거쳐서 안티오커스 왕이 마침내 죽은 때(주전 164년)까지 약 6년 반을 가리킨다. 안티오커스 왕이 죽음으로 예루살렘 성전은 다시 정결하게 되었다.

"나 다니엘이 이 이상을 보고 그 뜻을 알고자 할 때에 사람 모양 같은 것이 내 앞에 섰고 내가 들은즉 을래강 두 언덕 사이에서 사람의 목소리가 있어 외쳐 이르되 가브리엘아 이 이상을 이 사람에게 깨닫게 하라 하더니 그가 나의 선 곳으로 나아왔는데 그 나아올 때에 내가 두려워서 얼굴을 땅에 대고 엎드리매 그가 내게 이르되 인자야 깨달아 알라 이 이상은 정한 때 끝에 관한 것이니라 그가 내게 말할 때에 내가 얼굴을 땅에 대고 엎드리어 깊이 잠들매 그가 나를 어루만져서 일으켜 세우며 가로되 진노하시는 때가 마친 후에 될 일을 내가 네게 알게 하리니 이 이상은 정한 때 끝에 관한 일임이니라" 단 8:15~19

가브리엘은 하나님의 뜻을 전달하는 천사다. 주님은 가브리엘에게 명하여 다니엘로 하여금 자신이 본 환상을 깨닫게 하라고 하셨다. '정한 때 끝'은 '환난의 정한 때 끝'을 말하는 것으로 유대인들이 안티오커스 에피파네스의 환란을 당하고 결국 그 끝이 있었던 것처럼 세상 종말의 때에도 큰 환란이 있은 후 주님이 공중에 나타나셔서 자기 백성들을 구원하시고 세상을 심판하신다는 말씀이다. 하나님께서는 모든 일을 그렇게 작정하셨다.

> "네가 본 바 두 뿔 가진 숫양은 곧 메대와 바사 왕들이요. 털이 많은 숫염소는 곧 헬라 왕이요. 두 눈 사이에 있는 큰 뿔은 곧 그 첫째 왕이요. 이 뿔이 꺾이고 그 대신에 네 뿔이 났은즉 그 나라 가운데서 네 나라가 일어나되 그 권세만 못하리라"
> 단 8:20~22

앞에서 설명 드린 것과 같이 두 뿔 가진 숫양은 메대와 바사 나라요, 숫염소는 헬라 나라이며 두 눈 사이에 있는 큰 뿔은 그 첫째 왕이며 이 뿔이 꺾이고 그 대신에 네 뿔, 즉 네 나라가 일어나나 그 처음 권세만 못했다.

> "이 네 나라 마지막 때에 패역자들이 가득할 즈음에 한 왕이 일어나리니 그 얼굴은 엄장하며 궤휼에 능하며 그 권세가 강할 것이나 자기의 힘으로 말미암은 것이 아니며 그가 장차 비상하게 파괴를 행하고 자의로 행하여 형통하며 강한 자들과 거룩한 백성을 멸하리라 그가 꾀를 베풀어 제 손으로 궤휼을 이루고 마음에 스스로 큰 체하며 또 평화한 때에 많은 무리를 멸하며 또 스스로 서서 만왕의 왕을 대적할 것이나 그가 사람의 손으로 말미암지 않고 깨어지리라" 단 8:23~25

안티오커스는 자기 힘으로 권력을 얻은 것이 아니고 유메네스와 아탈러스 등의 도움으로 권력을 얻었다고 한다. 그는 하나님을 대적하는 적그리스도적 인물이었다. 그러나 그는 결국 내장에 벌레가 먹어 죽었다(마카비 2서 9:5, 9, 28). 그는 예언된 대로 사람의 손으로 말미암지 않고 멸망하였다. 참으로 성경은 놀랍고도 무서운 책이다. 세계 역사가 말씀대로 다 이루어졌다.

> "이미 말한 바 주야에 대한 이상이 확실하니 너는 그 이상을 간수하라 이는 여러 날 후의 일임이니라 이에 나 다니엘이 혼절하여 수일을 앓다가 일어나서 왕의 일

을 보았느니라 내가 그 이상을 인하여 놀랐고 그 뜻을 깨닫는 사람도 없었느니라"

단 8:26~27

단 8장의 교훈은 무엇인가? 첫째로, 우리는 성경의 예언이 구체적으로 주어지고 구체적으로 성취됨을 깨닫고 성경의 예언을 다 믿고 순종해야 한다는 것이다. 메대, 바사 나라와 헬라 나라에 대한 예언, 또 헬라의 첫 번째 왕이 죽은 후에 그 나라가 넷으로 나뉘어질 것과 또 그 중 한 나라에서 무서운 폭군이 등장할 것 등이 구체적으로 예언되었고, 그 예언은 3, 4백년 후에 그대로 이루어졌다. 이것이 성경의 예언이다. 예언은 그대로 이루어진다. 그러므로 신약성경에 예언된 종말의 예언들, 특히 예수 그리스도의 재림과 천국에 대한 예언도 말씀대로 성취될 것이다. 아멘.

둘째로, 세상에서 성도에게 핍박이 있음을 알고 대비해야 한다. 안티오커스 4세 때에 무서운 핍박이 있었다. 그는 적그리스도의 표상이었다. 주의 재림 직전에도 성도에게 환난과 핍박이 있을 것이다(마 24:9~10; 행 14:22). 적그리스도가 나타날 것이며 마지막 대핍박의 때가 올 것이다(계 13:7, 15~18).

셋째로, 우리는 핍박자들과 대적자들이 마침내 멸망을 당할 것을 알고 그들을 두려워하지 말아야 한다는 것이다. 주께서 재림하실 때 그들은 멸망을 당하며(살후 2:8), 장차 산 채로 유황 불못에 던지울 것이다(계 19:19~20). 우리는 몸만 죽일 수 있는 자들을 두려워하지 말고 몸과 영혼을 지옥에 멸하시는 하나님만 두려워하고(마 10:28), 천국과 영생을 소망하며 살아가야 한다. 아멘.

● 오늘의 말씀에 대한 나의 묵상 ●

오늘의 본문 성경을 읽으시고 깨달은 점이나 기억하고 싶은 점 혹은 기도문을 기록합니다.

....

....

....

단 9장~10장

1. 하나님의 사람 다니엘의 기도(단 9장)

　하나님의 사람 다니엘은 말씀을 늘 가까이하고 기도를 쉬지않는 사람이었다. 그는 예레미야 선지자의 서책을 통하여 바벨론의 포로생활이 70년이라는 것을 알게 되었다. 말씀이 생활 속에 습관화 되어있는 자가 하나님의 사람이다. 그의 마음은 말씀으로 가득 차 있었다. 말씀을 듣고, 읽고, 공부하고, 암송하고, 묵상하는 것이 그의 생활이었다. 성령은 다니엘로 하여금 예레미야 선지자의 예언을 생각나게 하셨다. 무의식의 창고 속에 가득 들어있는 말씀의 가르침은 짐짓 창고에 들어있는 것 같아 그 유용성을 의심하지만, 성령님은 적재적소에 그 말씀을 생각나게 하시고 역사케 하신다.

　또한 하나님의 사람 다니엘은 자기 민족의 죄를 가슴에 안고 금식하며 회개하던 기도의 사람이었다. 그는 70년 만에 그들의 복역의 때가 끝날 것을 깨닫고 그 일이 정말 이루어지도록 금식하며 기도에 전념하였다. 마침내 하나님은 다니엘의 기도를 들으셨고 가브리엘 천사를 파견하시어 다니엘을 격려하셨다. 하나님이 얼마나 다니엘을 귀중하게 생각하셨으면 천사중의 으뜸천사인 가브리엘 천사를 그에게 특사로 보내셨겠는가!

　다니엘 9장에 나타난 다니엘의 기도 내용을 자세히 관찰해 보면 그의 기도는 너무나 겸손하고 진실하며 하나님의 마음을 움직일만한 설득력이 엿보인다. 그는 일단 자기와 자기 민족이 하나님께 크게 범죄하였다고 솔직히 자백한다. 그런 후에 하나님의 사랑과 긍휼에 의지해서 자기 민족에게 자비를 베풀어 달라고 간구한다. 왜냐하면 이스라엘은 하나님의 이름의 명예가 걸려 있는 백성이기 때문이라는 것이다. 이처럼 다니엘의 기도의 특징은 회개의 기도요. 약속의 말씀을 단단히 붙잡고 하는 기도요. 하나님의 긍휼과 자비에 의지하여 간구하는 기도였다. 그러한 다니엘의 기도는 응답을 받았고 이스라엘 민족은 70년 만에 해방되었으며 다니엘은 꿈에 그리던 조국으로 귀환할 수 있었다.

이스라엘 민족이 크게 범죄하여 주의 진노를 가져왔지만 그래도 그 민족에게는 예레미야나 이사야, 다니엘, 에스겔 같은 조국을 살리는 믿음의 사람들이 함께 섞여 있었다는 것이 큰 재산이었다.

우리 대한민국도 곳곳에 이러한 믿음의 사람들이 있는 줄 믿는다. 아멘.

● 오늘의 말씀에 대한 나의 묵상 ●

오늘의 본문 성경을 읽으시고 깨달은 점이나 기억하고 싶은 점 혹은 기도문을 기록합니다.

9월 13일

1년 1독 365일 성경통독, 꿀송이 보약큐티

단 11장~12장

• 묵상 자료 •

1. 마지막 때에 구원 얻을 자(단 12장)

참으로 하나님의 말씀인 성경은 놀라운 계시의 책임에 틀림이 없다. 시작부터 미래를 꿰뚫어 보시는 하나님, 당신의 백성들을 진리의 길로 인도해 주시기 위하여 앞으로 일어날 사건들을 상세하게 보여주시는 하나님을 가르쳐 준다. 다니엘서는 지구의 역사를 바벨론 시대부터 예수께서 재림하실 시기인 바로 우리가 살고 있는 이 시대까지를 분명하게 보여주고 있으며 마지막 시대의 모든 중요한 사건들을 확실하게 조명하여 주고 있다. 그러나 성경 예언의 사건들은 하나님께서 인류를 어떻게 구원하시는가 하는 구속사적인 면에서 사건들을 다루고 있는 것이지, 인류의 역사 그 자체를 설명하기 위해서 사건들을 다루고 있는 것은 아니다. 이러한 이유 때문에 성경에는 중국이나 러시아에 대한 예언들이 등장하지 않는다.

> "그때에 네 민족을 호위하는 대군 미가엘이 일어날 것이요, 또 환난이 있으리니 이는 개국 이래로 그때까지 없던 환난일 것이며, 그때에 네 백성 중 무릇 책에 기록된 모든 자가 구원을 얻을 것이라" 단 12:1

다니엘 12장은 말씀하시기를, "그때에 하나님의 백성들을 보호하기 위하여 대군 미가엘이" 일어날 것이라고 한다. 왜냐하면 "개국 이래로 없던 환난"이 일어날 것이기 때문이다. 여기에서 "그때"가 어느 때인지에 대하여서 먼저 이해할 필요가 있다. 또한 개국 이래로 없던 환난이란 무슨 환난을 말하는 것인지를 생각해 보아야 한다. 다니엘 12장을 시작할 때에 왜 "그때에"라고 했을까?

물론 그것은 11장 마지막의 사건이 일어나는 바로 "그때"를 가리키기 때문이다. 그렇다면 다니엘 11장 마지막 부분에 기록된 사건의 때는 무엇이었는가? 그것은 다름이 아니라, 적그리스도(마귀의 악한 세력들)가 분노하여 나아가서 하나님의 참 백성들을 죽이기 위하여 공격할 때이다. 바로 그러한 마지막 환난과 핍박인 짐승의 표의 환난이 생기는 "그때에" 미가엘이 주의 백성들을 보호하기 위하여 일어난다는 것이다.

여기서 "네 민족" 즉, 다니엘의 민족이라고 했는데 그들은 유대인들일까? 아니다. 마지막 시대에는 유대인들만 미가엘의 보호를 받는 것이 아니다. 오늘날 중동 지방에 있는 유대인들 중에 누가 예수 그리스도를 메시아로 믿고 있는가? 오직 소수의 메시아닉 주(유대인들 중 예수 믿는 사람들)가 있을 뿐이다. 그러므로 "네 민족"이란 다니엘과 같은 품성을 가지고, 다니엘처럼 하나님께 충성을 다하며, 다니엘처럼 성경의 진리를 믿는 자들을 의미하는 것이다.

마지막 시대의 환난의 시간에 당신의 충성스런 백성들을 보호하기 위하여 미가엘이 일어날 것이다. 앞으로 하나님의 백성들을 향한 마지막 핍박의 때가 올 것이다. 마치 중세기 종교 암흑시대 동안 수천만 명이 순교 당했던 것과 같은 환난이 곧 우리에게 다시 일어나게 될 것이다. 하나님의 마지막 백성들인 여자의 남은 무리가 마지막 환난 속에서 죽음을 당면하게 될 때에 그들을 보호하기 위하여 예수께서 특별히 일어나셔서 성도들을 위하여 천사장 미가엘을 대동하시고 싸우게 될 것이다. 왜냐하면 그 전쟁은 매우 특별하고 중요한 전쟁이기 때문이다. 마지막 환난을 위해서 준비할 때는 바로 지금이다.

그런데 왜 마지막 환난을 "개국 이래로 없던 환난"이라고 부를까? 과거에 국가들이 생겨난 이래로 그러한 적이 없다는 뜻이다. 상식적으로 생각해 보아도 앞으로 오는 환난은 과거에 있어 본 적이 없는 최대의 것이 될 것이다. 그 스케일이 전세계적인 것이 될 것이다. 지금처럼 전세계의 경제가 하나로 뭉쳐져 있고 일일 생활권 안에 들어와 있는 교통과 통신의 발달로 더욱더 그러할 것이다. 사단이 마지막 시대를 위하여 준비한 환난은 참으로 엄청날 것이다. 마귀가 주의 참 백성들과 진리를 미워해서 마지막 환난을 불러올 때 주님은 자기 백성들을 위하여 미가엘을 보내시고 우리를 보호하실 것이다.

이때에는 "책"에 기록된 자들만 구원받는다고 했다. 무슨 책일까? 하늘나라의 생명책을 말한다.

"죽임을 당한 어린양의 생명책에 창세 이후로 녹명되지 못하고 이 땅에 사는 자들은 다 짐승에게 경배하리라" 계 13:8

"누구든지 생명책에 기록되지 못한 자는 불못에 던지우더라" 계 20:15

"무엇이든지 속된 것이나 가증한 일 또는 거짓말하는 자는 결코 그리로 들어오지 못하되 오직 어린양의 생명책에 기록된 자들뿐이라" 계 21:27

2. 1290일과 1335일의 예언

"많은 사람이 연단을 받아 스스로 정결케 하며 희게 할 것이나 악한 사람은 악을 행하리니 악한 자는 아무도 깨닫지 못하되 오직 지혜 있는 자는 깨달으리라. 매일 드리는 제사를 폐하며 멸망케 할 미운 물건을 세울 때부터 일천이백구십 일을 지낼 것이요. 기다려서 일천삼백삼십오 일까지 이르는 그 사람은 복이 있으리라. 너는 가서 마지막을 기다리라. 이는 네가 평안히 쉬다가 끝날에는 네 업을 누릴 것임이니라" 단 12:10~13

다니엘 12:6에서 천사는 예수 그리스도께 언제 이러한 일들이 끝이 나겠느냐고 질문했다. 천사가 예수께 물었던 질문의 요점은 도대체 언제가 되어야 성도들을 향한 마귀의 공격과 계략이 올바로 밝혀지고 심판되겠냐는 것이다. 언제쯤 하나님의 참 교회를 변호하시고 판단해 주시겠냐는 것이다. 천사의 이러한 질문에 대한 예수 그리스도의 답변은 다음과 같은 두 가지이다.

첫 번째, 하나님의 백성들은 적그리스도를 통하여 가해지는 사단의 공격과 시련을 받으면서 오히려 연단을 받고 믿음이 생겨 정결함을 입게 될 것이라는 것이다. 시련과 고난은 우리를 정결케 하는 방법들 중 하나이다. 악한 자들은 깨닫지 못하지만 지혜 있는 자들은 즉, 의로운 생애를 사는 하나님의 백성들은 깨닫게 될 것이다. 우리의 생애 가운데서 진리 때문에 의를 위하여 핍박당하는 경험들이 있는가? 주님께서는 그런 자들의 품성을 연단게 하셔서 마지막 환난을 통과할 수 있는 믿음을 주신다. 마지막 환난을 통과하는 믿음, 순교하는 믿음이 하루 아침에 갑자기 오는 것이 아니다. 매일 매일 주님과 함께 살면서 성령의 은혜와 능력을 받으면서 마귀와 싸워 이기는 자들, 시험과 유혹을 승리하는 자들이 바로 마지막 시대의 믿음을 준비하게 될 것이다.

두 번째, 세상의 끝은 "한 때 두 때 반 때"를 지나면 환란이 가중될 것이지만 하나님께서 성도들을 위하여 단계적으로 급격해지는 환란을 축소하신 다음에(마 24:22) 그 끝이 있을 것을 약속하셨다. 결국 매일 드리는 제사를 폐하며 멸망케 할 미운 물건을 세울 때부터(마 24:15) 1,290일, 그리고 1,335일 등이 지나야 끝이 오는데 악한 자는 깨닫지 못하고 오직 지혜 있는 자만 깨닫게 된다고 한다.

이 숫자에 대한 성경 학자들의 의견이 많이 있지만 우리는 여기서 군이 그 숫자를 궁금해할 필요가 없다. 이것은 사도 바울이, "형제들아 너희는 어두움에 있지 아니하매 그 날이 도적같이 너희에게 임하지 못하리니 너희는 다 빛의 아들이요, 낮의 아들이라"(살전 5:4~5)고 말한 것처럼 하나님 편에 서서 진리를 따라 사는 자들은 그날이 언제 오든지 구원의 날이요, 축제의 날일뿐이다. 군이 이 숫자들을 꿰어 맞추려다가 내가 타인들보다 월등한 성경 지식을 가진 양 교만할 필요도 없고 이단이 될 필요도 없다. 다만 우리는 아멘, 주 예수여 오시옵소서. 마라나타! 하면서 살아가면 되는 것이다.

● 오늘의 말씀에 대한 나의 묵상 ●

오늘의 본문 성경을 읽으시고 깨달은 점이나 기억하고 싶은 점 혹은 기도문을 기록합니다.

....

....

....

....

1년 1독 365일 성경통독, 꿀송이 보약큐티

호 1장~3장

● 묵상 자료 ●

1. 호세아는 어떤 책인가?

예레미야가 남유다의 멸망을 외친 것처럼 호세아는 북이스라엘의 패망을 경고한 선지자다. 특히 호세아서에서는 패역한 이스라엘을 부도덕한 아내로 묘사하고 있는데 이것은 그 당시의 자기 백성을 향한 하나님의 마음을 대변하고 있다. 정절을 버린 아내처럼 이스라엘이 참 남편이신 하나님을 버렸다는 메시지를 전하라는 것이 본서의 주제이다.

상당수의 학자들은 호세아 선지자가 실제로 음란한 여자를 취하여 아내로 삼은 것이 아니고 가상적 예언을 한 것이라고 해석한다. 그 이유는 기생이나 부정한 여인과 결혼하는 것이 율법에 어긋나기 때문이며 또한 그처럼 부정한 여자와 함께 살았다면 제대로 선지자의 사역을 감당할 수 없었을 거라는 것이다. 그러나 그런 견해는 호세아서의 역사성을 부정하고 있다는 점에서 받아들이기 곤란하다. 본문에서 호세아의 아내를 "디블라임의 딸 고멜"(호 1:3)이라고 그녀의 출신을 분명히 밝히고 있으므로 그녀는 가상적 인물이 아니고 실제의 인물이었다.

종종 하나님은 자기 종들에게 예언 사역을 시킬 때 선지자들의 몸과 삶으로 직접 퍼포먼스를 하게 하시어 그것을 예언의 도구로 사용하신 적이 있으셨다. 에스겔의 예를 보자. 에스겔 24:24에, "이같이 에스겔이 너희에게 표징이 되리니…"라고 하나님은 에스겔의 상징적 퍼포먼스가 표징이 되리라고 하시고는 에스겔에게 390일 동안 왼쪽으로 눕고 40일 동안 오른쪽으로 누워 있으라고 지시하셨다(겔 4:4~8). 이는 이스라엘 백성의 죄악의 날을 짊어지고 선지자가 대신 고통 당하는 퍼포먼스를 통해 그 백성에게 그들의 죄의 대가가 얼마나 혹독한 결과를 초래할지를 보여주는 표징이었다. 그리고 아내의 죽음에도 애도하지 말라고 하셨다(겔 24:17~18). 이는 배도한 유다가 망할 때 아무도 그것을 애도할 사람들이 없다는 것을 상징으로 보여주기 위함이었다. 또한 자기 목에 멍에를 메고 거리를 다니므로 장차 그들이 남의 나라의 쇠사슬에 매여 노예가 되어 끌려갈 것을 몸으로 생생하게 보여 주었다.

호세아도 하나님의 명령으로 부정한 여인 고멜과 결혼하고 세 아이를 낳았다. 그런데 그 아이들의 이름도 하나님이 정해준 대로 이름을 지었는데 당시의 시대상과 하나님의 마음을 담은 이름들이었다. 첫째 아이의 이름은 "이스르엘"이었는데 이는 "하나님이 흩어 뿌리신다"라는 의미이다. 결국 이스라엘은 앗수르의 침공을 받고 흩어져 살게 되었다. 둘째 아이의 이름은 "로루하마"였는데 뜻은 "긍휼히 여김을 받지 못하는 자"라는 것이었다. 셋째는 "로암미"로서 "내 백성이 아니다"라는 뜻이다.

나중에는 그들의 이름을 다 긍정적으로 바꿔주심으로 진노가운데서도 긍휼을 베푸시는 회복의 하나님을 증거하셨다. 하나님은 호세아 2:15 말씀대로 아골 골짜기로 소망의 문을 삼아 주시겠다고 하셨다. 호세아의 아내 고멜처럼 하나님을 자주 배신하는 이스라엘이었지만 하나님은 끝내 버리시지 아니하시고 소망을 포기하지 않으셨다.

3장에서 집 나간 아내를 다시 데려오기 위해 호세아는 은 열다섯 개와 보리 한 호멜 반을 주는 장면이 나온다. 이스라엘을 향한 하나님의 사랑이 상징적으로 표현된 것이다. 내가 너를 애굽 땅을 주고 바꾸겠느냐, 구스 땅을 주고 바꾸겠느냐? 너는 내 것이라고 하시던 주님의 말씀을 생각나게 한다(사 43:3). 신약에는 하나님은 나 같은 죄인을 구속하시려고 그 아들 존귀하신 예수님의 목숨값으로 나를 사서 하나님의 영원한 백성으로 삼으셨다. 나는 고멜과 같이 타락한 자이나 하나님은 그 아들을 희생하시면서까지 나를 포기하지 않으시고 사랑해 주신 것이다. 호세아서에서 우리가 꼭 암송하고 넘어가야 할 말씀은 호세아 6:3이다.

"그러므로 우리가 여호와를 알자. 힘써 여호와를 알자. 그의 나타나심은 새벽빛

같이 일정하니 비와 같이 땅을 적시는 비와 같이 우리에게 임하시리라 하니라" 호 6:3 아멘.

호세아 4:6에 하나님은 "내 백성이 지식이 없으므로 망한다"고 탄식하셨다. 하나님의 말씀을 모르니 패망한다는 것이다. 백성이 묵시가 없으면 방자히 행하는 것이다(잠 29:18). 우리는 더욱 힘써 하나님의 말씀을 연구하고 묵상하고 순종해야겠다.

호세아서부터 시작된 12권을 소선지서라고 부른다. 유대인들은 구약 성서를 계산할 때 12권의 소선지서를 한 권의 책으로 보았다. 그들이 이 책들을 소선지서로 분류한 것은 그 내용이 대선지서보다 부족해서가 아니라 그 책들의 분량이 비교적 적기 때문이었다. 호세아서의 주제는 "오라 우리가 여호와를 참되게 알고 그분께로 돌아가자"이다. 타락한 백성들이 해야 할 일은 회개하고 참되게 하나님께로 돌아가는 것이다. 호세아서를 통해 우리는 하나님이 얼마나 그분의 백성들을 사랑하시는지, 그분만을 사랑하고 의지하기를 원하시는지 알 수 있다.

또한 군데군데 전후 구절과 관계없어 보이는 호세아의 잠언 같은 말씀들이 들어 있다. 무게 있는 격언들은 여러 말들보다 큰 영향력을 끼친다.

가령 "에브라임은 뒤집지 않은 전병이로다"라는 한 마디로 그들의 치우친 신앙과 잘못된 상태를 지적해 냈다. 빵을 구울 때 뒤집어야 잘 구워지지 뒤집지 않으면 한 쪽만 다 타서 먹을 수 없는 빵이 된다. 예레미야서나 에스겔서에는 호세아서에서 차용한 것 같은 말씀들이 많이 있다(렘 7:34, 16:9, 25:10, 겔 26:13, 겔 16:16 이하, 겔 19:12 등). 또한 호세아서의 구절들을 마태복음이나 로마서에 인용한 것으로 보아 이스라엘 백성들이나 초대 교회 당시 호세아서가 중요하게 읽혀진 것임에 틀림없다.

오늘의 본문 성경을 읽으시고 깨달은 점이나 기억하고 싶은 점 혹은 기도문을 기록합니다.

호 4장~6장

● 묵상 자료 ●

1. 하나님이 원하시는 것

"나는 인애를 원하고 제사를 원하지 아니하며 번제보다 하나님을 아는 것을 원하
노라" 호 6:6

호세아 6:6의 말씀은 하나님께서 자신이 원하시는 것을 직접 표현하시는 매
우 인상적이고도 분명한 하나님의 뜻을 기록하고 있다. "나는 인애를 원하고
제사를 원치 아니하며 번제보다 하나님 아는 것을 더 원하느니라" 여기서 "원
하다"라는 단어는 영어성경에서 "desire"라는 단어로 기록되어 있는데, 이것
은 단순한 소망이 아니라, 간절하게 바라고 열망하는 것을 말한다. 하나님께서
마음 깊은 곳에서부터 갈망하시는 한 가지가 있다면 그것은 바로 긍휼과 하나
님을 아는 지식이라는 것이다. 예수님께서는 마태복음에서 이 말씀을 두 번 인
용하셨다. 한 번은 마태복음 9장에서 인용하셨는데, 예수님께서 세리 마태의
집에 들어가셔서 세리들과 죄인들과 함께 먹고 마실 때에, 그것을 비난하던 바
리새인들을 향해 인용하신 적이 있다.

"너희는 가서 내가 긍휼을 원하고 제사를 원하지 아니하노라 하신 뜻이 무엇인
지 배우라. 나는 의인을 부르러 온 것이 아니요 죄인을 부르러 왔노라 하시니라"
마 9:13

또 한 번은 마태복음 12장에서 인용하셨는데, 예수님의 제자들이 안식일에
배가 고파 곡식 밭의 이삭을 따서 먹고 있을 때에, 안식일을 어겼다고 비난하던

바리새인들을 향해 인용하셨다.

"나는 자비를 원하고 제사를 원하지 아니하노라 하신 뜻을 너희가 알았더라면 무
죄한 자를 정죄하지 아니하였으리라" 마 12:7

예수님께서 두 번 이 말씀을 인용하시면서, 마태복음 9:13에서는 "이 말씀
이 무슨 뜻인지 배우라"하셨고, 12:7에서는 "이 말씀이 무슨 뜻인지 너희가 알
았더라면"이라고 말씀하셨는데 하나님께서 긍휼을 원하시고 희생물을 원치 아
니하신다는 말씀은 무슨 뜻인지를 분명히 알고 배워야 하는 너무나 중요한 말
씀이라는 것이다. 긍휼을 아는 사람은 하나님을 아는 사람이다. 본문 호세아
6:6에서는 인애와 하나님 아는 것을 짝을 맞추어서 기록하고 있다. 인애에 대
한 배움과 인식이 얼마나 중요한 것이기에, 그것을 가리켜 하나님 아는 것이라
고 표현하였겠는가? 호세아 4:1을 보자.

"이스라엘 자손들아, 여호와의 말씀을 들으라. 여호와께서 이 땅 주민과 논쟁하
시나니 이 땅에는 진실도 없고 인애도 없고 하나님을 아는 지식도 없고" 호 4:1

호세아 선지자의 시대에는 이스라엘 땅에 진실도 없고 인애도 없고 하나님
을 아는 지식도 없었다고 기록하고 있다. 이 말씀에서도 우리는 진실과 긍휼
과 하나님을 아는 지식의 상관관계를 발견할 수 있다. 우리가 하나님을 아는
지식을 가지고 있다면 우리에게는 진리와 긍휼의 마음이 있을 것이다. 호세아
4:6에서도 이렇게 기록하고 있다.

"내 백성이 지식이 없으므로 망하는도다. 네가 지식을 버렸으니 나도 너를 버려
내 제사장이 되지 못하게 할 것이요, 네가 네 하나님의 율법을 잊었으니 나도 네
자녀들을 잊어버리리라"

이스라엘 백성에게 하나님에 대한 지식이 전혀 없었던 것은 아니었다. 바리
새인들도 구약성경과 율법에 대한 지식이 없었던 것이 아니었고 그들은 정통

율법 박사들이었다. 그러나 그들은 하나님을 바르게 알지 못했기 때문에 지옥을 향해 갈 수밖에 없었다. 오늘날 많은 사람들이 하나님에 대한 지식을 가지고 있지만 그러나 그것이 온전치 못하고 바르지 못하기 때문에, 많은 사람들이 성경을 오해하고 하나님을 오해하며 망하는 길로 가고 있는 것이다.

"그러므로 너희는 하나님이 택하사 거룩하고 사랑받는 자처럼 긍휼과 자비와 겸손과 온유와 오래 참음을 옷 입고 누가 누구에게 불만이 있거든 서로 용납하여 피차 용서하되 주께서 너희를 용서 하신 것 같이 너희도 그리하고 이 모든 것 위에 사랑을 더하라. 이는 온전하게 매는 띠니라" 골 3:12~14

우리가 긍휼이 풍성하신 하나님을 아는 사람이라면 우리는 긍휼히 여기는 심정과 친절과 겸손한 마음과 온유함과 오래 참음을 가질 수 있을 것이다. 그리스도께서 나를 용서하신 사랑이 어떠한 것인지 아는 사람이라면 우리도 다른 사람들을 용서할 수 있을 것이다. 우리가 지나온 길은 죄악과 오류와 실수투성이지만, 주님은 우리를 긍휼히 여기시고, 용서하시고, 격려하시면서, 친절하게 한발 한발 이끌어주셨다.

우리도 형제 자매들에 대해 이러해야 한다. 또한 다른 영혼들을 인도할 때에도 이러해야 한다. 어떤 사람의 잘못과 오류를 발견했다고 해서 그것만 집중하지 말아야 한다. 하나님께서 우리를 못나고 더럽고 어리석은 모습 그대로 사랑하시고 긍휼히 여기신 것처럼, 우리도 다른 사람들을 있는 모습 그대로 사랑하고 긍휼히 여길 수 있어야 한다.

마지막으로 호세아 6:1~3을 읽어 보자.

"오라, 우리가 여호와께로 돌아가자. 여호와께서 우리를 찢으셨으나 도로 낫게 하실 것이요, 우리를 치셨으나 싸매어 주실 것임이라. 여호와께서 이틀 후에 우리를 살리시며 셋째 날에 우리를 일으키시리니 우리가 그의 앞에서 살리라. 그러므로 우리가 여호와를 알자. 힘써 여호와를 알자. 그의 나타나심은 새벽빛같이 어김없나니 비와 같이 땅을 적시는 늦은 비와 같이 우리에게 임하시리라 하니라" 호 6:1~3 아멘.

오늘의 본문 성경을 읽으시고 깨달은 점이나 기억하고 싶은 점 혹은 기도문을 기록합니다.

호 7장~11장

● 묵상 자료 ●

1. 달궈진 화덕과 뒤집지 않은 전병

　　호세아 7장에는 이스라엘의 죄악 된 상태를 8절에 '뒤집지 않은 전병'이라고 했다. 전을 구울 때 한 면만 구우면 그 쪽만 지나치게 타서 먹기 어렵게 된다.

　　어떤 사람은 영적인 생활만 중시하여 땅의 생활을 잃어버리게 하고 어떤 사람은 지상의 생활만 중시하여 하늘의 생활(골 3:1, 위에 것)을 잃어버리게 된다. 어떤 사람은 은혜를 중시하는데 의를 소홀히 하며, 의를 중시하는 어떤 사람은 은혜가 약하다. 어떤 사람은 객관적인 진리를 중시하지만 성령의 사역을 소홀히 한다. 즉, 그리스도의 십자가 복음의 이미 완성하신 역사를 중시하고 내면의 주관적인 체험은 소홀히 한다. 어떤 사람은 성령의 체험을 중시하되 지식을 소홀히 한다. 어떤 사람은 쉽게 한 면 만을 보고 전체적인 조망을 보지 못한다. 어떤 한 진리에 치우쳐서 기타 다양한 진리를 소홀히 한다. 하나님이 우리에게 원하시는 것은 한 면으로 치우치는 것이 아니라 전체를 중시하는 것이다.

　　하나님은 우리가 생명이 자라고 지식이 더하게 하며 사랑하는 마음만이 아니라 불의를 미워하는 마음을 갖게 하신다. 뒤집지 않은 전병이 사람의 배고픔을 채울 수 없는 것처럼 한 면으로 치우친 신앙의 사람들은 영적으로 배고픈 사람들의 필요를 채울 수 없다. 그러니 성도들은 진리의 한 면의 매우 좋은 것만 보지 말고 균형 잡힌 신앙을 견지해야 한다. 그렇지 못해서 이단에 빠지는 수가 허다하다.

　　또한 7장에는 이스라엘을 향하여 "달궈진 화덕"(호 7:4)이라고 하는데 이는 악한 생각으로 불붙은 그들의 상태를 말한다. 그리고 "어리석은 비둘기"(호 7:11)라고도 했는데 원래 비둘기는 자기 집을 잘 찾아가지만 이 백성들은 어리석어 본 집인 하나님의 품을 잘 찾지 못한다는 것이다.

또한 "속이는 활"(호 7:16)이라는 표현도 나오는데 이것은 과녁을 처음에는 잘 맞추더니 나중에는 변질되어 엉뚱한 방향으로 화살을 쏘아 대는 활과 같다는 것이다. 하나님을 향하지 않고 이방의 우상을 향하는 그들의 방향착오를 지적하는 말씀이다.

2. 에브라임이 받을 심판(호 9장~10장)

에브라임이라는 이름은 "갑절의 열매를 맺다"라는 뜻이다. 호세아 선지자는 9장, 10장에서 그 이름의 의미를 그가 전하는 메시지의 기초로 사용하였다. 갑절의 열매를 맺어야 할 그들이 심판을 받아 추수 때 거두어 들일 열매가 아예 없을 것이다. 왜냐하면 기근이 임할 것이고 하나님이 이스라엘의 땅을 심판하실 것이기 때문이다. 에브라임은 더 이상 열매를 풍성히 맺는 땅으로 기억되지 못할 것이다. 얼마나 그 이름과 정 반대되는 비극이란 말인가! 가정에서는 자녀의 열매도 맺지 못할 것을 예언하고 있다. 유대인들은 전통적으로 자녀를 많이 잉태하는 태를 언제나 복된 것으로 여겼다(시 127:3~5). 그러나 심판이 임하면 그들은 유산하는 태를 오히려 복되다 하는 참혹한 상황이 올 것이다.

에브라임(이스라엘)이 무엇을 잘못한 것인가? 그들은 두 주인을 섬기며 우상숭배에 빠졌다. 그들은 잘못된 땅에 잘못된 씨를 뿌리고는 풍성한 추수를 기대하는 어리석은 자들이었다.

오늘날 우리 나라의 형편이 심히 난관에 처해 있다. 그리스도인조차도 둘로 나뉘어 의견이 갈린다. 나라를 위해 기도하는 내용이 약간씩 다르다. 그러나 나라 사랑하는 마음만큼은 동일하리라 믿는다.

우리가 우리의 죄들을 회개하고 다니엘처럼 조국의 앞날을 위해 끊임없이 기도할 때 전능하신 하나님이 우리를 보호해 주실 것을 믿는다. 아멘.

오늘의 본문 성경을 읽으시고 깨달은 점이나 기억하고 싶은 점 혹은 기도문을 기록합니다.

1년 1독 365일 성경통독, 꿀송이 보약큐티

호 12장~14장

9월 17일

● 묵상 자료 ●

1. 복음으로 끝나는 호세아서 (호 14장)

호세아서는 복음으로 끝을 맺는다. 하나님은 그렇게 무서운 심판의 말씀을 하시다가도 마음이 순간 돌아서셔서 자기 백성인 에브라임, 이스라엘을 놓지 않으시는 것이다. 어떤 신학자는 "사람은 멸하기 위해서 사람을 벌하고 하나님은 그 사람을 고치기 위해서 징계하신다."고 했다. 하나님이 심판을 하시고 칼이 성읍을 치고 빗장을 깨뜨리게 하시지만 '이것이 내가 너희를 버리거나 놓으려는 것은 결코 아니다.'라고 하신다. 이것이 바로 복음인 것이다.

"그 가지는 퍼지며 그 아름다움은 감람나무와 같고 그 향기는 레바논 백향목 같으리니" 호 14:6

"그 가지는 퍼지며"란 가지가 멀리까지 뻗어 나간다는 것이다. 번성하고 향기로우며 아름다운 백성들로 회복시키실 것을 선포하신다.

"그 그늘 아래 거하는 자가 돌아올지라. 저희는 곡식같이 소성할 것이며 포도나무같이 꽃이 필 것이며 그 향기는 레바논의 포도주같이 되리라" 호 14:7

"그 그늘 아래 거하는 자가 돌아올지라" 교회는 피난처 되신 그리스도의 그늘 아래 돌아온 사람들이다. 교회는 뜨거운 사막의 햇볕의 피해로부터 보호해 주는 보호막이 있는 곳이다. 결국 호세아서도 이렇게 복음으로 끝을 맺는다. 우리는 선지자들도 동일하게 복음을 말하고 있다는 것에 놀라움을 금하지 못한다.

특히 14:4~8은 복음의 결정판이다. 할렐루야!

"내가 저희의 패역을 고치고 즐거이 저희를 사랑하리니 나의 진노가 저에게서 떠났음이니라 내가 이스라엘에게 이슬과 같으리니 저가 백합화같이 피겠고 레바논 백향목같이 뿌리가 박힐것이라 그 가지는 퍼지며 그 아름다움은 감람나무와 같고 그 향기는 레바논 백향목 같으리니 그 그늘 아래 거하는 자가 돌아올찌라 저희는 곡식같이 소성할 것이며 포도나무같이 꽃이 필 것이며 그 향기는 레바논의 포도주같이 되리라 에브라임의 말이 내가 다시 우상과 무슨 상관이 있으리요 할찌라. 내가 저를 돌아보아 대답하기를 나는 푸른 잣나무 같으니 네가 나로 말미암아 열매를 얻으리라 하리라" 호 14:4~8 아멘.

● 오늘의 말씀에 대한 나의 묵상 ●

오늘의 본문 성경을 읽으시고 깨달은 점이나 기억하고 싶은 점 혹은 기도문을 기록합니다.

요엘 1장~3장

● 묵상 자료 ●

1. 요엘은 어떤 책인가?

요엘은 아모스와 비슷한 시기에 활동한 선지자이다. 요엘서의 배경을 보면 당시 두로, 시돈, 블레셋이 이스라엘에 자주 군사적 위협을 가했음을 보게 된다. 오랜 가뭄과 엄청난 메뚜기 떼의 습격으로 유대 땅에는 초목이 보이지 않을 정도였고 심각한 경제적 타격으로 남 왕국은 허약할 대로 허약해진 상태였다. 요엘은 이 자연재해를 예시로 들어 하나님의 심판을 설명한다. 메뚜기 떼가 죄의 심판이라면 주의 날(여호와의 날)에 하나님이 내리실 심판은 비교도 안될 정도로 극심할 것이다.

그날에 하나님은 그 원수들을 심판하시고 믿음을 지킨 자들에게 보상하실 것이다. 그래서 요엘은 그들에게 회개를 촉구한다. "너희는 옷을 찢지 말고 마음을 찢고"(요엘 2:13).

요엘서의 주제는 '주의 날'이다. 이 주제는 3장으로 되어 있는 짧은 요엘서에 다섯 번이나 언급되며 구약 전체적으로는 8명의 선지자가 19번 사용했다(사 2:12, 13:6, 9, 겔 13:5, 30:3, 암 5:18, 20, 오바댜 15절, 습 1:7, 14, 슥 14:1, 말 4:51).

이렇게 하나님의 영에 사로잡힌 위대한 구약의 영웅들이 수없이 사용한 '주의 날'이라는 주제를 우리는 마음에 깊이 간직해야 한다. 이 날은 여호와 하나님이 만민들을 심판하시는 날이다. 신약의 저자들은 이 날이 뜻하지 않게 도적 같이 임할 것이라고 경고하였다. 구약에는 여호와의 날이 종말을 예표 하면서도 임박한 민족적 환란을 뜻하기도 하였다. 바벨론의 침략과 예루살렘의 멸망을 예언한 에스겔 13:5에서 보듯 가까운 미래에 성취될 심판을 의미하기도 하였다. 그러나 그것은 또한 먼 미래에 이루어 질 최후 심판을 이해하는 열쇠가 되기도 한다.

여호와의 날이 이르면 혹독한 기후 변화와 우주적 격변, 크고 두려운 재앙들이 들이 닥친다. 죄인들에게는 무서운 심판의 날이지만 택한 백성들에게는 성령이 부어지고 축복과 번영이 약속된 날이다. 신약에 와서 베드로는 사도행전 2장에서 요엘 2:28~32을 인용한다. 그래서 혹자는 행2장의 성령 강림과 주 후 70년의 예루살렘 멸망을 이 요엘서의 궁극적 성취로 해석한다. 그러나 크고 두려운 여호와의 날은 아직 온전히 이르지 않았다. 사도행전 2장의 성취는 하나의 예고편이요, 맛보기로 주어진 것이다. 말세란 예수님이 이 땅에 오신 후 다시 재림하시어 심판하실 때 까지를 말하는데 이 시기는 회개하는 자에게 성령이 부어지고 각양 은사가 주어지는 시기이다. 우리가 살고 있는 지금은 크고 두려운 여호와의 심판의 날이 더욱 가까운 말세중의 끝부분의 시기이다. 도적같이 갑자기 임할 주의 날을 준비하고 사는 말세중의 말세에 우리는 지금 서 있다. 신구약 성경이 그토록 수없이 강조한 여호와의 날이 도래할 때가 이제 임박한 것이다. 우리는 정신 차리고 깨어 주님 맞을 준비를 하고 있어야 한다.

2. 이른 비와 늦은 비

"시온의 자녀들아 너희는 너희 하나님 여호와로 말미암아 기뻐하며 즐거워할지어다 그가 너희를 위하여 비를 내리시되 이른 비를 너희에게 적당하게 주시리니 이른 비와 늦은 비가 예전과 같을 것이라" 요엘 2:23

구약을 읽다 보면 종종 이른 비와 늦은 비의 표현이 나온다. 우리 나라와는 기후가 달라 이스라엘에서 이른 비는 10월부터 12월 사이에 내려 모판을 준비하고 파종하기에 적합한 환경을 마련해 준다. 이른 비가 안 내리면 파종을 할수가 없다. 늦은 비는 3월과 5월 사이에 내려 곡식과 과일이 무럭무럭 자라 결실을 맺는데 결정적인 역할을 한다. 늦은 비가 안 내리면 곡식과 과일이 탐스럽게 영글 수가 없다. 우리를 지으신 이가 여호와시요, 우리를 돌보시는 이가 여호와시다. 하나님이 내 인생에 이른 비와 늦은 비를 내려 주셔야 우리는 결실할 수 있다. 하나님을 의지하고 살 수밖에 없는 인생인 것이다. 나의 나 된 것은 다 하나님의 은혜이다. 아멘.

3. 세 골짜기의 이름

"민족들은 일어나서 여호사밧 골짜기로 올라 올지어다 내가 거기에 앉아서 사면의 민족들을 다 심판하리로다" 요엘 3:12

요엘서에는 세 골짜기의 이름이 나온다. 먼저 요엘 3:12에 나오는 여호사밧 골짜기를 보자. 여호사밧은 "야훼께서 심판하시다"는 뜻이다. 이 골짜기의 위치가 불분명하지만 이 심판이 예루살렘 근처에서 일어날 것이라고 말한 다른 선지자들이 있다(겔 38:18~23, 단 11:45, 슥 9:14~16). 이것은 마지막 날 하나님께서 떨치고 일어나셔서 열국을 그 백성 이스라엘(예수 믿는 사람들)을 위하여 멸망시키실 것을 예언한 말씀들이다. 이 열국의 심판은 마태복음 25:31~46에도 자세히 예수님께서 직접 예언하셨다. 여호사밧 골짜기는 하나님께서 열국을 심판하시는 상징적 골짜기이다. 요엘 3:14에 나오는 "심판의 골짜기"는 선고된 심판을 집행하는 곳으로서 앞서 언급한 여호사밧 골짜기와 같은 곳이다.

그리고 요엘 3:18에 나오는 싯딤 골짜기가 있다. 아카시아 나무로 유명한 이 골짜기는 사해 북쪽 해안가에 위치했으며 약속의 땅에 입성하기 전 이스라엘 민족이 마지막으로 들렸던 곳인데 이스라엘 백성들이 이 골짜기에서 모압 여자들과 음행하기를 시작했던 곳이다(민 25:1). 후일에 주님이 다스리는 천년왕국이 도래하면 모든 죄의 흔적이 사라지고 이 계곡으로 생명의 강이 흐르게 하실 것이라고 성경은 예언한다(슥 14:8).

"그 날에 산들이 단 포도주를 떨어뜨릴 것이며 작은 산들이 젖을 흘릴 것이며 유다 모든 시내가 물을 흘릴 것이며 여호와의 성전에서 샘이 흘러나와서 싯딤 골짜기에 대리라" 욜 3:18 아멘.

오늘의 본문 성경을 읽으시고 깨달은 점이나 기억하고 싶은 점 혹은 기도문을 기록합니다.

1년 1독 365일 성경통독, 꿀송이 보약큐티

암 1장~4장

● 묵상 자료 ●

1. 아모스는 어떤 책인가?

아모스는 예루살렘 남쪽 약 16킬로미터 지점에 위치한 드고아 출신의 선지자다. 그는 에스겔처럼 제사장 가문이나 이사야처럼 귀족 가문도 아니고 양치는 목자였고 뽕나무를 재배하는 평범한 농부였다(암 7:14). 그의 동시대 선지자들로는 요나, 호세아, 이사야가 있다. 아모스는 이스라엘의 참된 예배의 부재와 공의의 실종의 두 가지 죄를 지적했다. 허울 좋은 예배 의식은 있었지만 진심으로 하나님을 섬기지 않았고 이웃에 대해 하나님이 세우신 공의의 기준도 따르지 않았다. 암 9:11은 유명한 성경 구절이다.

"그 날에 내가 다윗의 무너진 장막을 일으키고 그것들의 틈을 막으며 그 허물어 진 것을 일으켜서 옛적과 같이 세우고 그들이 에돔의 남은 자와 내 이름으로 일컫는 만국을 기업으로 얻게 하리라 이 일을 행하시는 여호와의 말씀이니라" 암 9:11 아멘.

다윗의 후손인 우리 주님 예수 그리스도께서 이 땅에 오셔서 이 예언이 성취되었다. 초대교회에서 예루살렘 공의회가 열리고 바울과 바나바가 이방인에게 복음을 전한 후 그들의 할례 받는 문제로 첨예하게 논쟁이 있었을 때 야고보가 일어나 이 아모스 선지자의 성경을 인용하며 이방인들에게 복음 전하는 것을 적극적으로 지지하며 율법의 무거운 짐을 그들에게 지우지 말 것을 건의하였다 (행 15:13~21).

다윗의 무너진 장막이 일으켜 지는 이 예언은 예수님께서 재림하시어 만 왕의 왕으로 즉위하시는 날 완벽하게 성취될 것이다. 아모스 선지자는 이스라엘과 유다 그리고 주변의 여섯 나라들을 향하여 그들의 죄악을 지적하고 여호와의 심판을 선언하였다.

7~9장에는 심판에 대한 다섯 가지 환상이 나온다. 첫 번째 환상은 메뚜기 떼의 심판인데 아모스의 간절한 중보 기도로 하나님은 이 심판을 거두어 들이신다. 두 번째는 불로 온 땅을 심판하시겠다고 하셨지만 이 역시 아모스의 중보 기도로 뜻을 돌이키셨다. 세 번째는 다림줄 환상이다. 하나님은 아모스에게 담이 올바르게 세워졌는지를 측정하는 다림줄을 보여주신다. 이것은 하나님의 말씀을 상징하는 것으로 하나님은 그 말씀의 잣대로 심판하신다. 네 번째는 여름 과일 한 광주리 환상이었다(8장). 잘 익은 과일이 당장은 좋지만 곧 썩게 된다는 것을 보여주시면서 이스라엘이 심판받을 만큼 썩었다는 것을 말씀하셨다. 다섯 번째 환상은 성전 기둥이 부서지는 것이었다(9장). 이와 같은 심판의 환상을 보여주신 후 하나님은 심판 이후에 회복의 약속을 주셨다. 앞서 살펴본 것처럼 예수 그리스도를 통하여 다윗의 장막을 회복하시고 강대하고 번성하는 나라를 이루게 하실 것이며 사로잡힌 자들이 돌아오고 그들은 땅에 깊이 심겨져 다시는 뽑히지 않을 것이라는 약속이었다.

하나님은 아모스서를 통해 우리에게 공의와 공평을 행하고 가난하고 환란 당하는 이웃을 돌아보라고 교훈하신다.

● 오늘의 말씀에 대한 나의 묵상 ●

오늘의 본문 성경을 읽으시고 깨달은 점이나 기억하고 싶은 점 혹은 기도문을 기록합니다.

....

....

....

....

9월 20일

1년 1독 365일 성경통독, 꿀송이 보약큐티

암 5장~9장

● 묵상 자료 ●

1. 강력한 심판 선언(암 9장)

아모스 선지자가 마지막으로 선포하는 메시지는 비타협적이고 불관용적인 하나님의 심판에 대해 엄중하게 증언하고 있다. 숨어도 소용이 없고(암 9:3) 망해서 천하에 불쌍하게 되어도 봐주지 않으며(암 9:4), 심지어 죽어도 소용 없다(암 9:2)고 하신다. 이스라엘의 죄가 신앙의 본질을 무너뜨리는 죄였기 때문이었다.

"죄는 미워해도 사람은 미워하지 말라"는 말이 있지만, 하나님은 단호하시다. 하나님은 단지 "악"이라는 추상적인 대상만을 미워하시고 눈에 보이지 않는 사탄과의 전쟁만 선포하시는 것이 아니라, 그 악을 행하는 자와 사탄의 노예가 된 자들에 대해서도 심판을 선포하신다.

죄뿐 아니라 죄를 범한 사람도 하나님의 미움의 대상이 된다. 의인이 겪는 환난은 사실은 시험과 도전이며 피할 구멍이 있으나(고전 10:13), 악인이 당한 심판에는 피할 곳이 없다. 하나님의 심판은 죽어서도 피할 수 없는 것이기 때문이다(암 9:2).

회개는 선택이 아니라 필수이다. 불완전한 피조물인 우리 인간을 죄인과 의인으로 나누는 기준은 "회개하는 믿음"이다. 입으로만 "주여, 주여"하는 믿음이 아니라, 자기 잘못으로부터 돌이켜서 날마다 자기를 죽이고 하나님께 돌아오는 자가 주의 참 된 백성인 것이다.

하나님께서는 피할 길 없는 철저한 심판을 선포하는 아모스 선지자를 통해 이 사실을 일러주려 하셨다. 원칙 없는 관용, 근본 없는 포용, 처벌이 생략된 용서는 하나님의 자비와는 무관하다. 하나님께서는 죄인에 대하여 마지막 한 푼까지 다 받아내신 후에 용서하시는 분이신 것이다(마 5:26).

그러나 회개하고 속죄할 의사가 분명한 사람에게까지 죄에서 돌이킬 기회를 주지 않고 무자비한 비난으로 난도질하는 것은 하나님의 방식이 아니다. 하나님의 심판은 돌아오게 하시는 심판이지 죽이는 것이 목적인 심판이 아니기 때문이다.

하나님을 알고, 하나님께 돌아오는 백성들은 또한 그분의 완전한 회복의 구원을 알게 된다(암 9:11~15). 하나님께서는 회복의 역사 가운데에서 "새 일"을 행하신다(사 43:19). 그리고 그분의 새 일은 '자비'와 '정의'라는 서로 대립하기 쉬운 가치의 연합으로 나타난다.

자비로우면서 정의롭기가 쉽지 않다. 하지만 하나님에게는 가능하시다. 우리 민족에 공의가 강물같이 흐르는 날이 이르기를 간절히 소망한다.

시편 107편을 반복해서 크게 읽으며 날 구원하신 구세주를 크게 찬송해 보자.

● 오늘의 말씀에 대한 나의 묵상 ●

오늘의 본문 성경을 읽으시고 깨달은 점이나 기억하고 싶은 점 혹은 기도문을 기록합니다.

9월 21일

1년 1독 365일 성경통독, 꿀송이 보약큐티

옵 1장, 욘 1장

● 묵상 자료 ●

1. 오바댜는 어떤 책인가?

오바댜는 단 한 장 21절로 되어 있어 구약에서 제일 짧은 책이다. 에돔의 멸망을 예언하는 내용이 주를 이룬다. 에서의 후손인 에돔은 창세기에서 하나님이 두 민족이 싸우리라고 예언하신 것처럼 항상 이스라엘을 미워했다. 바벨론이 유다를 침공했을 때 에돔은 수수방관하고 오히려 유다의 멸망을 원했다. 극심한 환란의 때에 형제 나라의 도움을 기대했지만 에돔은 오히려 그들의 적군의 편이 되어 유다의 패망을 기뻐했다. 이러한 에돔에 대해 심판을 선언하는 것이 오바댜서이다. 1절부터 하나님은 에돔에 대해 선전포고를 하셨다. 자신의 사자들을 보내셔서 에돔을 치라 하신다.

"너희는 일어날 지어다. 우리가 일어나서 에돔과 싸우자" 옵 1:1

에돔은 지리적으로 사해 남쪽 험한 산악 지역 높은 위치에 자리를 잡고 있어 쉽게 공략할 수 없는 요새였다. 그리고 많은 재물과 용맹한 군사들이 많아 그들은 스스로 교만에 사로 잡혀 있었다. 북아프리카와 유럽 그리고 아시아를 이어주는 중요한 무역로인 유명한 '왕의 대로'가 동쪽 고원을 따라 나 있었다(민 20:17을 보라). 이스라엘이 출애굽 하여 애돔 나라를 통과하게 해 달라고 부탁했을 때 그들은 냉정하게 거절했다. 그럼에도 그 때는 하나님은 에돔을 대적하지 말고 다른 길로 멀리 돌아가라고 하셨다. 그러나 세월이 흘러 유다의 멸망을 기뻐하는 에돔의 교만함을 보고 하나님은 오바댜를 통해 그들의 완전한 멸망을 선언하신다. 역사적으로 에돔은 사울왕의 시대에 이스라엘과 맞서 싸웠고 솔로몬 시대에 이스라엘의 속국이 되었다. 여호사밧 때에 반기를 들었고 여호람 왕 때 유다의 지배에서 벗어 났다. 아마샤 때 다시 정복되었지만 아하스 때 다시 자유를 얻었다. 나중 그들은 팔레스틴 남부 지역으로 이주하여 이두매인들로 알려지게 되었다(에돔의 헬라식 발음이 이두매다). 예수님 탄생 시 헤롯 대왕은 바로 이 이두매 출신 왕이었다. 그가 아기 예수님을 죽이려 한 것은 어떤 의미에서는 야곱과 에서의 반목의 연장이었다. 이두매 족속은 주 후 70년 유대인들과 함께 예루살렘 반란에 가담했고 로마 장군 티투스에 의해 완전 궤멸되었다. 그 후 오바댜의 예언대로 이두매 족속은 역사에서 완전히 자취를 감추었다.

2. 요나는 어떤 책인가?

열왕기하 14:25에 의하면 요나는 여로보암 2세 시대에 이스라엘에 대한 하나님의 긍휼의 메시지를 전한 선지자였다. 요나서를 읽으면 하나님은 이스라엘뿐만 아니라 열방의 다른 나라들도 사랑하시는 선교의 하나님이심을 알게 된다.

하나님은 한국도 사랑하시지만 북한 사람들도 사랑하시고 일본도 사랑하시고 세계 모든 열방을 다 사랑하신다. 모두가 회개하고 다 주께로 돌아와 구원 얻기를 원하시는 것이다. 성경을 보면 하나님은 악한 왕 아합이 회개하자 그 심판을 유보하신 적이 있다. 앗수르의 수도 니느웨는 그 악독함이 하늘에 가득 찬 도시였다. 그래서 하나님은 선지자 요나를 보내 40일 후에 이 성이 멸망하리라고 선포했다. 그런데 의외의 상황이 벌어졌다. 니느웨의 성주로부터 모든 백성들이 금식하며 베옷을 입고 엎드려 하나님께 회개하기 시작한 것이다. 열렬한 이스라엘 민족주의자요, 극우 보수주의자였던 요나는 그들이 회개함으로 하나님이 심판을 보류하시자 몹시 못 마땅해 했다. 이 때 하나님은 박 넝쿨을 예비하시어 요나를 뜨거운 태양 볕에서 보호하셨다가 다시 마르게 하시어 그를 힘들게 했다. 불평하던 요나에게 너는 박 넝쿨 하나의 소멸에도 아쉬워하면서 좌우를 구별 못하는 아이들만 12만 명이나 되는 이 큰 성이 멸망하는 것을 애석해 하지 않는다고 책망하셨다. 우리는 요나 같은 신자들이 되어서는 안 된다.

요나는 철저한 유대인 보수주의자였다. 자기 민족만 최고이고 나머지는 다 심판받고 망해야 할 나라들이라고 생각했다. 나는 40년 이상 예수님을 믿어 오면서 한국 교회 안에서 요나처럼 지나친 극우 보수주의자들을 너무 많이 보아 왔다. 완전 요나 판박이다. 내 교회, 내 교단, 내 나라가 무조건 최고다. 마음을 넓혀 모두를 품으려 하지 않는다. 이런 편협한 신앙 때문에 한국에 장로교단만 해도 수백 개가 되는 웃지 못할 일이 현실화된 것이다. 이런 모습 때문에 불신자들에게 교회가 조롱을 받는다.

또한 요나서를 읽다 보면 여호와 이레 준비하시는 하나님을 발견하게 된다. 요나가 사명을 저 버리고 다시스로 가는 배를 타고 도망 갈 때 하나님은 태풍을 예비하셔서 요나의 길을 막으셨다. 그리고 그가 바다에 던져졌을 때 하나님은 이미 큰물고기를 준비하셔서 요나를 삼키게 하셨다. 또한 니느웨의 회개와 심판을 면하게 됨을 보고 불평하는 요나를 깨우치기 위해 하나님은 박넝쿨을 준비하셨다. 우리의 인생에도 이와 같이 하나님은 준비하시는 "여호와 이레"의 하나님이시다. 오늘도 "여호와 이레"의 하나님을 체험하며 살자.

● 오늘의 말씀에 대한 나의 묵상 ●

오늘의 본문 성경을 읽으시고 깨달은 점이나 기억하고 싶은 점 혹은 기도문을 기록합니다.

....
....
....
....
....
....
....
....
....

욘 2장~4장

1. 하나님을 믿는 자의 잘못된 분노

사촌이 땅을 사면 배가 아프다는 속담이 있다. 요나는 여기서 그와같은 왜곡된 인간 심성을 표출한다. 그는 국가적인 회개를 통해 심판이 연기된 니느웨 성에 대해 심한 불만을 표출하고 이스라엘의 대적국인 니느웨에 은혜를 허락하시는 하나님의 섭리에 분노했다. 그는 아직도 만인을 향한 하나님의 사랑과 구속 계획을 깨닫지 못하고 편협한 국가 이기주의에 빠져 있었다. 하나님은 박 넝쿨을 통해서 요나의 오해를 지적하셨다.

신약의 말씀에 아침에 온 사람, 정오에 온 사람, 오후에 온 사람이 똑같이 하루 품삯을 받게 되자 아침에 온 사람들이 분노하더라는 예수님의 비유는 자신들의 기득권을 주장하고 싶어 했던 이스라엘을 깨우쳐주시기 위해 들려주신 말씀이었다.

그런데 사실, 이 메시지는 이미 요나서와 같은 책을 통해 오래 전부터 선포되었던 주제였다. 예수님의 말씀은 "내가 선하므로 네가 악하게 보느냐"라는 질문으로 끝나고, 요나를 향한 하나님의 말씀은 "네가 성내는 것이 옳으냐"라는 질문으로 끝나는데 가만히 보면 두 질문이 같은 질문임을 알 수 있다.

사람이 기득권에 취하게 되면 '다른 사람에게도 지금 내가 누리고 있는 것들이 필요하다'는 생각에 이르지 못하게 된다. 자신이 누리던 것들을 다른 사람에게 빼앗기지 않을까 하는 이기심에 생각의 길목이 가로막혔기 때문이다.

요나는 그동안 하나님께서 그분의 백성들에 대하여 오래 참으시고 수없이 용서하시던 그 자비로운 사랑이 이방인들에게 주어지는 것은 '부당하다'고 생각했다. 왜냐하면 하나님은 그동안 아브라함의 하나님, 이삭의 하나님, 야곱의 하나님으로 알려져 있었기 때문이다.

하나님이 이방인에게 자비를 베푸시는 것에 대한 요나의 분노는 단순한 질투의 감정으로 인한 것이라기 보다는 기득권을 위협받는 자가 느끼는 두려움에서 비롯된 증오라고 보아야 할 것이다.

우리가 목격하고 있듯이 기득권을 누리던 사람들은 그것을 빼앗기게 되면 극도의 증오심을 표출한다. 기득권을 빼앗길 위기에 놓인 사람이 그것을 지키려고 싸우기 시작하게 되면, 그때부터는 생명 따위는 안중에도 없는 파렴치한이 되기 쉽다. 사람의 인격과 존엄 같은 것들을 철저히 무시하게 되며, 자기 인격도 포기하고 남의 인격도 함부로 짓밟게 되는 경우가 많은 것이다.

요나는 좌우 구분이 안 되는 어린 아기만 12만 명이 넘는 큰 도시가 통째로 멸망하기를 간절하게 바랐고, 그 뜻이 이루어지지 않자 "죽고 싶다"고 외칠 정도로 극도의 분노에 휩싸였다. 아마 요나에게 '기자의 펜'을 허락했다면 니느웨를 무너뜨리기 위해 어마어마한 가짜 뉴스들을 만들어냈을 것 같다. 하나님을 믿는다고 해도 사고가 요나처럼 경직되면 정말 무서운 고집불통의 크리스천이 될 수 있음을 우리는 명심해야 한다.

그러나 하나님은 그 성에 있는 가축들까지도 아끼시는 분이셨다. 가나안 땅을 점령하려고 들어가는 여호수아에게 "남김없이 쓸어버리라"고 하셨다던 그 하나님만 알고 있는 사람에게는 낯선 모습이 아닐 수 없을 것이다. 사실은 세상 전체를 아끼시는 이 자비로운 모습이 하나님의 참모습이다. 그분이야말로 이 세상을 존재하게 하신 어머니와 같은 근본이시기 때문이다.

자비심을 잃은 신앙인은 자기도 모르는 사이에 기득권을 위해 싸우는 광신도로 돌변한다. 뭔가 중요한 것을 빼앗길 것이라는 강박관념이 사람의 이성을 마비시켜서 앞뒤 구분 없이 할퀴고 물어뜯게 만든다.

요나는 하나님께 불쾌한 감정을 드러내었다. 요나의 이러한 반응은 요나 이야기 전체에서 가장 어리둥절한 대목이다. 생각해보면 요나 입장에서는 최악의 우려가 현실이 되었다. 자신이 사력을 다해 저지하려 했던 일이 벌어졌다. 그는 하나님을 자신만의 상자 안에 담아 두려 했다. 어쩌면 하나님보다 자신의 신념을 더 믿었을지 모른다. 오늘날 한국 교회 안의 수많은 목사, 선교사, 장로, 권사님들 중 요나 같은 분들이 너무 많다는 사실이 안타깝다.

"요나가 성읍에 나가서 그 성읍 동쪽에 앉아 거기서 자기를 위하여 초막을 짓고 그 성읍에 무슨 일이 일어나는가를 보려고 그 그늘 아래에 앉았더라" 욘 4:5

요나는 성읍 안에 위치하지 않았다. 그는 도성 밖으로 나가 혼자 있는 쪽을 선택했다. 왜 일까? 성 안에서 확인하는 것이 더 확실하게 확인할 수 있는 방법임에도 요나가 성읍 바깥에 위치한 것은 혹시라도 니느웨가 자신의 신념대로 무너질 가능성을 염두에 둔 영적 교만함일 것이다.

그러던 중에 뜨거운 태양 볕을 피할 수 있는 박 넝쿨을 발견하여 요나는 기뻐했다(욘 4:6). 하지만 그것도 잠시, "하나님이 벌레를 예비하사 이튿날 새벽에 그 박 넝쿨을 갉아먹게 하시매 시드니라"(욘 4:7). 게다가 "해가 뜰 때에 하나님이 뜨거운 동풍을 예비하셨고, 해가 요나의 머리에 쪼이매 요나가 혼미하여 스스로 죽기를 구하여 이르되 사는 것보다 죽는 것이 내게 나으니이다 하니라"(욘 4:8)라고 말했다.

시로코(Sirocco)라고 불리우는 동풍은 북아프리카에서부터 지중해 연안으로 불어오는 열풍이다. 시로코가 불면 기온이 급상승하고 때로는 밤에도 기온이 올라가 대낮의 기온을 그대로 유지하기도 하며, 공기 중의 습기를 완전히 없애 버리기 때문에 사람들은 피부가 당기는 듯한 느낌을 갖는다. 이런 현상이 나타나면 사람들의 불쾌 지수가 높아져서 아무리 온순한 사람이라도 까다로와지고 신경질적이 되어 아무 이유 없이도 서로 싸우며, 온갖 초목은 메말라 버린다.

요나는 하나님께 항복하기보다 지상의 삶을 포기하고 싶어하는 듯이 보인다. 그는 솟아오르는 분노를 억제하지 못하고 상황을 제대로 판단하고 있지 못한다. 그는 현재의 분노와 자신의 판단으로 이해되지 않는 하나님의 자비로 인해 지금까지 하나님께서 자신에게 베푸신 은혜를 모두 망각해 버렸다.

"여호와께서 이르시되 네가 수고도 아니하였고 재배도 아니하였고 하룻밤에 났다가 하룻밤에 말라 버린 이 박 넝쿨을 아꼈거든 하물며 이 큰 성읍 니느웨에는 좌우를 분변하지 못하는 자가 십이만여 명이요 가축도 많이 있나니 내가 어찌 아끼지 아니하겠느냐" 욘 4:10~11

요나서 이야기는 이것이 전부이다. 대답 없는 질문으로 불쑥 끝나버린다. 막은 내린 셈이고, 갑작스러운 엔딩은 이 이야기의 적용을 독자에게로 넘긴다.

성경에서 대부분의 선지서들은 선지자의 메시지에 그 초점을 맞춘다. 하지만 요나서는 선지자의 메시지가 아니라 선지자에게 초점을 맞춘 유일한 선지서이다. 그러므로 요나의 모습, 요나의 삶이 곧 독자들에게 주는 메시지인 것이다. 그리고 그 메시지는 요나와 동일한 모습을 가지고 있는 우리 자신들을 돌아보게 만든다.

하나님을 향한 요나의 분노는 지나간 은혜를 망각하는 모습과 하나님보다 앞선 자신의 신념으로 인해 발생한 것이다. 이상하게 평상시에는 복음적이고 은혜스러운 목사님들도 유독 정치문제만 나오면 자기 신념이 무슨 절대적인 기준이나 되는 것처럼 흥분해서 열을 올리는 분들이 주변에 꽤 많다. 하나님까지 끌어와 자기의 정치적 신념을 정당화한다. 우리는 우리가 믿고 있는 하나님이 혹시 나 혼자만의 독선에 치우친 하나님은 아닌지 돌아봐야 할 것이다.

● 오늘의 말씀에 대한 나의 묵상 ●

오늘의 본문 성경을 읽으시고 깨달은 점이나 기억하고 싶은 점 혹은 기도문을 기록합니다.

....

....

....

....

....

....

1년 1독 365일 성경통독, 꿀송이 보약큐티

미 1장~3장

1. 미가는 어떤 책인가?

미가는 이사야 선지자와 동시대에 사역했다. 이사야는 "유다와 예루살렘"에 관해 말씀하고 미가는 "사마리아와 예루살렘"에 관해 말씀한다. 사마리아는 북이스라엘의 중심지이고 예루살렘은 남유다의 중심지이다.

미가는 주로 평민들을 상대로 사역하고 이사야는 주로 왕실을 상대로 사역했다.

미가는 두 개의 큰 사건을 예언한다. 하나는 예루살렘의 멸망에 대한 것이고 다른 하나는 메시아의 탄생에 관한 것이다(미 5:2).

미가는 북이스라엘이 앗수르에게 멸망당할 것을 예언하면서 앗수르의 군대가 성읍들을 차지하며 나라가 멸망하는 환상을 본다. 또한 성 안에 사는 부자들의 탐심과 바닥에 떨어진 경제와, 정의가 사라진 사회에서 가난한 자들의 어려움을 지적했다. 특히 제사장들의 탐욕을 지적하며 몹시 비통해 하였다.

그러나 다른 선지서들처럼 예외 없이 회복에 대한 약속도 주어진다. 장차 모든 민족이 말씀을 들으러 예루살렘으로 올 것이며 베들레헴에서 메시아가 태어나고 환란 가운데서 믿음을 지키는 자들이 거룩하게 쓰임 받을 것이다.

그리고 마지막 6~7장에서 백성들의 회개를 촉구한다. 미가서 6:3~5에서 감동적인 하나님의 음성이 들린다.

"내가 언제 너를 힘들게 한 적이 있느냐 내가 언제 너를 실망시킨 적이 있느냐 내가 너에게 어떻게 행했는지를 기억하라 출애굽 하여 광야에서 너희를 인도할 때와 약속의 땅을 정복할 때 싯딤에서 길갈까지의 일을 기억하라 너희는 내가 베푼 구원과 사랑과 은혜에 감격할 것 외에 무엇이 있느냐?"

참으로 지당하신 말씀이다.

우리는 미가서에 기록된 말씀대로 우리의 모든 죄를 깊은 바다에 던져 버리시고 구원과 은혜를 베풀어 주신 하나님께 감사할 것밖에 없다. 아멘.

● 오늘의 말씀에 대한 나의 묵상 ●

오늘의 본문 성경을 읽으시고 깨달은 점이나 기억하고 싶은 점 혹은 기도문을 기록합니다.

1년 1독 365일 성경통독, 꿀송이 보약큐티

미 4장~7장

○ 묵상 자료 ○

1. 여호와께서 이스라엘과 변론하시다(미 6장)

미가 6:3에 보면 주께서 이스라엘 백성을 향해서 이렇게 한탄하신다.

"내 백성아 내가 무엇을 네게 행하였으며 무슨 일로 너를 괴롭게 하였느냐 너는 내게 증언하라" 미 6:3

오죽 했으면 하나님께서 이렇게 물으셨을까? 정말 하나님의 이 질문을 들으니 나는 주 앞에 아무 할말이 없다. 하나님은 단 한 번도 이스라엘을 괴롭게 한 적이 없으시다. 오직 주님께서 하신 일이 있다면 그들을 애굽의 종 노릇 하는데서부터 모세를 보내어 구원해 내시고 약속의 땅으로 이끄셔서 축복하신 일밖에 없다.

그러나 이스라엘은 백성은 그들의 구원자 여호와 하나님을 배반하고 우상을 섬기기를 수없이 반복하였다. 하나님은 바람난 아내를 찾아 나선 호세아 선지자처럼 그러한 이스라엘 백성을 끝없는 사랑과 자비로 용서하시고 그들을 회복시키시고 새롭게 하시는데 집중하셨다.

하나님은 그것도 모자라 우리에게 독생자 예수님을 보내주시어 십자가 위에서 우리를 위해 죽게하시기까지 우리를 위해 희생하시고 구원의 길을 열어 주셨다. 이러한 우리의 아버지 하나님 앞에 우리는 언제까지 하나님의 마음을 아프시게 하고 성령을 슬프게 하는 모습을 보여야 할 것인가?

"오! 주여, 우리에게 성령의 은혜를 더하여 주셔서 주님의 마음을 슬프게 하는 백성이 아니라 주님의 기쁨이 되는 우리가 되게 하여 주옵소서." 아멘.

오늘의 본문 성경을 읽으시고 깨달은 점이나 기억하고 싶은 점 혹은 기도문을 기록합니다.

나 1장~3장

묵상 자료

1. 나훔은 어떤 책인가?

이 책은 요나서에서 회개하던 니느웨의 심판에 대한 예언으로 가득 차 있다. 그들은 요나의 심판에 대한 예언을 듣고 한 때 회개하여 하나님의 심판을 피했지만 요나가 메시지를 전한 후 약 150년이 지나고 나훔 선지자의 입을 통해 하나님은 다시금 관영한 그들의 죄악을 인해 멸망받을 것을 선포하신다.

이 예언은 선포 이후 18년 만에 니느웨와 앗수르 제국에 그대로 이루어 졌다. 니느웨는 그 잔인함과 야만성으로 인해 "피의 성"이라고 불리웠다. 또 영적 음행인 우상숭배와 마술을 행하는 일들이 성행했다. 그것으로 여러 나라를 미혹했는데 이것이 니느웨 멸망의 원인이다. 하나님은 니느웨가 범람하는 물로 진멸될 것을 예언하셨다. 강들의 수문이 열리고 왕궁이 소멸될 것이라고 하셨다. 은과 금 아름다운 기구가 풍부했던 니느웨가 공허하고 황폐 해 질 것이라 하셨다. 그들은 결국 신흥 강국 바벨론과의 전쟁에서 패퇴하였다. 앗수르는 520년을 지속하던 거대한 제국이었는데 B.C. 609년 바벨론에 의해 멸절 된 후 흔적도 없이 역사의 뒤안 길로 사라지고 말았다.

사람들은 앗수르 제국의 역사를 허구라고 생각하였다. 그러다가 19세기 중반에 영국의 고고학자 오스틴 헨리 레이어드가 니느웨의 유적을 발견하면서 앗수르의 역사성이 입증되었다. 성벽의 길이가 무려 13킬로미터에 달했고 높이가 60미터로 엄청난 두께의 강력한 성벽이었다. 도시 변두리에는 30층이 넘는 사원들이 금과 은으로 화려하게 꾸며져 있었다. 이런 거대 도시가 물과 흙으로 덮여 오랜 세월을 잊혀져 있다가 2,455(B.C. 609~A.D. 1846)년 만에 그 존재가 세상에 다시 알려진 것이다.

니느웨가 아무리 강대한 요새의 도시라 해도 하나님이 그를 대적하시면 그 멸망을 피할 수 없음을 나훔은 역사의 예를 들어 예언했다(나 3:8~10).

"노아몬"이라는 도시는 천혜의 요충 도시였는데 그 곳은 강 사이에 있었고 바다를 끼고 있었다. 거기에 구스의 용병이 있었고 애굽도 지원군이 되었다. 그러나 가장 안전하다고 믿었던 "노아몬"도 결국 멸망하였다. 그 도시는 역사에서는 기록되지 않았지만 나훔 당시에는 누구나 아는 잘 알려진 도시였다. 이러한 노아몬도 견디지 못했는데 니느웨가 버틸 수 있겠는가? 하고 선지자는 묻는다.

나훔을 통해 우리는 아무리 강대한 나라도 하나님의 심판을 피하지 못함을 배운다. 지금의 미국도 중국도 하나님 앞에 겸손해야 한다. 역사의 주인은 하나님이시다.

"주여, 우리 한반도를 불쌍히 여기소서…" 아멘.

● 오늘의 말씀에 대한 나의 묵상 ●

오늘의 본문 성경을 읽으시고 깨달은 점이나 기억하고 싶은 점 혹은 기도문을 기록합니다.

....

....

....

....

....

....

....

....

....

....

9월 26일

1년 1독 365일 성경통독, 꿀송이 보약큐티

합 1장~3장

● 묵상 자료 ●

1. 하박국은 어떤 책인가?

하박국은 3장으로 된 짧은 책이지만 신약에서 바울과 히브리서 기자가 요긴하게 인용할 만큼 중요한 책이다.

하박국은 하나님께 자신의 풀리지 않는 질문을 던진다.

첫째는 왜 유다의 죄가 그토록 넘치는데 하나님은 침묵하시고 아무런 조치를 취하시지 않는가 하는 의문이었다. 우리가 북한 동포들의 착취를 보면서 '왜 하나님은 공산주의 지도자들을 빨리 심판하여 없애버리시지 않는가?' 하는 의문과 흡사하다. 이 질문에 대해 하나님은 답변하셨다. 장차 갈대아인들(바벨론)을 보내어 유다의 죄를 심판하시겠다는 대답이었다. 이 하나님의 답변을 듣고 하박국은 또 다른 질문을 던진다.

하나님은 정결하시고 의로운 분이신데 왜 유다의 죄를 심판하시기 위해 유다보다 더 악한 바벨론을 사용하셔서 유다를 심판하시느냐는 의문이었다. 이 질문에 대해서도 하나님은 답변해 주셨다. 결국 때가 이르면 바벨론도 멸망시키신다는 것이다. 그리고 그 유명한 말씀을 하셨다.

"의인은 그의 믿음으로 말미암아 살리라" 합 2:2~4

바벨론의 망할 때도 정해져 있었다. 그러므로 더딜지라도 기다리라는 것이다. 바울은 이 구절을 인용하여 로마서 1:17과 갈라디아서 3:11에 '이신칭의'(믿음으로 의롭게 되는 진리)의 교리를 설명하였다. 히브리서 기자는 히브리서 10:38에 이 구절을 인용하면서 환란의 때에도 뒤로 물러서지 말고 믿음으로 담대히 전진해야 함을 강조하였다.

북한에서 인권을 착취하고 하나님이 받으실 영광을 가로채는 공산주의 무리들에게도 하나님의 심판의 때가 반드시 임할 것을 우리는 믿어야 한다. 성도의 삶은 하나님을 신뢰하고 믿음으로 살아가는 것이 정석이다. 내 생각에 이해가 안되고 시간이 너무 지체되는 것 같아도 가장 완벽한 타이밍에 하나님은 그분의 역사를 이루실 것이다. 그러므로 하박국 3장의 결론처럼 환경이 실망스럽고 힘들어도 우리는 오직 여호와로 인하여 즐거워하며 나의 구원의 하나님을 인하여 기뻐해야 한다.

하박국은 하나님의 답변을 통해 은혜를 받고 먼 미래에는 물이 바다를 덮음 같이 여호와의 영광을 인정하는 것이 온 세상에 가득할 날을 미리 바라보고 기뻐하였다(합 2:14).

하나님이 나의 힘이 되시기 때문에 비록 힘든 일을 당해도 실망치 않고 사슴처럼 높은 곳을 다니리라고 고백했다. 사슴의 앞 발은 뒷발 보다 짧다. 그래서 높은 곳을 껑충껑충 잘 뛰어오를 수가 있다. 나의 삶에 하나님을 신뢰하는 믿음이 주어질 때 우리는 고난의 험준한 산비탈도 사슴처럼 뛰어오르며 극복할 수가 있게 된다. 아멘.

● 오늘의 말씀에 대한 나의 묵상 ●

오늘의 본문 성경을 읽으시고 깨달은 점이나 기억하고 싶은 점 혹은 기도문을 기록합니다.

1년 1독 365일 성경통독, 꿀송이 보약큐티
습 1장~3장

● 묵상 자료 ●

1. 스바냐는 어떤 책인가?

스바냐는 이사야처럼 왕족 출신의 선지자인데 그는 히스기야왕의 증손자였다. 스바냐는 하박국처럼 3장으로 되어 있는데 1장은 유다에 다가올 하나님의 심판, 2장은 열방에게 임할 하나님의 진노, 3장은 심판 후에 다가 올 유다의 회복에 대한 말씀이다.

스바냐서에는 요엘서처럼 "여호와의 날"이라는 단어가 20번이나 나온다. 심판을 예언하는 말씀이다. 심판의 대상들도 자세히 언급하는데 사람, 짐승, 공중의 새, 바다의 물고기, 악인들, 우상과 우상 숭배자들, 범죄자들, 여호와를 찾지도 않고 구하지도 않는 자들이다. 한마디로 총체적으로 다 멸망시키겠다는 것이다. 그 무서운 심판을 유다와 예루살렘과 주변 나라들에 선포한 선지자는 끝으로 회복의 약속을 한다. 그리고 우리가 거의 다 암송하고 있는 그 유명한 사랑의 말씀으로 마지막을 장식한다.

"너의 하나님 여호와가 너의 가운데 계시니 그는 구원을 베푸실 전능자이시라 그가 너로 말미암아 기쁨을 이기지 못하시며 너를 잠잠히 사랑하시며 너로 말미암아 즐거이 부르며 기뻐하시리라 하리라" 습 3:17

이 말씀을 암송하고 있노라면 우리 손자 엘림이가 생각난다. "할아버지" 발음이 잘 안되어 "할비"라고 나를 부르던 이 녀석은 내가 잠잠히 사랑하며 기쁨을 이기지 못하며 즐거워하는 녀석이다. 비록 멀리 떨어져 있어 카톡 영상 통화로 얘기하지만 엘림이를 보면 미소가 지어진다.

하나님도 나를 보시고 이렇게 사랑하신다니 너무나 감사할 뿐이다.

오늘의 본문 성경을 읽으시고 깨달은 점이나 기억하고 싶은 점 혹은 기도문을 기록합니다.

1년 1독 365일 성경통독, 꿀송이 보약큐티

학 1장~슥 1장

● 묵상 자료 ●

1. 학개는 어떤 책인가?

학개 선지자는 스룹바벨과 함께 바벨론에서 제1차 포로 귀환 때 예루살렘으로 돌아온 레위 사람이다.

학개서의 제일 큰 목적은 포로에서 돌아온 유대인들이 성전건축을 다시 할 수 있도록 격려하기 위한 것이다. 그 당시에 여러 가지 반대에 부딪혀 성전건축이 중단된 상태에 있었다. 단 2장으로 되어 있는 이 학개서는 성전 건축을 위한 격려의 메시지로 가득 차 있다. 비록 스룹바벨의 성전이 솔로몬 성전보다 적을지라도 주께서 평강을 주실 것이며 이 성전의 나중 영광이 이전 영광보다 크리라고 격려했다.

그 성전 건축을 독려하는 말씀 중에 메시아가 오시리라는 예언도 하였다.

"또한 모든 나라를 진동시킬 것이며 모든 나라의 보배(사모하는 것)가 이르리니 내가 이 성전에 영광이 충만하게 하리라 만군의 여호와의 말이니라" 학 2:7

모든 나라의 보배, 모든 나라의 사모하는 것은 예수 그리스도, 메시야를 상징하는 것이다. 주께서 오시면 하나님의 영광이 새예루살렘 성전에 충만하게 될 것이다. 만군의 여호와의 말씀은 그대로 성취되었고 또 성취될 것이다. 아멘.

2. 스가랴는 어떤 책인가?

스가랴는 학개서와 함께 바벨론 포로에서 귀환한 이스라엘 백성들을 향한 메시지이다. 스가랴는 소선지서중 가장 긴 책으로 14장까지 있는데 난해한 환상이 많아 구약의 묵시록 중 한 권으로 불리운다. 스가랴서의 특징으로서는 에스겔서와 같이 상징적 환상이 많고 이사야서와 같이 메시아에 대한 예언이 많다. 스가랴가 미리 본 예수님의 모습은 다음과 같다.

1) 붉은 말을 타고 화석류나무에 서 계신 모습(슥 1:8)
2) 보좌에 앉으신 통치자의 모습(슥 2:10~13)
3) 거룩한 제사장의 모습(슥 3:8)
4) 하늘의 높은 제사장의 모습(슥 6:12~13)
5) 나귀를 탄 통치자의 모습(슥 9:9~10)
6) 은 30의 예수님 몸값(슥 11:12~13)
7) 그 은으로 토기장이의 밭을 삼(슥 11:13)

성경은 얼마나 놀랍고도 신비한 책인가? 주님 오시기 수백 년 전에 벌써 선지자의 입을 통해 은 30에 팔릴 것과 새끼 나귀를 타고 예루살렘에 입성할 것까지 자세히 기록하였고 그것은 한치의 오차도 없이 그대로 역사 속에서 실현되었다.

● 오늘의 말씀에 대한 나의 묵상 ●

오늘의 본문 성경을 읽으시고 깨달은 점이나 기억하고 싶은 점 혹은 기도문을 기록합니다.

슥 2장~4장

○ 묵상 자료 ○

1. 스가랴 4장까지에 나오는 어려운 환상들과 그 의미들

● **말을 탄 네 사자**(슥 1:8~17)

붉은 말을 타고 화석류나무 사이에 있는 분은 예수님이셨다. 이 하나님의 사자가 다른 색깔의 말을 탄 천사들을 이끌고 예루살렘을 위로하고 축복하시며 학대했던 열방들을 심판하실 것이라는 환상이었다.

● **네 개의 뿔과 네 명의 공장**〈대장장이〉(슥 1:18~21)

하나님께서 이스라엘을 흩어지게 한 네 나라(바벨론, 메대-바사, 헬라, 로마)를 멸망시킬 것이다.

● **척량줄을 잡은 사람**(슥 2:1~13)

예루살렘을 재건하시려는 하나님의 마음을 보여주며 여호와 자신이 그 거룩한 성의 성전이 되실 것이다.

● **더러운 옷을 입은 대제사장 여호수아**(슥 3:1~10)

이스라엘 백성의 추악한 죄를 상징하여 더러운 옷을 입었으나 나중에는 그 죄를 없애버리시고 영광스런 모습을 가지게 하신다.

● **순금 등대와 두 감람나무**(슥 4:1~14)

다섯째 환상이 잠이 깜박 든 스가랴를 깨운다. 스가랴는 칠흑같이 어두운 밤에 환하게 빛나는 순금 등잔대와 기름 그릇, 그리고 그 위에 있는 일곱 등잔을 본다. 등잔 대 옆에는 두 감람나무가 있어 감람유를 제공하니 등잔의 불꽃은 오래도록 꺼지지 않는다. 두 감람나무는 여호와의 두 종 총독 스룹바벨과 제사장 여호수아를 의미한다. 이들을 통해 하나님의 성전이 완성될 것이다. 당시 상황으로 보아 하나님의 성전을 세우는 일은 사람의 힘이나 능력으로 할 수 없었다. 오직 하나님의 성령으로 가능한 일이었다. 당시의 사람들은 작은 일의 날이라고 멸시했지만 스룹바벨이 머릿돌을 놓기 시작한 성전 건축의 역사는 하나님의 은총으로 반드시 완성되게 될 것임을 암시하는 환상이었다.

오늘날도 하나님은 사람의 힘과 능력으로 불가능한 일을 성령의 능력으로 완성하시고 이루시는 권능의 하나님이시다. 환경이 아무리 절망적이고 위협적이라 할지라도 "큰 산아 네가 무엇이냐? 네가 스룹바벨 앞에서 평지가 되리라"고 외치며 믿음으로 전진할 때 주님의 큰 기적을 체험할 것이다. 아멘.

● 오늘의 말씀에 대한 나의 묵상 ●

오늘의 본문 성경을 읽으시고 깨달은 점이나 기억하고 싶은 점 혹은 기도문을 기록합니다.

1년 1독 365일 성경통독, 꿀송이 보약큐티
슥 5장~7장

○ 묵상 자료 ○

1. 날아가는 두루마리 환상(슥 5:1~4)

이 환상은 최후 심판을 말하고 있다. 두루마리는 길이 9미터 너비 4.5미터나 되는 매우 큰 책이었다. 그 날아 가는 큰 두루마리에는 거짓말하는 죄와 거짓 맹세하는 죄의 심판이 기록되어 있었다. 칼빈은 이 두 가지 죄는 십계명을 상징하는 죄라고 해석하였다. 최후 심판 날이 오면 각 사람의 지은 죄가 낱낱이 기록되고 심판 받을 것이다. 당신의 죄가 큰 두루마리 책에 낱낱이 기록되어 당신 앞에 날아 다닌다면 결코 그 죄값을 피하지 못할 것이다. 그 다가올 심판이 무서운가? 그렇다면 지금 주 예수님 앞에 자신의 모든 죄를 다 고백하고 그 보혈에 적시움을 받으라. 지금이 회개할 때요, 지금이 구원의 때이다.

2. 에바 가운데 앉은 여인 (슥 5:5~10)

"에바"란 곡식의 양을 재는데 사용하는 됫박인데 여기의 에바 가운데 앉아 있는 여인은 죄와 반역을 상징하는 이스라엘 백성들이다. 여인이 에바에 앉은 모습은 곡식이 그릇에 채워지듯이 이스라엘의 죄가 가득한 것을 상징한다. 그 에바가 납조각으로 밀봉된 것은 회개치 않는 그들의 완악함을 말한다. 에바가 옮겨지는 것은 그들이 망하여 바벨론으로 옮겨 질 것을 또한 말한다.

3. 네 대의 전쟁 병거 (슥 6:1~8)

당대의 4대 제국 바사, 바벨론, 헬라, 로마를 말하나 궁극적으로 열방들에 대한 여호와의 심판을 말한다.

　이처럼 성경은 반복해서 인류가 하나님 앞에서 모두 궁극적인 심판을 받을 것을 수없이 선언하고 있다. 피난처는 예수 그리스도의 십자가이다. 거기에 인류의 유일한 구원의 비밀이 있다. 아멘.

● 오늘의 말씀에 대한 나의 묵상 ●

오늘의 본문 성경을 읽으시고 깨달은 점이나 기억하고 싶은 점 혹은 기도문을 기록합니다.

Memo

아프리카 노록수 선교사와 함께하는
1년 1독 365일 성경통독
꿀송이 **보약큐티**